Gertrud Beck

Den Übergang gestalten – Wege vom 4. ins 5. Schuljahr

Gertrud Beck

Den Übergang gestalten

Wege vom 4. ins 5. Schuljahr

Bibliografische Information der Deutschen Bibliothek
Die Deutsche Bibliothek verzeichnet diese Publikation in der Deutschen Nationalbibliografie; detaillierte bibliografische Daten sind im Internet über http://dnb.ddb.de abrufbar.

Impressum

Beck, Gertrud: Den Übergang gestalten. Wege vom 4. ins 5. Schuljahr

HERSTELLUNG: Friedrich Medien-Gestaltung / André Klemm
DRUCK: Druckerei Hahn, Hannover. Printed in Germany

ISBN: 3-7800-2046-7

Inhalt

Erfahrungsberichte und Fallstudien

Konzepte und Praxishilfen

Vorwort

Der Übergang nach der Grundschule markiert ein bedeutsames Strukturmerkmal des deutschen Bildungssystems und eine wichtige Weichenstellung in der Bildungskarriere der überwiegenden Mehrheit aller Kinder in Deutschland. Trotzdem gibt es in der erziehungswissenschaftlichen und pädagogischen Literatur erstaunlich wenige Beiträge, die sich umfassend und systematisch mit der Frage auseinander setzen, welche Faktoren diesen Übergang bestimmen, wie das einzelne Kind ihn erlebt und welche Konsequenzen für professionelles pädagogisches Handeln sich daraus ableiten lassen. Meist liegen nur Untersuchungen von Einzelaspekten vor, z. B. Untersuchungen zur Schulwahlentscheidung aus bildungssoziologischer Sicht oder Projektbeschreibungen aus Schulen, die zudem noch in vielen unterschiedlichen Zeitschriften und Sammelbänden verstreut erschienen und teilweise nur über größere Bibliotheken greifbar sind.

Gerichtet an Lehrerinnen und Lehrer der Grundschulen und der weiterführenden Schulen sowie an die in Studium und Ausbildung stehenden zukünftigen Lehrerinnen und Lehrer versucht das vorliegende Buch, die verstreuten Ergebnisse zusammenzutragen und daraufhin zu diskutieren, wie pädagogisches Handeln unter Berücksichtigung individueller, sozialer und bildungspolitischer Gegebenheiten sinnvoll gestaltet werden kann. Die Aufmerksamkeit gilt also der Bedeutung des Übergangs im Regelschulsystem (die Sonderschule bleibt ausgeklammert), seiner Bedeutung für die betroffenen Kinder und den Konsequenzen für pädagogisches Handeln.
Dazu werden drei verschiedene Zugänge gewählt, die jeweils eine andere Blickrichtung beinhalten:

- Zunächst wird der Blick auf das Schulsystem, seine Entstehung und seine heutige Gestalt gerichtet und es wird versucht, die Komplexität der Fragen und Handlungsprobleme rund um den Übergang herauszuarbeiten.
- In einem zweiten Schritt wird der Blick auf die Kinder gelenkt und es wird versucht, durch Fallstudien konkrete Erfahrungen beim Übergang sichtbar werden zu lassen.
- In einem dritten Schritt wendet sich der Blick auf die pädagogische Praxis in den Abschlussklassen der Grundschule und den Anfangsklassen der weiterführenden Schulen sowie auf die Zusammenarbeit zwischen den beteiligten Schulen mit dem Ziel, vorhandene Praxisvorschläge vorzustellen und zu diskutieren.

Das Buch ist als Handbuch angelegt, d. h. jede Leserin, jeder Leser kann einen eigenen Zugang wahlen und z. B. entsprechend dem eigenen Handlungsinteresse sofort bei den Hinweisen zur Praxis für das 4. oder das 5. Schuljahr einsteigen: Ein detailliertes Inhaltsverzeichnis ermöglicht einen Überblick über das angebotene Material. Durch Querverweise (→) lassen sich Zusammenhänge erschließen, die in anderen Kapiteln dargestellt und diskutiert werden.

Damit das Buch auch als Arbeitsbuch für die gemeinsame Arbeit im Studium, im Referendariat oder in Lehrergruppen nutzbar ist, wurden viele Materialien (Zahlen, Texte, Zitate, Beispiele) als Grundlage für Diskussionen und den Vergleich mit der eigenen Handlungssituation aufgenommen. Soweit dabei Namen genannt werden, handelt es sich entweder um bereits veröffentlichte Texte (z. B. Schulbroschüren) oder die genannten Personen sind mit der Nennung einverstanden. In allen anderen Fällen, vor allem bei den Erfahrungsberichten und Fallstudien, wurden die Beispiele anonymisiert.

Um nicht immer wieder von Lehrerinnen und Lehrern sprechen zu müssen, bot es sich im Kontext der hier diskutierten Sache an – soweit nicht konkrete Personen gemeint sind –, in Bezug auf die Grundschule von Lehrerinnen und in Bezug auf die weiterführenden Schulen von Lehrern zu sprechen, selbstverständlich sind damit im Grundschulbereich auch die Lehrer und im Bereich der weiterführenden Schulen auch die Lehrerinnen mit gemeint.

Ottrau-Görzhain, im Sommer 2002

Strukturen und Entwicklungen

Einführung

Dass alle Kinder eine vierjährige Grundschule besuchen und danach auf ein dreigliedriges Schulsystem verteilt werden, erscheint in Deutschland trotz sechsjähriger Grundschule in Berlin und Brandenburg und einer langjährigen Geschichte integrierter Schulformen (Förderstufe, Orientierungsstufe, Gesamtschule) noch immer als die Normalität. In vielen Diskussionen werden Veränderungen an diesem System nach wie vor als nur unter Verlust von Qualität möglich eingeschätzt. Ein Blick über die Grenzen zeigt allerdings, dass nur in Deutschland und Österreich (sowie in zwei Kantonen der Schweiz) Kinder bereits nach vier gemeinsamen Jahren nach Leistung selektiert werden (vgl. Schmitt, S. 17) – eine fragwürdige Ausnahmestellung, die pädagogisch immer umstritten war und aufgrund der 2001 erschienenen internationalen Vergleichsstudie PISA erneut heftig diskutiert wird. Dieser deutsche Sonderweg hat historische Wurzeln, ohne deren Kenntnis man die aktuelle Situation nur ungenügend verstehen kann.

Rückblick

Die Wurzeln für das heutige Schulsystem sind im ausgehenden 18. und dem beginnenden 19. Jahrhundert zu finden. Während der Staat zunehmend die Verantwortung und die Gestaltung des höheren Schulwesens übernahm, war die Einrichtung der übrigen Schulen zwar staatlich vorgeschrieben, in der Finanzierung und der Ausgestaltung jedoch Sache der Gemeinden, in vielen Fällen mit kirchlicher Schulaufsicht. Dadurch ergaben sich gravierende Unterschiede sowohl bei der finanziellen Ausstattung, der Auswahl der Lehrer, der Schülerschaft und den Inhalten des Unterrichts, die zu einer klaren Zweiteilung des Schulwesens führten. Diederich und Tenorth sprechen in diesem Zusammenhang von einem „Strukturtypus der sozialen Klassenschule“, gekennzeichnet durch eine radikale Differenz zwischen niederem und höherem Bildungswesen. (Diederich/Tenorth, S. 48 ff.)

Zwei-Klassen-Schulsystem des 19. Jahrhunderts

In Preußen wurde durch das Allgemeine Landrecht für die Preußischen Staaten vom 5. Februar 1794 die Schule zur Sache des Staates erklärt, d. h. Schulen unter anderer Trägerschaft bedurften der staatlichen Genehmigung. Außerdem wurde eine Unterrichtspflicht eingeführt, die durch Hauslehrer erfüllt werden konnte, zu deren Erfüllung aber das Schulwesen zunehmend ausgebaut werden musste. (Diederich/Tenorth, S. 54) Vor allem die Reformen von oben, die in Preußen mit den Namen *Wilhelm von Humboldt* und *Johann H. Süvern* verbunden sind, können als typisch für die Entwicklungstendenzen gelten, die sich ähnlich auch in den anderen deutschen Ländern abzeichneten. Im Laufe dieser Entwicklung kam es zunehmend zu gesamtstaatlichen Regelungen, speziell auch für die Inhalte und Abschlüsse des höheren Schulwesens. Die Abiturprüfung galt seit 1832 ohne Ausnahme als Zugangsbedingung in die Universitäten (Diederich/Tenorth, S. 54 f.; Tenorth, S. 141). Ziel der höheren Schule war es vor allem, Nachwuchs für den Staatsdienst (einschließlich der Justiz) in klar definierter und vergleichbarer Qualifikation bereitzustellen. Die Lehrer an den höheren Schulen hatten ein universitäres Fachstudium absolviert, das später durch den staatlichen Vorbereitungsdienst (Referendariat wie bereits bei den Juristen) ergänzt wurde. Damit war das Gymnasium in doppelter Weise auf die Universität bezogen: Die Lehrer verstanden sich als Fach-Gelehrte und hatten das Ziel, die Schüler im Rahmen ihres jeweiligen Fachunterrichts für die Universität zu qualifizieren. Das Ergebnis war eine deutliche Tendenz zur Selbstrekrutierung der Akademiker (Tenorth, S. 151). Der Verband der akademisch gebildeten Lehrer als Standesvertretung war daher auch deutlich auf die Erhaltung der entsprechenden Standesprivilegien bedacht.

Die Inhalte des Gymnasiums bestimmten weitgehend auch das gesellschaftlich vorherrschende Bild von Allgemeinbildung: Ein „gebildeter Mensch" musste die Inhalte klassisch humanistischer Bildung beherrschen, wobei sich im Verlauf des 19. und verstärkt des 20. Jahrhunderts eine deutliche Verschiebung von den alten Sprachen hin zu neueren Sprachen und den Naturwissenschaften vollzog (s. auch Stundentafeln, S. 14). Die höheren Schulen waren damit eindeutig der Elitebildung verpflichtet und gegenüber der niederen Bildung auch insofern abgeschottet, als durch eigene Vorschulen die Schüler auf die 1. Klasse des Gymnasiums vorbereitet wurden. Übergänge aus den Elementarschulen in das Gymnasium waren eher selten. Da außerdem sowohl für die Vorschulen als auch für die Gymnasien Schulgeld zu zahlen war und auch die Lehrmittel finanziert werden mussten, blieb der Besuch der höheren Schule auf eine sozial bedingt kleine Gruppe beschränkt (vgl. auch Herrlitz u. a., S. 127). Und obwohl im Laufe des 19. Jahrhunderts das höhere Schulwesen stark ausgebaut wurde, besuchte weiterhin nur ein äußerst geringer Prozentsatz aller Heranwachsenden das Gymnasium. Dabei muss berücksichtigt werden, dass es sich hier nur um Jungen handelte, da Gymnasien keine Mädchen aufnahmen und es nur wenige höhere Schulen für Mädchen gab, die zudem erst ab 1908 mit der Berechtigung zum Universitätsstudium abschlossen (Tenorth, S. 152).
Die Entwicklung im niederen Schulwesen vollzog sich, vor allem auf dem Lande, sehr viel langsamer und mühsamer, da die Finanzierung den einzelnen Gemeinden oblag. Die Schulpflicht, und damit die Alphabetisierung für alle, konnte nur langsam durchgesetzt werden, zumal auf dem Lande und in den wachsenden Industriezentren die Kinder vielfach für den Lebensunterhalt der Familie mitarbeiten mussten. Während im 18. Jahrhundert die Lehrer im niederen Schulwesen oft sitzend tätige Handwerker waren, die den Unterricht nebenbei ausführten, oder auch ehemalige Soldaten, die auf diesem Wege, wenn auch spärlich, versorgt wurden, genügten noch weit bis ins 19. Jahrhundert hinein in ländlichen Kommunen oft Grundfertigkeiten im Lesen, Schreiben und Katechisieren, um als Lehrer angestellt zu werden (Sandfuchs, S. 160 f.). Daneben entwickelte sich aber eine eigene Ausbildung für Elementarschullehrer, zunächst als Präparandenanstalten auf die achtjährige Volksschule aufbauend, dann in Form einer zwei- bis dreijährigen Seminarausbildung. 1848 wurde als Standesvertretung der Volksschullehrer der Allgemeine Deutsche Lehrerverein gegründet, der sich für eine Statusverbesserung der Volksschullehrer einsetzte und u. a. freien Unterricht für alle sowie eine universitäre Lehrerbildung mit gemeinsamer pädagogischer Ausbildung für alle Lehrer forderte, dessen Bemühungen jedoch zunächst durch die Restauration (Stiehlsche Regulative 1854) unwirksam wurden. (Herrlitz u. a., S. 61 ff.)

Die Elementar- oder Volksschule der ‚Regulativ'-Pädagogik bot für das niedere Volk ein reduziertes Bildungsangebot mit dem Ziel der Erziehung kritikloser Untertanen. Religionsunterricht galt als wesentlicher Faktor dieser Gehorsamserziehung, Gesang und Sin-

Lehrplan (Stundentafeln) des preußischen Gymnasiums 1812 und 1856/59

1812	I	II	III	IV	V	VI	Summe
	Prima	Sekunda	Tertia	Quarta	Quinta	Sexta	
(Dauer in Jahren)	(3)	(2)	(2)	(1)	(1)	(1)	
Latein	8	8	8	8	6	6	76
Griechisch	7	7	5	5	-	-	50
Deutsch	4	4	4	4	6	6	44
Mathematik	6	6	6	6	6	6	60
Naturwiss.	2	2	2	2	2	2	20
Geschichte und Geographie	3	3	3	3	3	3	30
Religion	2	2	2	2	2	2	20
Hebräisch	(2)	(2)	-	-	-	-	(10)
Zeichnen	-	-	2	2	3	3	10
Kalligraphie	-	-	-	-	4	4	8
	32	32	32	32	32	32	318

1856/59	I	II	III	IV	V	VI	Summe
	Prima	Sekunda	Tertia	Quarta	Quinta	Sexta	
(Dauer in Jahren)	(2)	(2)	(2)	(1)	(1)	(1)	
Latein	8	10	10	10	10	10	86
Griechisch	6	6	6	6	-	-	42
Deutsch	3	2	2	2	2	2	20
Französisch	2	2	2	2	3	-	17
Religionslehre	2	2	2	2	3	3	20
Mathematik	4	4	3	3	3	4	32
Rechnen	-	-			4	4	8
Naturwiss.	2	1	2	-	2	2	14
Geschichte und Geographie	3	3	3	3	2	2	25
Zeichnen	-	-	-	2	2	2	6
Schreiben	-	-	-	-	3	3	6
	30	30	30	30	34	32	276

Quelle: Lundgreen, Sozialgeschichte der deutschen Schule im Überblick. T. 1., 1980, S. 67, 74 (Tenorth, S. 148)

Stundentafel der einklassigen Elementarschule (1854)		Stundentafel der ein- und mehrklassigen Volksschule (1872)	
Religion	6	Religion	4
Lesen, deutsche Sprache		Deutsch	11
und Schreiben	12	Rechnen	4
Rechnen	5	Singen	1
Gesang	3	Turnen (Jungen)	1
		Handarbeit (Mädchen)	1

(Scheibe, S. 35)

gen zielten auf die Vermittlung christlicher Gesinnung (s. oben). Diese Betonung der erwünschten Gesinnung und einer dem Stand angemessen reduzierten Bildung wurden als Kennzeichen des niederen Schulwesens bzw. später der Volksschule noch bis in die Mitte des 20. Jahrhunderts hinein als so genannte ‚volkstümliche Bildung' praktiziert und diskutiert. Trotz dieser offiziellen Zielvorgaben gab es in der Volksschullehrerschaft aber auch andere Tendenzen. Der Volksschullehrer war immer Klassenlehrer, d. h. er war für eine in der Regel recht große Gruppe von Schülern und für den gesamten Unterricht verantwortlich. Dadurch entwickelten sich in der Volksschule eher fachunabhängige Themenzuschnitte und Lernformen sowie ein Berufsverständnis, das eher auf aktive Teilnahme am täglichen Leben und teilweise auch auf Veränderung bestehender Verhältnisse zielte. Volksschullehrer lebten in vielen Fällen stärker mit ihren Schülern, versuchten sie individuell zu fördern, ihnen Stipendien für den Besuch einer höheren Schule zu besorgen und waren aktiv in den Gemeinden als Organisten, Naturforscher, Heimatforscher, … tätig. (*Friedrich Wilhelm Raiffeisen* war Volkschullehrer auf dem Lande.) Bis in die Mitte des 20. Jahrhunderts war der Beruf des Volksschullehrers ein typischer Aufsteigerberuf: Kinder aus Familien, in denen es noch keine akademischen Berufe gab, wurden zunächst Volksschullehrer, Kinder von Volksschullehrern strebten in klassische akademische Berufe.

Betrachtet man dieses Zwei-Klassen-Schulsystem (s. Tabelle, S. 16) so lassen sich einige Besonderheiten herauslesen: Während die Elementar- bzw. Volksschulen in der Regel von den Gemeinden organisiert und finanziert werden mussten, profitierten die höheren Schulen davon, dass die Eltern der Schüler willens und in der Lage waren den Schulbesuch zu finanzieren. Die Übergänge zwischen beiden Systemen waren auf Ausnahmen beschränkt, weil die Schülerschaft der Gymnasien meist durch eigene Vorschulen rekrutiert wurde. Nur mithilfe von zusätzlichem Privatunterricht, in der Regel durch den Volksschullehrer oder den Pfarrer, und nach einer individuellen Aufnahmeprüfung war es Schülern der Volksschule möglich, das Gymnasium zu besuchen. „Das in seinen einzelnen Säulen fast hermetisch voneinander getrennte, extrem vertikal gegliederte Schulsystem kannte die Übergangsproblematik im eigentlichen Sinne gar nicht." (Eckes, S. 107) Denn die höheren Schulen wurden von einer kleinen, ausgewählten Gruppe von max. 5–7 % der Heranwachsenden besucht, während die Elementarschule bzw. später die Volksschule als Schule für die Masse der Bevölkerung eine Zwangsschule in doppeltem Sinne war: Die

„Soziales Klassenschulsystem" – Skizze der Schulstruktur im 19. Jahrhundert

	Niederes Schulwesen	Höheres Schulwesen
Struktur	Elementarschule (erst 6, dann 8 Jahre)	Vorschulen (3 Jahre)
	Pflichtfortbildungsschule (2 bis 3 Jahre, seit etwa 1890, zuerst in den Städten)	Gymnasien (9 Jahre bis zum Abitur)
	Systemeigene Lehrerbildung	Universitäten und THs, akad. Lehrerbildung, Staatsprüfungen
Träger	Gemeinden	(„Schulunternehmer") Kirchen, Gemeinden, Staat
Finanzen	Anfangs Schulgeld, später Besuch kostenfrei Lehr- und Lernmittel zu zahlen	Für den Besuch Schulgeld Lehr- und Lernmittel zu zahlen
Lehrplan	„Religion" Kulturtechniken, Realien	Fachunterricht Wissenschaftspropädeutik
Lehrer	Funktion: Klassenlehrer, für alle Fächer, Erziehungsprimat	Funktion: Fachlehrer, Mehrzahl von Lehrern, Primat der Wissenschaft und Bildung
Aus-Bildung	Elementar-Lehrer – Ausbildung im niederen System, d. h.: Präparandenanstalt, Seminar Gemeindebeamter – „subaltern"	Wissenschaftlich gebildeter Lehrer – Ausbildung an der Universität Staatsbeamter – höherer Dienst
Lehr- und Lernziel	„Gesinnung" volkstümliche Bildung nationale Bildung Disziplinierung	„Studierfähigkeit" wissenschaftliche Bildung klassische Bildung Lernfähigkeit
Ergebnis	Abgang berechtigungslos Sockelqualifikation	Übergang Berechtigungen: – „Einjährigen"-Privileg – Abitur – Staatsexamen: akadem. Berufe
Adressat	Mädchen und Jungen, koedukativ „erziehungsbedürftig" das zu kontrollierende „Volk" (arm und aufsässig)	Knabenschulen (bis 1908) „bildungsfähig" das gebildete „Bürgertum" („Bildung und Besitz")

(Diederich/Tenorth, S. 57; Tenorth, S. 154)

Schüler waren zum Schulbesuch gezwungen, und zwar innerhalb eines festgelegten Schulbezirks. Ebenso war die Schule gezwungen, alle Schüler aufzunehmen und konnte keinen abweisen. Dagegen war der Besuch des Gymnasiums ein Privileg und die Lehrer hatten die Möglichkeit, größere pädagogische Schwierigkeiten durch Schulverweis zu umgehen. In diesem Sinne waren auch die Ende des 19. Jahrhunderts zunehmend entstehenden Mittelschulen den höheren Schulen zuzurechnen: Sie konnte ihre Schüler auswählen, die Schüler mussten Schulgeld bezahlen und die Qualifikation der Lehrer bestand in einem universitären Fachstudium.
Dieser Typus der sozialen Klassenschule wurde nach der These von *Diederich* und *Tenorth* ab 1918/1920 durch den Strukturtypus „Dreigliedriges Schulsystem – Verknüpfung von Gleichheit und Selektion" abgelöst (Diederich/Tenorth, S. 59).

Der Weimarer Schulkompromiss
Am 11. August 1919, wenige Monate nach der Novemberrevolution und dem Ende des 1. Weltkrieges, beschloss die Nationalversammlung in dritter Lesung zwei für die Weiterentwicklung des deutschen Schulwesens besonders wichtige Grundsätze als Bestandteil der Reichsverfassung: eine für alle gemeinsame Grundschule und eine Lehrerbildung, die nach den Grundsätzen, die für die höhere Bildung galten, für das Reich einheitlich zu regeln sei.
Herrlitz u. a. bewerten diese Reform wie folgt: „Auch wenn sich die Sozialdemokraten mit ihren der radikaldemokratischen Tradition von 1848 entlehnten Forderungen der strikten Trennung von Kirche und Schule, des Aufbaus der ‚organisatorischen Einheitsschule' von mindestens achtjähriger Dauer, der Abschaffung von Privatschulen und der Unentgeltlichkeit des Unterrichts … in den Verhandlungen über die Schulartikel der Reichsverfassung nicht gegen die Vertreter bürgerlicher Parteien durchzusetzen vermochten, stellten die schließlich verabschiedeten Schulartikel durchaus ein Minimalprogramm zur Überbrückung der bisher voneinander getrennten, klassenspezifisch ausgerichteten Institutionen der höheren und niederen Bildung dar: Volksschule und weiterführende Schulen sollten Teile eines ‚organisch ausgestalteten' Schulsystems sein, das – durch Verbot von privaten Vorschulen – in den unteren Jahrgängen (Grundschule) von allen Schülern besucht werden sollte. Die Lehrerbildung sollte nach Grundsätzen, die für die höhere Bildung galten, reichseinheitlich geregelt werden. Der Unterricht in Volks- und Fortbildungsschulen sollte unentgeltlich erteilt, der Zugang zu den Schulgeld erhebenden, mittleren und höheren, Schulen durch öffentliche Mittel erleichtert werden." (Herrlitz u. a., S. 125)

Die Dauer der Grundschulzeit blieb in der Verfassung allerdings offen und sollte eigentlich auf der Reichsschulkonferenz, die Pfingsten 1920 stattfand, auf breiter Ebene diskutiert werden (ca. 700 Pädagogen aus dem ganzen Reich waren vom Innenministerium eingeladen). Kurz vor ihrer Abwahl beschloss dann allerdings die Weimarer Koalition aus Sozialdemokraten, linksliberaler DDP (Deutsche Demokratische Partei) und katholischem Zentrum am 28. April 1920 das Reichsschulgesetz, in dem die Grundschule auf vier Jahre festgelegt und die Vorschulen zur Vorbereitung auf das Gymnasium aufgehoben wurden. In diesen Kompromiss gingen unterschiedliche Interessen und Positionen ein, die auf der Reichsschulkonferenz noch einmal deutlich dargestellt und in einem umfangreichen Protokoll dokumentiert wurden. Während die Sprecher des „Vereinsverbandes akademisch gebildeter Lehrer Deutschlands", Vorläufer des Philologenverbandes, eine maximal dreijährige gemeinsame Grundschule forderten, wenn schon die Vorschulen nicht zu halten waren, verlangte der Deutsche Lehrerverein die sechsjährige Grundschule, einige Vertreter der Reformpädagogik forderten sogar die achtjährige Grundschule. Hier einige Auszüge aus den Protokollen:

Hermann Binder, Sprecher des „Verbandes akademisch gebildeter Lehrer":
„Je länger die geistig Kräftigsten und Anspruchvollsten mit allen anderen, auch den Mittelmäßigen und den praktisch, nicht wissenschaftlich Begabten, zusammen unterrichtet werden, umso mehr werden sie geistiger Zuchtlosigkeit und Schlaffheit verfallen."
„Die Frage nach der Dauer der Grundschule ist für die höhere Schule bei der ganzen Reform der Schulorganisation der springende Punkt. Was wir unseren Schulen mitgeben wollen, das ist ein vom jugendlichsten Alter an in wissenschaftlichem Sinne an immer schwierigeren Stoffen geschulter Geist, der straff gespannte Arbeitswille, Begeisterung und Verständnis für die großen idealen Werte.
Diese Güter können wir nicht mehr vermitteln, wenn man die Arbeitszeit unbillig verkürzt. Denn sonst kommen die Schüler schlecht vorgebildet auf die Hochschule, und diese wird automatisch genötigt, ihre Anforderungen hinabzuschrauben. Das darf aber nicht sein. Heute weniger denn je! Darüber müssen wir uns alle einig bleiben, dass die Bildungshöhe des deutschen Volkes unter der Schulreform unter keinen Umständen leiden darf. Es ist ausgeschlossen, auf einer sechsjährigen Grundschulzeit mit nur sechs Jahren höherer Schule im Ganzen aufzubauen, soll nicht die deutsche Hochschule, die Pflegestätte der Wissenschaft, auf das heilloseste gefährdet werden … Warum soll nicht wenigstens den begabten Schülern die Möglichkeit gegeben werden, die Grundschule in drei Jahren zu durchlaufen?"

Johannes Tews, Sprecher des „Deutschen Lehrervereins":
„Die Grundschule hat die Aufgabe, der Jugend des ganzen Volkes die grundlegenden Bildungsmittel und Bildungswerkzeuge und die allen gemeinsamen Bildungsgüter zu vermitteln. Darum ist die Grundschule eine einheitliche Schule, außer den Hilfsschulen, ohne Zersplitterung in Neben- und Sondereinrichtungen. Durch ihre Aufgabe wird der Umfang der Grundschule bestimmt; eine Trennung in Sonderschulen darf erst erfolgen, wenn ihre unterrichtlichen Aufgaben gelöst sind und die für die einzelnen Begabungen notwendigen Sonderschulen ihre besonderen Aufgaben mit Erfolg aufnehmen können. Die verschiedenen Begabungsarten und Begabungshöhen treten erst in Alter von 11–13 Jahren deutlich hervor. Darum ist der gemeinsame Grundunterricht mindestens bis zu dieser Altersstufe auszudehnen und die Grundschule sechsstufig (sechsjährig) einzurichten."

Hermann L. Köster, Lehrer an einer Hamburger Reformschule:
„Die Universität erhebt ihre Forderungen, die höhere Schule versucht sie zu erfüllen, und um diese vermeintlichen Aufgaben erfüllen zu können, tritt sie wieder mit ganz bestimmten greifbaren, prüfbaren Forderungen an die Grundschule heran. Die Grundschule ist keine Vorbereitungsanstalt für die höhere Schule. Es ist eine unglaubliche Herabsetzung der Arbeit der Grundschule, wenn Dr. Binder sagt, dass die Leistungsfähigkeit der höheren Schule herabgedrückt wird, wenn sie statt neun nur acht Jahre zur Verfügung hat. Das bedeutet,

daß ein Jahr Grundschule einfach ausgelöscht ... , dass dieses eine Jahr der Grundschule einen Verlust für die geistige Schulung bedeutet. Der ganze Hochmut des Philologen spricht aus diesen Worten, der nur die Arbeit der höheren Schule als geistige Schulung erklärt. ... Vor mir steht das Bild einer Schule, die wirklich Einheitsschule ist, in der Oberlehrer und Volksschullehrer friedlich zusammenarbeiten, in der die Kinder nicht nach vier oder sechs Jahren aus der Gemeinschaft herausgerissen werden, in der sie gemeinsam weiterarbeiten, in der sie ihren Neigungen, ihren Fähigkeiten in besonderen Kursen nachgehen, die nicht an ein bestimmtes Schulalter gebunden sind ... Wenn aber die Schultypen bleiben, dann erheben wir ganz entschieden die Forderung, dass die Grundschule sechsstufig sein muß."

Die radikale Forderung nach einem anderen, integrierten Schulsystem, wie es zu dieser Zeit ansatzweise in wenigen Reformschulversuchen praktiziert wurde, stand der Forderung nach Erhaltung des in der Struktur streng getrennten dreigliedrigen Schulsystems gegenüber. Und während in einem Fall der Grundschule eher die Funktion eines leider notwendigen und damit möglichst knapp bemessenen Kompromisses zugedacht wird, soll die Grundschule im anderen Fall Grundlage eines integrativ organisierten Bildungswesens mit gesellschaftspolitischer Funktion beim Übergang von der Monarchie zur Republik sein.

„Die Grundschule, entstanden 1920 aus einem Kompromiß zwischen Sozialdemokratie und Zentrum ..., sollte das soziale Bindeglied zwischen Oberschicht einerseits, Mittelschicht und Unterschicht andererseits sein, zwischen Jungen und Mädchen, zwischen katholischen, evangelischen und nicht christlich orientierten Kindern. Dazu wurde das Prinzip des Einzugsbereichs eingeführt." (Preuss-Lausitz, S. 12)

Der Weimarer Kompromiss ist – wie das bei Kompromissen so zu sein pflegt – keine Entscheidung für das eine oder das andere Schulsystem. Die Weimarer Grundschule ist damit keine grundlegend neue Schulform. Mit der Grundschule wird zwar zum ersten Mal eine Struktur geschaffen, die das säulenförmige Nebeneinander von Volksschule und Gymnasium (sowie in geringem Umgang mittleren Schulen) durch eine stufenförmige Gliederung zu ersetzen scheint. Diese für alle Kinder einheitliche Grundstufe wird allerdings zugleich mit der Aufgabe der Vorbereitung auf die höheren Schulen beauftragt.
Was änderte sich damit konkret?
Die Finanzierung des Schulwesens einschließlich der Besoldung der Lehrkräfte wird zunehmend vereinheitlicht. Für die Ausbildung der Volksschullehrer wird das Abitur, gegen heftigen Widerstand der Finanzminister, zunehmend zur Eingangsvoraussetzung. Das in der Verfassung geforderte Gesetz zur Vereinheitlichung der Lehrerbildung kommt aber nicht zustande. Noch immer bleibt eine universitäre Ausbildung für Volksschullehrer die Ausnahme, von einer fachlich und pädagogisch gleichwertigen Ausbildung aller Lehrer kann nicht die Rede sein. Für die Volksschule und die Mittelschulen werden ebenfalls Abschlüsse formuliert, die als Zugangsvoraussetzungen zu weiterer Ausbildung gelten, allerdings gibt es keine Abschlussprüfungen.
Durch die Aufhebung der Vorschulen, die durchaus gegen den Widerstand interessierter Eltern und Philologen durchgesetzt werden musste, wurde für ca. 40 % der Schüler höherer Schulen der Besuch der allgemeinen Grundschule erzwungen (vgl. Herrlitz, S. 127 f.),

wobei sich deren Schulbesuchszeit insgesamt um ein Jahr verlängerte, denn entgegen der von *H. Binder* geäußerten Befürchtung (→ S. 18) wurde die Gymnasialzeit durch die Einführung der vierjährigen Grundschule nicht verkürzt. Außerdem war nun rechtlich für mehr Kinder der Übergang auf das Gymnasium möglich, zumal die zunehmende Tendenz der Schulgeldfreiheit die sozialen Barrieren leicht verringerte. Entsprechend galt ab diesem Zeitpunkt die Notwendigkeit, nach der Grundschule für immer mehr Kinder über die Zulassung zur höheren Schule zu entscheiden, ohne dass diese Übergangsfragen deutlich geklärt wurden. *Herrlitz u. a.* (S. 126 f.) stellen hierzu fest: „Eine allgemeine, einheitliche Überprüfung und Beratung aller Kinder nach dem 4. Schuljahr entwickelte sich in der Weimarer Republik nicht, so daß der ‚Objektivierung' der Übergangsauslese enge Grenzen gesetzt waren ... So fällt aus heutiger Sicht an den preußischen ‚Richtlinien über die Aufnahme in die mittlere und höhere Schule' vom 12. März 1924 ... die Formlosigkeit des Aufnahmeverfahrens auf, die einerseits die mögliche Brisanz der beginnenden Kooperation von Lehrern weiterführender Schulen und Volksschulen anzeigte, andererseits aber in ihrer Mischung aus meritokratischen und sozial gesteuerten, informellen Elementen dem Interesse der weiterführenden Schulen an einer negativen, vorrangig von ihnen vorzunehmenden Auslese entgegenkam, ohne dass dadurch der demokratische Anspruch an eine Prüfung ‚aller Leistungsfähigen' offen verletzt wurde."

Die Eignung sollte das alleinige Entscheidungskriterium für den Übergang in die mittleren und höheren Schulen sein. Damit war gefordert, dass weder die soziale Stellung der Eltern noch das Geschlecht oder die Religion des Kindes ausschlaggebend für seinen Bildungsweg sein sollten, – eine Forderung, die zunächst kaum verwirklicht wurde. Sie taucht in den bildungspolitischen Diskussionen der 60er-Jahre im Rahmen der Diskussion um Begabung und Lernen erneut auf und ist, was die soziale Herkunft betrifft, bis heute aktuell.

Diederich und *Tenorth* argumentieren, dass das dreigliedrige System sich als offen und durchlässig, als gelungene Balance zwischen Gleichheit der Chancen und Selektion präsentiert und dass durch diese Veränderung zunehmend die Tendenz entsteht, Erfolg oder Nichterfolg nicht dem System, sondern den individuellen Leistungen zuzurechnen. Die Ablösung der Zweigliedrigkeit im Weimarer Schulkompromiss – so meine These – ist aber nie vollständig vollzogen worden. Man könnte den Weimarer Schulkompromiss als Einstieg in ein gestuftes Bildungswesen interpretieren, der aber mehrfach gebrochen und an die Zweigliedrigkeit zurückgebunden blieb: Nach wie vor war die Grundschule organisatorisch Teil der Volksschule und nach wie vor besuchte die überwiegende Mehrzahl der Schüler die Volksschuloberstufe und nur ein kleiner Teil die höheren Schulen. Es blieb das Recht der höheren Schule, ihre Schülerschaft selbst auszuwählen, und die Notwendigkeit für die Volksschule, alle „übrigen" zu beschulen. In diesem Strukturunterschied liegen letztendlich auch die Ursachen begründet, die bei zunehmender Verschiebung zugunsten des Besuchs höherer Schulen und einem veränderten Nachfrageverhalten gegenüber höheren Bildungsabschlüssen seitens der Eltern und der Arbeitgeber, das heute viel diskutierte Phänomen einer ‚Restschule' hervorbrachten. Und trotz des Verfassungsauftrags wurde in der Lehrerbildung nach wie vor die Hierarchie einer akademischen Bildung für mittlere und höhere Schulen und einer nicht akademischen für Volksschulen beibehalten und damit blieben auch die unterschiedlichen pädagogischen Unterrichtsweisen (z. B. Klassenlehrerunterricht versus Fachlehrerprinzip) erhalten.

Alle diese Einschränkungen haben dazu geführt, dass die pädagogische Arbeit in der Grundschule zwar in vielen Einzelversuchen neue Gestalt annahm, aber in der Breite eher alten Strukturen verhaftet blieb. So beschreibt zwar der Grundschullehrplan von 1921 (Preußen) die pädagogischen Aufgaben als „umfassende Entfaltung aller Anlagen des Kindes (...), so daß die weitere Schullaufbahn nicht durch Herkunft und soziale Stellung der Eltern, sondern durch Begabung und Neigung bestimmt (wird). Leitlinien der Grundschularbeit sind Kindgemäßheit und ganzheitliche Entwicklung, Anschauung, Lebensnähe und Selbsttätigkeit." (Baumert, S. 340) Aber sowohl in Bezug auf die weitere Laufbahn als auch bezüglich einer die individuelle Entwicklung berücksichtigenden und fördernden Arbeit in der Grundschule blieb es nur zu oft bei diesen Forderungen. Andererseits wurde dieses auf individuelle Entwicklung zielende Verständnis pädagogischer Arbeit in der Ausbildung der Volksschullehrer seit dieser Zeit verstärkt tradiert und war somit Bestandteil des Selbstverständnisses der professionellen Arbeit, auch wenn es keineswegs immer gelang, diesen Ansprüchen Genüge tun zu können.
Herrlitz u. a. fassen zusammen:
„(2) Die schulpolitische Gesetzgebung der ‚Weimarer Koalition' bot im Bereich der Volksschule erste Ansätze zu einer Überbrückung der strikten Klassentrennung zwischen niederem und höherem Bildungswesen (Aufhebung der Privatschulen, obligatorische vierjährige Grundschule, Verbesserung der Volksschullehrerbildung) sowie zum Abbau der konfessionell bedingten inhaltlichen Bildungsbegrenzung. Die damit mögliche stärkere Integration der unteren Klassen wurde jedoch zum großen Teil durch die restriktive Politik konservativer Kräfte, begünstigt durch die chronische Finanzknappheit des Staates, eingeschränkt. Rückblickend scheint jedoch selbst unter diesen Bedingungen die begrenzte ‚Anhebung' der Volksschule einen bescheidenen Erfolg gehabt zu haben, der um so deutlicher ausfiel, je größer der Reformspielraum einzelner Länder (z. B. Sachsen, Thüringen) war.
(3) Die soziale Öffnung der höheren Bildung (erhöhte Bildungsbeteiligung von Kindern aus der unteren Mittelschicht und aus der Arbeiterschaft, Ausbau der höheren Mädchenbildung und des Frauenstudiums) wurde – unter den sich dramatisch verschlechternden ökonomischen Verhältnissen der Inflation und der Weltwirtschaftskrise – von den traditionellen bildungsbürgerlichen Schichten als Bedrohung, von den aufstiegsinteressierten Gruppen des ‚neuen Mittelstandes' dagegen eher als Enttäuschung weitergespannter Erwartungen verarbeitet. Beide Reaktionen mündeten in irrationale, gegen die ‚versagende Republik' gerichtete Einstellungen und begünstigten damit die nationalsozialistische Form der Krisenregulierung und Bildungsbegrenzung." (Herrlitz u. a., S.141/142)

Nationalsozialistische Bildungspolitik
Die Regierungszeit der Nationalsozialisten brachte einerseits eine sofortige Schließung der meisten Reformschule und die Entlassung vieler Reformpädagogen aus Schuldienst und Schulverwaltung sowie eine starke Begrenzung von Bildung (restriktive Festlegung der Schülerzahlen an höheren Schulen und Hochschulen, Zurückdrängung von Mädchen aus höheren Schulen und Hochschulen) und andererseits zunächst die Hoffnung auf eine Verbesserung der Volksschullehrerbildung durch Einführung von „Hochschulen für Lehrerbildung". Bereits ab 1938 vollzieht sich jedoch auch im Bereich der Volksschullehrerbildung eine Wandlung der Politik, die – wie *Herrlitz u. a.* es formulieren – an die Zeit der

Stiehl'schen Regulative erinnert: „Ausbildungsstand und Ausbildungsgang der Hochschulen seien den praktischen Aufgaben vor allem des Dorfschullehrers völlig unangemessen und verhinderten, daß ‚zweite und dritte Bauernsöhne' für den Volksschullehrerberuf gewonnen werden könnten. Die ‚Verstädterung' der Lehrerbildung habe zu einer ‚Entfremdung von der Landbevölkerung' geführt. ‚Lehrer muß jeder werden können, der durch die Volksschule hindurchgegangen ist.'" (Herrlitz u. a., S. 152) Zunächst wurden Volks- und Mittelschulabsolventen nach einer Sonderprüfung zum Studium an den Hochschulen für Lehrerbildung zugelassen. Per Führerbefehl vom 8. Februar 1941 wurden alle noch bestehenden Hochschulen geschlossen und durch ‚Lehrerbildungsanstalten' ersetzt, an denen die Volksschullehrerprüfung nach einem fünfjährigen Kursus von Volksschulabsolventen, nach einem dreijährigen Kursus von Mittelschulabsolventen und nach einem einjährigen Kursus von Abiturienten abgelegt werden konnten. (Müller-Rolli, S. 234; Herrlitz u. a., S. 152 f.)

Schulpolitik nach dem 2. Weltkrieg

Nach dem Ende des 2. Weltkrieges wurde Deutschland in vier Besatzungszonen eingeteilt. Jede der Besatzungsmächte versuchte in unterschiedlicher Intensität eine Neuorganisation des deutschen Bildungswesens zu erreichen. Mitbedingt durch das Einsetzen des Kalten Krieges und der Auseinandersetzungen zwischen den Westmächten und der Sowjetunion setzten sich in den westlichen Zonen recht bald die alten Strukturen durch. In der sowjetisch besetzten Zone wurde mit dem Schulgesetz von 1946 eine einheitliche achtjährige Grundschule mit dem Pflichtangebot einer modernen Fremdsprache ab dem 5. Schuljahr und einem ab 7. Schuljahr vorgesehenen Kursangebot (Mathematik, Fremdsprache, naturwissenschaftliche Fächer) eingeführt, die dann später in der DDR zur zehnklassigen allgemeinbildenden polytechnischen Oberschule ausgebaut wurde. In diesem Einheitsschulsystem stellt sich die Frage nach dem Übergang zwischen Grundschule und weiterführender Schule nicht. Da 1990 beim Beitritt der DDR zur Bundesrepublik das Einheitsschulwesen radikal durch das westliche Schulsystem ersetzt wurde (bis auf die sechsjährige Grundschule in Brandenburg), muss auf die Entwicklung in der DDR hier nicht weiter eingegangen werden.

In den westlichen Besatzungszonen bzw. ab 1949 der Bundesrepublik Deutschland wurden weitgehend die Schulstrukturen wieder hergestellt, wie sie in der Weimarer Republik existiert hatten. Allerdings kam es nie zu einer Bundesgesetzgebung (vergleichbar dem Reichsgrundschulgesetz von 1920), weil die Kulturhoheit den Bundesländern zugeordnet wurde und die Einheitlichkeit des Schulsystems nur über die Beschlüsse der Kultusministerkonferenz hergestellt werden konnte. Alle nachfolgenden Aussagen sind daher eher Tendenzaussagen, die die in einzelnen Bundesländern vorhandenen Modifikationen unberücksichtigt lassen müssen.

Reformen der 60er-Jahre

Die nächste, für die hier diskutierte Frage des Übergangs von der Grundschule zur weiterführenden Schule interessante Phase, beginnt mit dem Förderstufenplan des Deutschen Ausschusses für das Erziehungs- und Bildungswesen aus dem Jahr 1959. Nun tastete jener Förderstufenplan, wie *Klafki* es formulierte, „die überkommene, dreigliedrige Struktur im Grunde nicht an, er schob die Entscheidung für den Besuch einer der drei überkommenen Schulformen aber für das Gros der Kinder um 2 Jahre über die Grundschulzeit hinaus auf, nahm dabei jedoch eine begrenzte Schülergruppe aus, bei der die sog. ‚theoretische Begabung' bereits mit Sicherheit am Ende der Grundschulzeit erkennbar sei und die daher vom 5. Schuljahr ab Zugang zur sog. ‚Studienschule', sprich: dem altsprachlichen Gymnasium, erhalten sollte. Für alle übrigen Kinder sollte die um 2 Jahre verlängerte bessere Förderung im 5. und 6. Schuljahr eine gerechtere, objektivere Auslese ermöglichen. Es wäre freilich eine Verkürzung, wollte man nicht betonen, daß der Deutsche Ausschuß zugleich forderte, die Förderstufe solle neben dieser verbesserten Auslese zugleich die soziale Integration und die Verbreitung eines gemeinsamen geistigen Fundaments bei den Kindern unterschiedlicher sozio-kultureller Herkunft ermöglichen oder steigern." (Klafki, S. 3)

In den folgenden Jahren kam eine Fülle von Reformen in Gang, die für die Frage des Übergangs bedeutsam waren:

- Es entsteht eine öffentliche Diskussion um die Bildungsreserven. Das Buch „Die deutsche Bildungskatastrophe" von *Georg Picht* gibt 1964 dieser Stimmungslage Ausdruck und liefert vielfältige Zahlen und Argumente für die Diskussion. 1960 absolvierten nur 6,7 % der gleichaltrigen Bevölkerung erfolgreich ein Gymnasium bis zum Abitur (in den USA 64,3 %, wenn alle dem High-School-Abschluss entsprechenden Zertifikate berücksichtigt werden, vgl. Herrlitz u. a., S. 167). Vor allem Mädchen, Arbeiterkinder, Katholiken und Kinder auf dem Lande gelten als deutlich unterrepräsentiert (Zusammenfassung dieser Diskussion zuletzt bei Büchner/Koch, S. 22/23). Die Forderung nach Bildungsreformen wird unüberhörbar.
- Im gleichen Jahr (1964) legt der „Deutsche Ausschuß für das Erziehungs- und Bildungswesen" ein Gutachten vor, das zu dem Schluss kommt, „daß das deutsche Schulwesen den Umwälzungen nicht nachgekommen ist, die in den letzten fünfzig Jahren Gesellschaft und Staat verändert haben" (Deutscher Ausschuß, S. 1). Als Reformmaßnahmen werden vorgeschlagen: eine Aufwertung der Volksschuloberstufe zur Hauptschule durch Einführung eines 9. und 10. Schuljahres sowie die Einführung einer zweijährigen Förderstufe nach der Grundschule, die – „allen drei Oberstufen in grundsätzlich gleicher Weise zuordnet" (Deutscher Ausschuss, S. 24, vgl. auch Herrlitz u. a., S. 168 ff.)
- In der Folge werden die Grundschule und die Hauptschule (bisher: Volksschule) zu getrennten Schulformen. Es entstehen zunehmend eigenständige Grundschulen, die nicht mehr mit einer Oberstufe verbunden sind, d. h. der Übergang nach dem 4. Schuljahr wird zunehmend für alle Kinder zur Regel (Ausnahmen Berlin mit der sechsjährigen Grundschule und Bayern, wo nur die Gymnasialschüler nach dem 4. Schuljahr die Grundschule verlassen, die Realschüler erst nach dem 6. Schuljahr; Ende der 90er-Jahre wird in Bayern die sechsjährige Realschule eingeführt, was zu großen Diskussionen um die Restschulfunktion der Hauptschule führt). Flächendeckend werden Regelungen für den Übergang festgelegt.
- Die bereits Ende der 50er-Jahre begonnenen Versuche, integrative Schulformen im Anschluss an die Grundschule zu entwickeln, werden massiv verstärkt. Vor allem in Hessen und in Nordrhein-Westfalen entstehen Gesamtschulen, teilweise als organisatorische Zusammenfassung von Hauptschule, Realschule und Gymnasium in Form einer additiven oder kooperativen Gesamtschule, teilweise mit integrierenden Angeboten für das 5. und 6. Schuljahr (Förderstufe, Orientierungsstufe) oder als integrierte Gesamtschulen (IGS) für die Klassen 5–10 oder 7–10. Eine heiße Diskussion um die Gesamt-

schule entbrennt. Die Frage, wie die Förderung für jedes Kind mit der Forderung nach einer besser begründeten Auslese zu verbinden sei, wird zur zentralen Frage. Die auftretende „C-Kurs-Problematik" in den Förderstufen und auch in den Gesamtschulen führt dazu, dass das Selbstvertrauen der Schüler umso niedriger ist, je geringer ihr offizieller Leistungsstatus ausfällt (Fend 1982, S. 341, vgl. auch Geißler u. a. sowie Fallstudie Michaela → S. 57ff.). Am Ende einer langen Diskussion zeichnet sich seit den 90er-Jahren eine neue Tendenz ab: In vielen Förderstufen und Gesamtschulen wird die äußere Differenzierung zunehmend eingeschränkt oder sogar völlig durch integrative Modelle mit innerer Differenzierung ersetzt.
- Die Lehrerbildung für die Volksschullehrer bzw. die Grund- und Hauptschullehrer wird zunehmend an die Universitäten verlagert, teilweise zunächst in Form von Abteilungen, die universitäre Fachstudium mit pädagogischen und didaktischen Studien verbinden sollen (eigene Abteilung oder eigener Fachbereich für Didaktik und Pädagogik), teilweise und zunehmend durch volle Integration in die Fakultäten bzw. Fachbereiche der Universität (Fachwissenschaft und Fachdidaktik in einem Fachbereich). Baden-Württemberg bleibt bei der Lösung der Pädagogischen Hochschulen.
- In einigen Bundesländern entsteht ein eigenes Lehramt an Grundschulen, in der Mehrzahl der Ländern bleibt das Lehramt an Grundschulen mit dem Lehramt an Hauptschulen gekoppelt. Das hat einerseits die – von den Finanzministern begrüßte – Folge, dass die Grundschullehrerinnen nach A 12 besoldet werden (außer in den Stadtstaaten, in denen das achtjährige Studium für alle Lehrer durchgesetzt wurde) gegenüber einer Besoldung der Haupt- und Realschullehrer nach A 13 und der Studienräte nach A 13/14. Andererseits umfasst das Studium der Grundschullehrerinnen seit dieser Zeit nicht mehr alle Fächer, die in der Grundschule zu unterrichten sind, sondern konzentriert sich auf wenige Fächer, ohne dass sich das Fachlehrerprinzip in der Grundschule durchgesetzt hat, d. h. für Grundschullehrerinnen ist fachfremder Unterricht durchaus die Regel.

Parallel zu dieser Veränderung von Rechtsregelungen verliefen weitere Entwicklungen, die für die Diskussion um den Übergang nach der Grundschule wichtig wurden:
- Es entwickelt sich eine Diskussion um die Frage der „Eignung" von Kindern für eine bestimmte Schulform, die sich an der Prognosesicherheit der Grundschulgutachten entzündet. In einer breit angelegten Untersuchung der Hochschule für Internationale Pädagogische Forschung wird an einer repräsentativen Stichprobe aus fast allen Bundesländern der prognostische Wert des Grundschulgutachtens für den späteren Schulerfolg untersucht: Nur die Hälfte aller von der Grundschule ohne Einschränkung als geeignet für den Besuch des Gymnasiums empfohlenen Schüler erreichten nach fünf Jahren die Versetzung in die Klasse 10. Andererseits erreichten von den als „nicht geeignet" bezeichneten Schüler 17 % ohne Aufenthalt die 10. Klasse. *Eckes* kommt zu dem Schluss: „In diesen hier angeführten Untersuchungsbefunden wird ein großer Nachteil dieses punktuellen Ausleseverfahrens sichtbar: die mangelnde Treffsicherheit." (Eckes, S. 108 f.)

Eine Eignungsfeststellung scheint bis heute kaum mit ausreichender Sicherheit möglich, „denn sie setzt voraus, daß
- die Kinder bereits in der Grundschule hinreichend deutlich auf ihre zukünftigen Lernmöglichkeiten festgelegt sind,

- die Leistungsanforderungen in den verschiedenen Schulformen der Sekundarstufe genau bekannt sind und zwischen ihnen, aber nicht innerhalb der Schulformen, konstante Unterschiede bestehen,
- die Zusammenhänge zwischen beiden Voraussetzungen bekannt sind
- und außerdem noch die entsprechenden Meßinstrumente zur Verfügung stehen." (Portmann 1989, S. 49)

Außerdem muss festgehalten werden, dass das Spektrum der Begabungen und Fähigkeiten bei den Kindern nicht drei Ausprägungen ausweist, die sich entsprechend dem dreigliedrigen Schulsystem definieren lassen, sondern sehr viel differenzierter ausfällt. Die pädagogische Frage könnte und müsste also eher lauten: Welche Schule ist für dieses Kind geeignet? In der Folge wird daher zunehmend eher von Grundschulempfehlungen gesprochen, die Elternentscheidung erlangt zunehmend höheres Gewicht.

- Die Grundschulreform wird, vor allem auf Initiative des Arbeitskreises Grundschule, durch Lehrer, Eltern und Grundschulpädagogen aus dem Hochschulbereich, massiv intensiviert. Anregungen hierzu kommen vor allem aus drei Quellen:
  - Der Blick über die Grenzen führt zur Rezeption offenerer Unterrichtsformen, wie sie vor allem in England und in den USA praktiziert werden.
  - In Eingangsstufen-Schulversuchen werden in Zusammenarbeit zwischen Sozialpädagoginnen und Grundschullehrerinnen neue Arbeitsformen erprobt.
  - Die Phase der Curriculumreform führt dazu, dass neue Inhalte und wissenschaftsorientierte Lernverfahren in den Grundschulunterricht Eingang finden.

  Beginnend mit dem Grundschulkongreß von 1969 etablieren sich Fortbildungsformen, für die in besonderem Maße die Zusammenarbeit zwischen Lehrerinnen und Erziehungswissenschaftlern typisch ist und durch die in sehr wirksamer Form Arbeitsweisen wie Freie Arbeit, Arbeit mit dem Wochenplan, Projektunterricht, später auch Lesenlernen ohne Fibel, Lesen durch Schreiben u. Ä. m. schneeballartige Verbreitung finden.
- Immer mehr Heranwachsende streben höhere Bildungsabschlüsse an (s. auch Tabelle, S. 26). In dieser veränderten Bildungsbeteiligung schlagen sich sowohl die Bildungswerbung seit Beginn der 60er-Jahre und der Ausbau des Bildungssystems seit Beginn der 70er-Jahre nieder, als auch Veränderungen in der Wirtschaft, die dazu führen, dass höhere Bildungsabschlüsse mehr Chancen auf dem Arbeitsmarkt bedeuten.

Eine Folge ist auch, dass immer mehr Mädchen das Gymnasium absolvieren und ein Studium aufnehmen. In dieser Situation entsteht, unterstützt durch das neu geschaffene Lehramt an Grundschulen bzw. die eigenständigen Grundschulen, eine zunehmende Feminisierung des Grundschullehrerberufs.

Zusammenfassend kann festgehalten werden:

- Der Übergang nach der Grundschule muss zunächst im Rahmen einer Entwicklung gesehen werden, die sich im Verlauf der letzten 200 Jahre vollzogen hat.

  „(1.) In der demokratisierten, ‚offenen' Gesellschaft hat sich der Lebenslauf des Einzelnen von ständischen Vorgaben und Bindungen weitgehend abgelöst und verselbstständigt. Die Gestaltung des eigenen Lebens hängt in einem hohen Maße vom Einzelnen selbst ab.

Schüler im allgemein bildenden Schulwesen der Länder im 5. Jahrgang

Bundesland	Schüler im 5. Jahrgang						
	abs.	Schüler im horizontalisierten System in v. H.					
	1984/85				Zum Vergleich: 1982/83	1980/81	1977/78
	Schüler[1] insgesamt	davon in int. OR	davon in IGS	gesamt	gesamt	gesamt	gesamt
Baden-Württemb.	95.300	0,6	1,0	1,6	1,9	2,0	2,3
Bayern	111.443	0,5	0,2	0,7	0,6	0,7	0,7
Berlin-West	15.031	94,1	2,2	96,3	97,1	97,4	97,7
Bremen	5.715	99,3	0,7	100,0	100,0	100,0	100,0
Hamburg	13.560	4,0	18,3	22,3	27,6	23,1	9,9
Hessen	50.683	47,9	14,1	62,0	58,8	57,6	53,8
Niedersachsen	72.803	95,8	2,7	98,5	94,8	95,1	66,1
Nordrhein-Westfalen	160.284	–	6,1	6,1	5,0	3,3	2,9
Rheinland-Pfalz	34.690	9,6	1,4	11,0	12,1	10,5	10,2
Saarland	9.644	–	3,0	3,0	2,7	2,7	1,4
Schleswig-Holst.	24.388	–	1,1	1,1	1,0	1,0	1,2
Gesamt	593.540	20,0	4,1	24,8	21,7	22,4	18,4

[1] Ohne Sonderschüler und ohne Waldorfschulen

Quelle: AFS-Umfrage bei den Kultusministerien der Länder (Hansen u. a., S. 77)

(2.) Diese Verselbstständigung des Lebenslaufs und Erweiterung der individuellen Entfaltungschancen vollzog sich im Zusammenhang mit der Alphabetisierung der gesamten Gesellschaft und der allmählichen Ausdehnung der Qualifikations- und Selektionsfunktion von den elitären Bildungseinrichtungen auf das gesamte Schulwesen …

(3.) Durch die in den letzten 200 Jahren aufgebaute differenzierte Bildungsorganisation sind das Bildungsstreben und die Bildungsselektion auch vom Selbstverständnis der Menschen her universell geworden. Jede nachwachsende Generation wird über ein differenziertes System von Bildungslaufbahnen in die arbeitsteilige Gesellschaft der Erwachsenen eingeschleust und einrangiert.

(4.) Dabei spielen Zensuren und Prüfungen, die als Selektionsmedien den persönlichen Bildungsgang der Heranwachsenden durch die Bildungsorganisation steuern, eine zentrale Rolle. Im Zensurenbewusstsein der Kinder kommt zum Ausdruck, dass sie diesen modernen Modus des Hereinwachsens in die arbeitsteilige Welt der Erwachsenen innerlich angeeignet haben.

(5.) Die strukturelle Überlegenheit der Bildungsselektion gegenüber der natürlichen Auslese hängt mit der doppelten Funktion zusammen, die die an Bildungsnormen geknüpften Berechtigungen erfüllen. Durch die Berufung auf eine für alle geltende universalistische

Moral (formale Gleichbehandlung nach dem Leistungsprinzip) regeln und legitimieren sie sowohl die Teilhabe als auch den Ausschluss." (Titze, S. 56)

- Seit der Einrichtung eigenständiger Grundschulen und der Schaffung eigener Ausbildungsgänge für Grundschullehrerinnen ist ein Übergang nach der Grundschule auf eine weiterführende Schule die Regel (Ausnahmen bilden nur sechsjährige Grundschulen und Sonderschulen). Der Übergang wird damit zu einem allgemeinen Problem, das noch dadurch verschärft wird, dass die alte aus dem 19. Jahrhundert überkommene hierarchisierte Zweiteilung des Schulwesens (Klassenschule) in Teilbereichen wirksam geblieben ist (vor allem bzgl. der Ausbildung der Lehrer) und zu einer Konkurrenzsituation geführt hat, in der die alten Hierarchien erneut durchschlagen (z. B. in der Unterscheidung, dass einige Schulen ihre Schüler aussuchen bzw. Schüler abweisen können, andere nicht). Soziale Ungleichheiten sind die Folge. „Bis heute müssen wir davon ausgehen, daß die 1920 eingerichtete Grundschule ‚für alle' immer noch im Widerspruch zu einem mehrfach gegliederten und selektiven weiterführenden Schulwesen steht. Solange die gemeinsame Grundschule Vorbereitungsfunktion für differenzierte weiterführende Schullaufbahnen hat und mit einer entsprechenden Übergangsauslese verbunden ist, entscheidet sie letztlich über die Eignung für eine ‚höhere' Schullaufbahn. Somit bleibt die Grundschule ... letztlich ein Konkurrenzunternehmen, bei dem die Erfüllung (quasi vorweggenommener) gymnasialer Leistungsanforderungen das dominierende Kriterium für die Organisation der Lernprozesse ist." (Büchner/Koch, S. 24)

- Diese Entwicklung muss auch unter der Fragestellung diskutiert werden, ob die Einrichtung selbstständiger Grundschulen und die Einführung eines „Lehramts an Grundschulen" bzw. eines „Lehramts an Grund- und Hauptschulen mit dem Schwerpunkt Grundschule", nicht die Differenzen und den Widerspruch vertieft haben, der seit ihrer Einführung 1920 die Grundschule als Schule „für alle Kinder des Volkes" mit der Doppelfunktion Förderung für jedes Kind und Vorbereitung und Zuweisung zu einem gegliederten Schulsystem charakterisiert hat. Die Konkurrenzsituation zwischen unterschiedlichen weiterführenden Schulen und ein gesellschaftliches Verständnis, das eine erfolgreiche Schullaufbahn als von individuellen Leistungen abhängig definiert, bringt die Grundschule in ein neues Dilemma: Die Grundschullehrerin muss nicht nur an der Verteilung gesellschaftlicher Chancen mitwirken, sie hat vor allem die Aufgabe, „die vom Zutritt zu den privilegierten Schulformen Aussortierten zu einer konfliktfreien Akzeptanz ihrer Ausgeschlossenheit zu bringen" (Hüttenberger, S. 61).

Bestandsaufnahme

Eine Bestandsaufnahme der Situation des Übergangs nach der Grundschule, wie sie sich heute in den 16 deutschen Bundesländern darstellt, wird hier nicht so verstanden, dass alle Einzelregelungen dieser Bundesländer beschrieben werden sollen. Vielmehr geht es um die Frage, welche grundlegenden Strukturen und Entwicklungen den Übergang charakterisieren. Beim Rückblick auf die Schulgeschichte hat sich gezeigt, dass die Zweiteilung in ein höheres und ein niederes Schulwesen noch bis heute in bestimmten Strukturelementen nachwirkt, vor allem bei der Möglichkeit, Schüler und Schülerinnen auszuwählen bzw. abzulehnen sowie bei den Unterschieden in der Ausbildung der Lehrer. Die Einrichtung einer Grundschule mit anschließender dreigliedriger, mit Gesamtschule viergliedriger Sekundarstufe hat zu einer Konkurrenzsituation zwischen verschiedenen weiterführenden Schulen geführt und damit zugleich zu charakteristischen Problemlagen für den Übergang, die nachfolgend beschrieben und diskutiert werden sollen.
Die Erforschung von Übergangsproblemen steht allerdings noch am Anfang. *Kutscha* spricht von einem „neuen Forschungsgebiet" (vgl. Kutscha, vor allem S. 113 ff. sowie Büchner/Koch, S. 26 ff.). Die empirische Schulforschung bezieht sich bisher weitgehend auf die mit statistisch-empirischen Methoden erfassbaren Bereiche, d. h. vor allem auf die bildungspolitische Situation (Schulformen und Schulwahlentscheidungen) und die Einstellungs- und Meinungsforschung (Befragung von Eltern, Lehrern und Kindern). Die Frage der pädagogischen Gestaltung des Schulalltags in den Schulen und die Auswirkungen auf die Erfahrungen der einzelnen Kinder, zu deren Erforschung eher qualitative Methoden angewandt werden müssten, ist bisher wissenschaftlich kaum untersucht.

Schulformen und Schulwahlentscheidungen

Vielfalt der Schulformen und Schulen
Die Grundstruktur „vierjährige Grundstufe und darauf aufbauend ein dreigliedriges Schulsystem" ist heute in der Regel als Beschreibung der Schulformen in Deutschland nicht mehr ausreichend. Hinzu kommen Gesamtschulen sowie andere integrative Schulformen für das 5./6. Schuljahr (sechsjährige Grundschule, Orientierungsstufe, aber auch Förderstufen der unterschiedlichsten Gestalt an Grundschulen, an kooperativen Gesamtschulen und an Haupt- und Realschulen; im Kontext der hier geführten Argumentation ist im weiteren Text mit Gesamtschule immer die Integrierte Gesamtschule/IGS gemeint, die rein organisatorische Zusammenfassung von Hauptschule, Realschule und Gymnasium bleibt dem dreigliedrigen Schulsystem zugeordnet). Daneben entstehen zunehmend Schulen, die die Hauptschule und die Realschule in eine Schulform integrieren und damit wieder auf die alte Zweiteilung von Volksschule und Gymnasium zurückverweisen (z. B. die Sekundarschule im Saarland und in Sachsen-Anhalt, verbundene Haupt- und Realschule in Mecklenburg-Vorpommern, Mittelschule in Sachen, Regelschule in Thüringen, vgl. Bartnitzky, S. 10 ff.). Darüber hinaus tauchen in der Diskussion weitere Begriffe auf: der Begriff „weiterführende Schulen", um alle auf das 4. Schuljahr aufbauenden Schulformen zu erfassen (ausgenommen Sonderschulen) und der Begriff „Sekundarstufe" oder „Mittelstufe", um unabhängig von der Schulform die Jahrgänge 5–10 zu erfassen.

Bei dieser Entwicklung haben sich gravierende Unterschiede zwischen den Bundesländern herausgebildet. „Auffällig sind nicht allein die Gesamtschulquoten, die sich zu einem wesentlichen Unterscheidungsmerkmal der Länder entwickeln; auffällig sind nicht minder die stark von einander abweichenden Hauptschulquoten, die in den Stadtstaaten sowie in Hessen (offensichtlich gefördert durch ein umfassendes Gesamtschulangebot, doch auch in Folge von Elternorientierungen) sehr niedrig liegen, aber auch zwischen anderen Bundesländern (siehe Niedersachsen und Saarland) sehr stark variieren." (Hansen u. a., S. 79)

Schüleranteile der Schulformen im 7. Jahrgang

Bundesland	Schuljahr	HS	RS	GY	IGS
Baden-Württemberg	1960/61	72,2	5,3	19,9	
	1990/91	38,5	31,0	28,5	0,7
	1998/99	34,4	31,2	27,9	0,5
Bayern	1960/61	74,6	9,0	14,8	–
	1990/91	39,5	31,9	27,8	0,4
	1998/99	37,2	31,2	26,3	0,4
Berlin[1]	1960/61	45,3	28,1	20,2	–
	1990/91	15,8	21,0	36,6	27,1
	1998/99	11,5	21,1	32,1	31,0
Bremen	1960/61	57,4	21,2	16,5	–
	1990/91	27,4	29,4	31,1	11,5
	1998/99	22,0	26,4	29,9	16,0
Hamburg[2]	1960/61	61,8	16,6	16,2	–
	1990/91	19,1	23,8	36,0	19,6
	1998/99	11,3	15,0	34,0	25,9
Hessen	1960/61	74,5	6,4	16,8	–
	1990/91	21,1	28,1	34,9	15,5
	1998/99	17,0	28,4	32,6	17,3
Niedersachsen[3]	1960/61	68,2	14,6	14,3	–
	1990/91	33,6	33,9	29,1	2,9
	1998/99	30,1	33,3	26,7	3,9
Nordrhein-Westfalen	1960/61	69,0	10,3	16,5	–
	1990/91	33,4	25,0	31,7	9,5
	1998/99	24,9	25,5	30,3	14,6
Rheinland-Pfalz[4]	1960/61	86,0	3,6	16,8	–
	1990/91	45,1	22,5	30,4	1,8
	1998/99	34,2	24,7	28,1	4,1
Saarland[5]	1960/61	76,4	6,3	–	
	1990/91	32,1	26,8	29,7	10,6
	1998/99	9,1	20,5	28,4	16,8

Schleswig-Holstein	1960/61	62,5	19,7	14,0	–
	1990/91	34,4	34,2	29,2	1,2
	1998/99	29,5	33,0	27,7	6,6
Brandenburg	1992/93	–	14,3	26,2	55,0
	1998/99	–	14,9	28,1	51,3
Mecklenburg-Vorpommern	1992/93	11,7	a) 41,6 b) 5,2	31,8	4,8
	1998/99	12,1	a) 46,4 b) 3,0	28,0	4,1
Sachsen	1992/93	–	b) 63,0	32,9	–
	1998/99	–	b) 63,7	30,0	–
Sachsen-Anhalt	1992/93	13,6	a) 42,8 b) 2,6	34,6	0,5
	1998/99	8,8	a) 50,4 b) 0,8	32,3	0,9
Thüringen	1992/93	0,1	b) 60,5	34,4	0,5
	1998/99	0,1	b) 62,1	31,1	1,0
BUND	1998/99	22,8	a) 26,5 b) 7,1	29,0	9,3

[1] Schuljahr 1998/99 einschließlich Ostberlin
[2] Zuzüglich 5,4 % Anteil in integrierten Haupt- und Realschulen
[3] Zuzüglich 0,4 % Anteil in integrierten Haupt- und Realschulen
[4] Zuzüglich 4,3 % Anteil in teilintegrierten Haupt- und Realschulen (Regionalschulen)
[5] Zuzüglich 20,4 % Anteil in kombinierten Haupt- und Realschulen (Sekundarschulen)
a) Schüler in eigenständigen Realschulen
b) Schüler ohne gesonderte Ausweisung der Bildungsganganteile von Haupt- und Realschule (teilweise integriert)
Quellen: Hansen/Rolff 1984, S. 147 (Daten bis 1980); KMK 1991 und 2000 (S. XIX) (Pfeiffer/Rösner, S. 91 f.)

Das Schrumpfen der Hauptschule ist in allen Bundesländern festzustellen, während die Relationsquote der Realschule bemerkenswert stabil bleibt. Die Gymnasialquote steigt in der Regel leicht aber stetig an. Gleiches zeigt sich bei der Gesamtschulquote, wenn auch auf wesentlich niedrigerem Niveau, d. h. es zeigt sich eine Verschiebung von der Hauptschule als Nachfolgerin der Volksschule auf das Gymnasium und, soweit in den einzelnen Ländern ein entsprechendes Angebot vorhanden ist, auf die Gesamtschule (s. Tabelle, S. 29/30). Dieser Trend ist auch durch die Schaffung von Haupt- und Realschulverbünden nicht gestoppt worden. Damit entsteht, zumindest in den Bundesländern mit entsprechendem Angebot, zunehmend eine Konkurrenzsituation zwischen Gymnasium und IGS, die eine genauere Betrachtung verdient:
Die Einführung der Integrierten Gesamtschule hatte u. a. das Ziel, die soziale Selektivität des Schulsystems zu reduzieren und Chancengleichheit für alle Schülerinnen und Schüler zu gewährleisten. Die Konkurrenzsituation mit den Gymnasien führte allerdings da-

zu, dass in den Gesamtschulen überrepräsentativ viele Kinder aus unteren Sozialschichten vertreten sind (Soziale Selektivität). Bereits seit Anfang der 80er-Jahre liegen hierzu eingehende Untersuchungen vor, die bestätigen, dass es enge Zusammenhänge zwischen Schulwahl und Sozialschicht gibt (vgl. Jahrbuch der Schulentwicklung, Bd. 1, 1980 und folgende). Gleiches gilt auch für den Bereich der Schulleistung: Schüler mit durchschnittlichen und unterdurchschnittlichen Leistungen sind in den Gesamtschulen überrepräsentiert (Creaming-Effekt), eine Tatsache, die bei allen Leistungsvergleichen zwischen den Schulformen beachtet werden muss. Interessant ist in diesem Zusammenhang, dass Vergleichsuntersuchungen sehr deutliche Unterschiede zeigen, wenn die Gesamtschulen als Angebotsschulen einzuschätzen sind, d. h. wenn die Nachfrage nach Gesamtschulplätzen das Angebot übersteigt und damit eine Auswahl von Schülern getroffen werden kann, die sowohl sozial als auch leistungsbezogen als ausgewogen zu bezeichnen ist. In diesen Fällen schneiden die Gesamtschulen im Leistungsvergleich sehr gut ab, während Gesamtschulen, die gezwungen sind alle „übrig gebliebenen" Kinder aufzunehmen, schlechter abschneiden. (vgl. u. a. Hansen u. a., S. 80 ff.)
Damit ergibt sich für die Gesamtschulen die Situation, so attraktiv zu sein, dass sie als Angebotsschulen eine sozial und leistungsmäßig heterogene Schülerschaft sicherstellen können. Aber auch für die Gymnasien ergeben sich grundlegende Änderungen: Die Schülerschaft wird zunehmend heterogener, sowohl was die soziale Herkunft, als auch was die Fähigkeiten der einzelnen Schüler betrifft. Die Gymnasien erhalten damit zunehmend eher die Funktion einer Gesamtschule oder, um einen anderen Vergleich heranzuziehen, die Funktion einer amerikanischen High-School, die ja darauf eingestellt ist, mit einer heterogenen Schülerschaft zu arbeiten, z. B. indem sie unterschiedliche Angebote zur Wahl stellt und durch Tutoren den individuellen Bildungsprozess begleitet.
Durch diese Entwicklung wird die Frage des Umgangs mit der Heterogenität der Schülerschaft nicht nur für die Grundschule und die Gesamtschule, sondern für alle Schulformen, vor allem auch für die Gymnasien, zunehmend bedeutsam. Der Versuch, die Vielfalt durch Homogenisierung handhabbar zu machen, scheint nicht zu funktionieren und ist, wenn man den Anregungswert des Lernens in heterogenen Gruppen berücksichtigt, vermutlich auch nicht anstrebenswert. Vielmehr ergibt sich die Notwendigkeit, nach neuen Unterrichtskonzepten zu suchen. Inwieweit sich die einzelnen Schulen dieser Aufgabe zuwenden, ist höchst unterschiedlich. In der Folge muss heute mit gravierenden Unterschieden in der pädagogischen Arbeit der einzelnen Schulen gerechnet werden. *Peter Fauser* nennt diese Entwicklung „Strukturdiffusion" und stellt fest, „daß heute keine Schulart mehr homogen ist – weder soziologisch, noch pädagogisch … Die einzelnen Schulen bewegen sich vielmehr als individuelle Gestalten in Korridoren, die einander überlappen … Es gibt nicht gute und schlechte Schularten, aber es gibt durchaus gute und schlechte Schulen." (Fauser, S. 340) Die Qualität des Unterrichts in heterogenen Gruppen wird zunehmend zur zentralen Frage von Bildungspolitik und Schulgestaltung (vgl. auch die Diskussion um internationale Vergleichsstudien wie TIMS oder PISA).

Schulwahlentscheidung als Statusvorentscheidung
In dieser hoch komplexen Situation müssen heute praktisch alle Eltern eine Schulwahlentscheidung für ihr Kind treffen, in aller Regel nach dem 4. Schuljahr, in wenigen Bundesländern nach der Orientierungsstufe (Niedersachsen) oder der sechsjährigen Grundschule

(Berlin und Brandenburg). Die erste Entscheidung, vor der Eltern und Grundschullehrerin stehen, betrifft – soweit die Bundesländer ein solches Angebot bereithalten – die Frage: Integrierte Schulform (Gesamtschule, Förderstufe) versus dreigliedriges Schulsystem; bei der Entscheidung für das dreigliedrige System geht es dann um die Entscheidung Hauptschule, Realschule oder Gymnasium sowie – zumindest in den Ballungsgebieten – auch um die Entscheidung zwischen verschiedenen Schulen einer Schulform. Dabei sind Hauptschule oder Förderstufe nur zu oft nicht die Schule der Wahl, sondern die der Resignation. Bei der Begleitung einer Schulklasse vom 4. bis zum 6. Schuljahr stellten Hartl/Klos z. B. fest, dass gerade bei den Kindern, die eine Förderstufe besuchten, in erhöhtem Maße durch private Nachhilfe und Hausaufgabenbetreuung versucht wurde, eine Hauptschulempfehlung nach der 6. Klasse zu vermeiden. Äußerungen wie ‚Realschule muss sein' oder ‚Wiederholen wäre besser' waren nicht selten und spiegelten die Bemühungen der Eltern wieder, einen Hauptschulbesuch ihrer Kinder zu vermeiden (Hartl/Klos, S. 153).
„Die Wahl einer Schulform, die ihr Kind nach der Grundschule (oder, in wachsender Zahl, nach der Orientierung- bzw. Förderstufe) besuchen soll, gehört zu den schwierigsten Entscheidungen, die Eltern zu treffen haben. Wenn es auch nicht an Bemühungen fehlt, den Schulwahlempfehlungen der abgebenden Schulen prognostische Qualitäten zu attestieren und – mit dem Hinweis auf spätere Korrekturmöglichkeiten der gewählten Schullaufbahn – der Schulwahlentscheidung das Odium der Endgültigkeit zu nehmen, so sprechen bereits Alltagserfahrungen der Eltern, mehr aber noch die Ergebnisse empirischer Schulforschung dagegen, solchen Bemühungen Aussicht auf Erfolg zuzusprechen. Schulwahlentscheidungen sind schwierig, weil sie in aller Regel überaus frühzeitig getroffen werden müssen, und sie sind um so schwieriger, als die Wahl einer Schulform zumeist ein Präjudiz für einen bestimmten Schulabschluß darstellt. Mit dem Schulabschluß wiederum ist die zentrale Vorentscheidung für den beruflichen Werdegang, für die Art und die Entlohnung der späteren Beruftstätigkeit gefallen. Schulwahlentscheidungen sind also letztlich Statusvorentscheidungen. ... Schulwahlentscheidungen werden indes nicht allein nach erkennbarem Leistungsvermögen der Schüler, Verwertbarkeit des Abschlüsse oder Leichtigkeit des Schulzugangs getroffen; welches Kind nach der Grundschule in welche Schulform der Sekundarstufe I übergeht, hängt ganz wesentlich davon ab, auf welchen Schulbesuch die Eltern drängen." (Hansen u. a., S. 70 f.)

Die Schulwahlentscheidung wird noch dadurch erschwert, dass die Revidierbarkeit der Entscheidung bzw. die Durchlässigkeit der Schulformen zwar immer wieder als Argument erscheint, in der Realität jedoch nur eine geringe Bedeutung hat. *Hansen u. a.* kommen aufgrund eigener Berechnungen Mitte der 80er-Jahre zu folgendem Ergebnis:
„– Im Schuljahr 1983/84 war es Haupt- und Realschülern so gut wie unmöglich, ins Gymnasium zu wechseln; die Aufstiegsrate lag in fast allen Ländern unter der 1 %-Grenze. Auch um den Preis des Wiederholens einer Klassenstufe ist der Aufstieg in nennenswertem Umfang lediglich in Hamburg möglich.
– Die schulische Herkunft von Realschülern verweist ebenfalls auf ein sehr geringes Maß an Durchlässigkeit: Die Zahl der Abstiegsprozesse (Gym → RS) überwiegt bei weitem die der Aufstiege (HS → RS). Die einzige Ausnahme bildet hier das Saarland.
– Die Gesamtmobilität ist insgesamt sehr gering: Auf- und Abstiegsprozesse machen gemeinsam in allen Bundesländern zwischen allen traditionellen Schulformen im Zeitraum

von 6 Schuljahren weniger als 10 % aus. Oder anders formuliert: Wer einmal einer Schulform zugewiesen wurde, verbleibt dort mit mindestens 90 %iger Wahrscheinlichkeit – Schuljahreswiederholungen inbegriffen." (Hansen u. a., S. 74)

Schulwahlentscheidung versus Grundschulempfehlung

Insofern wundert es eigentlich nicht, dass die Grundschulempfehlung und die Schulwahlentscheidung der Eltern sich immer stärker voneinander entfernen, nicht nur, weil die Eltern die Weichen für bestimmte Abschlüsse stellen wollen, sondern auch weil die Eltern versuchen, ihr Kind auf ihrer Wunschschule unterzubringen, damit es dort für längere Zeit sicher untergebracht ist und möglichst ohne weiteren Wechsel seine Schulkarriere absolvieren kann. Die Orientierungsstufe als für alle Kinder verbindliche Schulform für das 5./6. Schuljahr erzwingt einen zweiten Schulwechsel nach dem 6. Schuljahr. Gleiches gilt für Förderstufen, wobei hinzu kommt, dass Förderstufen, die an eine Grundschule angebunden sind, in Konkurrenz zu einem gegliederten System (Hauptschule, Realschulen, Gymnasien, IGS) stehen. In diesem Fall können die Kinder zwar nach dem 4. Schuljahr an der Schule bleiben, an der sie ihre Grundschulzeit verbracht haben, haben aber das Gefühl, „übrig geblieben" zu sein, d. h. sie wissen in vielen Fällen genau, dass sie die Förderstufe nur besuchen, weil sie an anderen Schulen nicht angenommen worden sind oder nicht angenommen worden wären. Und sie wissen, dass nach zwei Jahren eine endgültige Entscheidung fällig ist. Förderstufe und Orientierungsstufe können dadurch zu einem zweijährigen Probeunterricht geraten. Die Förderstufe gerät darüber hinaus in die Rolle der „Restschule", die alle Kinder aufnehmen muss, die von anderen Schulen abgewiesen werden und teilt damit weitgehend das Schicksal der Hauptschule.
Außerdem muss noch auf die schwierige Situation in ländlichen Regionen hingewiesen werden: Während in städtischen Gebieten, zumindest in einigen Bundesländern, oft eher die Qual der Wahl vorhanden ist und die Eltern zwischen allen Schulformen und einer Vielzahl unterschiedlicher Schulen wählen können und müssen, sind diese Wahlmöglichkeiten in ländlichen Gebieten stark eingeschränkt. Die Möglichkeit, flächendeckend Gesamtschulen anzubieten und damit für alle Kinder mit einer vertretbaren Länge des Schulweges mehrere Möglichkeiten offen zu halten, hat sich nur vereinzelt durchgesetzt. Die langen Schulwege zu den weiterführenden Schulen führen auf dem Lande nur zu oft dazu, dass Schülerinnen und Schüler des 5. Schuljahres von 6.30 Uhr bis 14.30 Uhr (ohne Mittagessen) unterwegs sind. Aber trotz dieser langen und komplizierten Schulwege zeigt sich auch hier deutlich die oben beschriebene Tendenz: Die relativ ortsnahe Gesamtschule oder Haupt- und Realschule kann zur wenig geliebten Restschule geraten, die sich doppelt anstrengen muss, um in der Konkurrenz mit den höheren Schulen zu bestehen (→ S. 96f.).

Schulwahlentscheidung und Freizeit

Die Schulwahlentscheidung hat aber nicht nur einen großen Einfluss auf die Schulkarriere und damit indirekt auf die Berufskarriere, sie stellt auch in insofern einen wesentlichen biografischen Einschnitt dar, als sie die Freundschaften und die zeitlichen und inhaltlichen Orientierungen der Kinder im außerschulischen Leben berührt. *Büchner* spricht in diesem Zusammenhang von einem „doppelten Übergang" und misst dem Schulbesuch eine wichtige Filterfunktion zu: „Das Denken und Handeln der Kinder wird auch außerhalb der Schule von schulischen Gegebenheiten und Abläufen beeinflusst (Tages- und Wochenrhythmus,

Dauer der Hausaufgaben, Belastungen durch schulisches Lernen etc.). Zusätzlich ist zu beachten, dass es sowohl bei Kindern als auch bei Eltern unterschiedliche Vorstellungen über den Bildungswert von verschiedenen ‚Freizeitstilen' gibt, die ihrerseits wieder mit entsprechenden Vorstellungen von schulischer Bildung verbunden sind." (Büchner/Koch, S. 123 f.) Bildungsorientierte Eltern versuchen ihre Kinder zu einem „sinnvollen" Freizeitverhalten zu veranlassen und bevorzugen dabei die von Erwachsenen organisierten Angebote der Sportvereine und Musikschulen, der Jugendfeuerwehr, der kirchlichen Kindergruppe u. Ä. m., in deren Rahmen die Kinder vielfältige Qualifikationen erwerben können (Zeit- und Terminplanung, soziales Verhalten in der Gruppe, Umgang mit Niederlagen und Schwierigkeiten, Disziplin und Durchhaltevermögen), die wiederum auch für die schulische Laufbahn wichtig sein können. Im Kontext der durch die PISA-Studie noch intensivierten Diskussion um die Ganztagsschule wird der Zusammenhang zwischen schulischem Lernen und Freizeit derzeit verstärkt diskutiert.

Schulsystem und pädagogische Folgen

Bezogen auf das Schulsystem fasst *Klaus Hurrelmann* die Situation wie folgt zusammen: „Das deutsche Schulsystem ist in vielerlei Hinsicht international unvergleichlich. Zu den herausragenden Besonderheiten gehört neben dem fast völligen Fehlen von Nachmittagsangeboten in der Schule die frühe Weichenstellung für getrennt voneinander arbeitende Bildungsgängen. Schon nach drei Jahren, wenn die Kinder sich gerade erst richtig in der Grundschule eingelebt haben, müssen sie zusammen mit ihren Eltern überlegen, an welcher weiterführenden Schule sie sich zukünftig orientieren wollen … Durch die strukturell so früh liegende Weichenstellung wird viel emotionale Unruhe und Zukunftsangst ausgelöst. In den letzten Jahren hat sich diese atmosphärische Beunruhigung durch die schlechte Entwicklung am Arbeitsmarkt weiter verschärft. Die Eltern wissen: Ein guter Schulabschluß, möglichst das Abitur, ist immer noch die beste Garantie gegen Jugendarbeitslosigkeit. Deswegen drängen und drücken sie ihre Kinder, schon in der Grundschule zur Höchstform aufzulaufen. Deswegen sind sie enttäuscht, wenn es zum Übergang auf das Gymnasium nicht reicht. Deswegen greifen immer mehr von ihnen – bei einer Repräsentativumfrage in der Stadt Bielefeld kamen wir auf 14 % bei den Viertklässlern – zur Unterstützung des Kindes durch kommerziellen Nachhilfe- und Zusatzunterricht. Die Eltern sind nervös, und sie haben ja auch allen Anlaß dazu, wenn wir an die in manchen Regionen schon 20%ige strukturelle Jugendarbeitslosigkeit denken. Aber: Sie geben diese Nervosität an ihre Kinder weiter, was viele Sechs- bis Zehnjährigen einfach überfordern muß … Geht die Entwicklung so weiter wie in den letzten Jahren, nimmt der Leistungs- und Erwartungsdruck auf die Kinder stärker zu, dann gewinnt die Auslesefunktion des Grundschulbildungsganges immer mehr an Boden. Dann wird Grundschule am Ende nur noch als eine vor die wichtigste Weichenstellung vorgelagerte ‚Vorschule' wahrgenommen, die ausschließlich eine Verteilungsfunktion. Das wäre das Ende einer einfühlsamen, psychologisch und sozialpädagogisch angereicherten Grundschulpädagogik." (Hurrelmann 1997, S. 17)

Bezogen auf die pädagogische Aufgabe der Schule kommt *Peter Fauser* zu dem Schluss, dass der Übergang von der Grundschule in die weiterführenden Schulen noch immer als „Umsteigebahnhof" (Fauser, S. 342) wahrgenommen wird – ein Bild das viele Assoziationen zulässt: Man muss auf jeden Fall den bisherigen Zug verlassen und sollte dabei wissen, wann, wo und wie der „richtige" Anschlusszug zu erreichen ist. Man muss aufpassen, dass man diesen gewünschten Anschluss nicht verpasst und sich die „richtige" Fahrkarte besorgen. Umsteigen bedeutet Stress, denn wenn man den gewünschten Zug verpasst hat, bleiben u. U. nur schlechtere Verbindungen oder man muss nachzahlen. Ist man in den falschen Zug eingestiegen, muss man umsteigen, aber wann und wo ist das möglich und wohin geht dann die Fahrt? *Fauser* kommentiert: „Als Ideal des Übergangs wird von unserem Schulsystem die Punktentscheidung am Ende des vierten Schuljahres institutionell unterstellt und gefördert ... Kinder nehmen diesen Übergang aufgrund der Einstellungen und Erwartungen der Erwachsenen und der Öffentlichkeit als eine für das gesamte weitere Leben maßgebliche und unwiderrufliche Weichenstellung wahr ... Die Arbeit an der eigenen Identität – der ‚Brückenbau' in eine neue Lebensphase – wird von der Entwicklungsaufgabe zum Entscheidungsproblem deformiert: Sprung statt Brücke. Die psychosoziale Entwicklungsaufgabe fordert von den Kindern: Entscheide dich nicht vorschnell, denn die Lage ist unübersichtlich. Die Rationalität des schulischen Übertritts dagegen verlangt: Entscheide dich jetzt. Die Bildungsaufgabe der Schule bestünde indessen zu allererst darin, die Entwicklungsaufgabe zu unterstützen und zu begleiten, die produktive Regression, das Experimentieren, den zeitweiligen Rückzug zu ermöglichen." (Fauser, S. 342 f.)

Wir stehen also zurzeit vor einer Situation voller Zwänge und Widersprüchlichkeiten: In immer mehr Bundesländern wird darüber nachgedacht, stärkere Kontrollen und damit auch stärkere Vereinheitlichungen im Grundschulunterricht zu erzwingen. Normarbeiten im 4. Schuljahr, festgelegte Noten als Zugangsvoraussetzungen für weiterführende Schulen und Diskussionen um ein „Kern-Curriculum" nähren die Befürchtung, dass eine Art „Grundschul-Abitur" entsteht. Das Problem dabei scheint mir, dass diese Bemühungen auf Wissensüberprüfung zielen und damit zu einer verstärkten Auslese mit Hilfe der Verschärfung formaler Elemente führen, nicht aber auf bessere Förderung der Leistungsfähigkeit für jedes Kind und eine dazu notwendige effektivere Gestaltung der Lernprozesse gerichtet sind. Vielleicht wird die Diskussion um die Ergebnisse der PISA-Studie hier den Blick wieder stärker auf die Notwendigkeit des verstehenden Lernens richten. Eine Verschärfung der Auslese erscheint zudem im internationalen Vergleich absolut kontraproduktiv, weil sie zu einer Verringerung der Zahl höherer Bildungsabschlüssen führen muss, Deutschland (16 % Akademiker) aber nach allen internationalen Vergleichen (bis zu 40 % Akademiker) eher dafür Sorge tragen müsste, den Unterricht zu verbessern, um mehr höher qualifizierte Schulabschlüsse zu erreichen. Entsprechend hat auch das Bildungsforum (Vertreter des Bundes und der Länder) als Reaktion auf die Ergebnisse des PISA-Studie 2002 empfohlen, durch Ganztagsschulen und flexiblere Übergänge zwischen den einzelnen Schulformen die Bildungsbeteiligung insgesamt zu erhöhen.

Lehrerinnen und Lehrer

Die Forderung des deutschen Lehrervereins, dass die Ausbildung aller Lehrer sich nach den Maßstäben des akademisches Studiums richten solle, scheint auf den ersten Blick erfüllt: Alle Lehrer absolvieren ein Studium an einer Universität oder einer Pädagogischen Hochschule. Aber das Studium und die pädagogische Ausbildung verlaufen nicht nach gleichen Zielen und Maßstäben. Nach wie vor gibt es – bis auf einige Stadtstaaten – die Unterscheidung zwischen einem achtsemestrigen Studium für die Lehrämter an Gymnasien (sowie an Sonderschulen und Berufsschulen) und einem nur sechssemestrigen Studium für die Lehrämter an Grundschulen, Hauptschulen und Realschulen. Hinzu kommt, dass im Zentrum des Studiums für das Lehramt an Gymnasien und für das Lehramt an Realschulen (teilweise auch für das Lehramt an Hauptschulen) zwei Fächer stehen und bei den entsprechenden Fachstudien die fachwissenschaftlichen Inhalte bei weitem überwiegen, während die Anteile an Fachdidaktik meist sehr gering ausfallen und die Anteile an allgemeiner Didaktik und Pädagogik in aller Regel quantitativ geringer sind als bei den Studiengängen für das Lehramt an Grundschulen und unter dem Druck der Fachstudien nur zu oft vernachlässigt werden. *Katja Koch* beschreibt dies im Vorwort zu ihrer Übergangsstudie sehr anschaulich an eigenen Erfahrungen: „Dass ich jemals eine Doktorarbeit in Pädagogik schreiben würde, hätte ich während meines Lehramtsstudiums nicht für möglich gehalten, war doch das zum Studium gehörende ‚Erziehungswissenschaftliche Begleitstudium' für mich – wie für die meisten meiner Kommilitonen – eher eine lästige Pflichtübung. Pädagogikseminare wurden dann belegt, wenn sie zwischen den ‚Räuberbanden im Alten Reich' und der ‚Alltagssprache in Hessen' Platz fanden." (Koch, S. 11)

Andererseits führt die größere Anzahl von Schulfächern, die die zukünftigen Grundschullehrerinnen und in einigen Bundesländern auch die zukünftigen Hauptschullehrer studieren müssen, zu einem kleinteilig zersplitterten Studium, das in der kurzen Zeit der sechs Semester eine wissenschaftliche Orientierung der Berufsperspektive äußerst schwierig macht. Nimmt man noch hinzu, dass derzeit fast 90 % aller Studierenden für das Lehramt an Grundschulen Frauen sind, die bei Befragungen vor allem ihre Kinderorientierung als Motiv für die Berufswahl angeben. So hat sich die alte Zweiteilung zwischen Volksschullehrern und Gymnasiallehrern nun in neuem Gewand erhalten: die den Kindern zugewandte Grundschullehrerin und der dem Fach verpflichtete Sekundarstufenlehrer.

Zur Professionalität von Lehrerinnen und Lehrern

Wenn man davon ausgeht, dass auf jeden Fall Fähigkeiten wie die Beherrschung wissenschaftlicher Kompetenzen, sei es im Unterrichtsfach, sei es in Psychologie und Pädagogik, aber auch eine Handlungsweise, die sich am Gemeinwohl im Sinne sozialer, ethischer und politischer Ziele orientiert sowie die Habitualisierung der Selbstkontrolle zur pädagogischen Professionalität gehören (Jaumann-Graumann/Köhnlein, S. 11), dann ist zu erwarten, dass sich eine deutlich erkennbare Unterscheidung im professionellen Selbstverständnis von Grundschullehrerinnen und Sekundarstufenlehrern finden lässt. Im einen Fall scheint die Orientierung auf den Einzelfall, auf die positive Unterstützung einzelner Kinder sehr viel stärker im Zentrum des Selbstverständnisses zu stehen, im anderen Fall stärker der Bezug zum Fachwissen und die Orientierung auf die Verrechnung von Leistungen auf einer Schiene fachlich definierter Normen. Dieser Unterschied wird noch dadurch betont, dass sich Lehrerinnen der Grundschule als Klassenlehrerinnen eher für die Gesamtbelange des Lernens und Lebens ihrer Schülerinnen und Schüler verantwortlich fühlen, während das Fachlehrerprinzip in den Schulen der Sekundarstufe viel stärker dazu führt, die Schüler ausschließlich in ihren auf das jeweilige Fach bezogenen Reaktionen und Leistungen wahrzunehmen.

Die Typen „Pädagoge“ und „Wissenschaftler“ bzw. „paidotropher“ und „logotropher“ Lehrkräfte lassen sich sicher in jeder Schulform finden, scheinen aber in Grundschulen und Sekundarstufenschulen unterschiedlich häufig vertreten. Heute sind wohl in den Sekundarstufenschulen die „erziehenden Lehrer“ sehr viel stärker vertreten, in den Grundschulen die „lehrenden Erzieher“ häufiger anzutreffen (vgl. Gerner, S. 15 f., mit Verweis auf eine Untersuchung von Bachmair, 1969, in der die unterschiedlichen Einstellungen von Gymnasiallehrern und Volksschullehrern untersucht wurden).
Auch *Ewald Terhat* kommt Anfang der 90er-Jahre bei seiner Untersuchung der Berufsbiografien von Lehrerinnen und Lehrern zu einer ähnlichen Einschätzung: Bei Grundschullehrerinnen konstatiert er ein eher „pädagogisches“ (kindorientiertes, helfendes) Selbstverständnis, während sich Lehrer an Gymnasien eher an Aspekten wie „Wissenschaftsorientierung“, „Studierfähigkeit“, „selbstständiges Lernen“ orientieren (Terhat, 1994, S. 35). Allerdings gerade bei der Einschätzung, was selbstständiges Lernen sei, muss durchaus mit unterschiedlichen Interpretationen von Grundschullehrerinnen und Lehrern der weiterführenden Schulen gerechnet werden.

Im Kontext ihrer Fallstudie im Rahmen des Projektes „Übergänge von 4. zum 5. Schuljahr“ (→ S. 55) gelangte *Maja Günther* 2001 bei einer Befragung von drei Grundschullehrerinnen und vier Lehrkräften einer Gesamtschule, von denen das Beobachtungskind „Fabio“ im 4. und 5. Schuljahr unterrichtet wurde, zu ganz ähnlichen Ergebnissen: „Die drei interviewten Grundschullehrerinnen ähneln sich in ihren beruflichen Einstellungen und Ansichten. Sie beziehen sich alle recht stark auf die Bedürfnisse der einzelnen Kinder, sehen pädagogische Aspekte als mindestens genauso wichtig wie oder sogar wichtiger als fachliche an und ziehen einen didaktisch und methodisch geschickten Unterricht der reinen Vermittlung von fachlichen Inhalten vor. Bei der Berufswahl stand der Mensch bzw. das Kind im Mittelpunkt, die Gründe sind als altruistisch einzustufen. Für die drei Frauen stellt es kein Problem dar, dass in ihrer täglichen Lehrertätigkeit viel Erziehungsarbeit geleistet werden muss und dadurch der Unterricht selbst oft in den Hintergrund gedrängt wird … Die Schüler sollen sich ihr Wissen selbst erschließen, herausfinden, wie man am besten lernen kann. Bezüglich ihrer Idealvorstellung der Lehrerarbeit steht (bei der Skalierung von Lehrertätigkeiten nach Wichtigkeit) das ‚Unterrichten‘ nie allein an erster Stelle, sondern wird bei allen drei Lehrerinnen mindestens mit den Tätigkeiten ‚Erziehen‘ und ‚Schülerbeziehungen pflegen‘ gekoppelt.“ (S. 75)
Demgegenüber betonen drei von vier Lehrkräften, von denen *Fabio* im 5. Schuljahr unterrichtet wurde, wesentlich stärker die fachliche Seite ihrer Arbeit. Sie stellen mehrheitlich das „Unterrichten“ in den Mittelpunkt ihrer beruflichen Tätigkeit, sie deuten aber an, dass dies aufgrund der vielen Erziehungsarbeit, die sie zu leisten haben, oft zu kurz kommt, während das „Pflegen von Schülerbeziehungen“ und das „Erziehen“ nicht so hoch und der dafür notwendige zeitliche Aufwand als bedauerlich eingestuft werden. Sie betonen weiterhin, dass unterschiedliche Lernvoraussetzungen in der Regel nicht bei der Notengebung berücksichtigt werden können, da unsere hiesige Leistungsgesellschaft auf dem Leistungsprinzip basiere und es als eine Aufgabe der Schule angesehen werden müsse, die Schüler darauf vorzubereiten. Alle vier Lehrer geben an, den Beruf ergriffen zu haben, weil sie gerne mit Menschen arbeiten wollten, der Lehrerberuf war allerdings bei dreien eher die zweite Wahl (Günther, S. 96/97).

Folgt man dem theoretischen Erklärungsansatz von *Talcott Parsons*, dann scheint diese Zweiteilung zwischen eher personenzugewandten Grundschullehrerinnen und eher fachzugewandten Sekundarstufenlehrern gesellschaftlich durchaus funktional: Die Schule, und damit bei uns zunächst vor allem die Grundschule, ist die erste Sozialisierungsinstanz in der Erfahrung des Kindes, die eine Statusdifferenzierung auf nicht biologischer Basis institutionalisiert. In der Schule erwirbt das Kind einen Status, der durch unterschiedliche Erfüllung der vom Lehrer gestellten Aufgaben ‚verdient' wird; der Lehrer wiederum handelt als Beauftragter des Schulsystems. In der Grundschule ist – wie *Parsons* es formulierte – „der Lehrer üblicherweise eine Frau", denn der Grundschullehrerin kommt die Aufgabe zu, sowohl an die eher partikularistischen Verhaltensweisen der Familie anzuknüpfen als auch auf die universalistischen Normen der Gesellschaft vorzubereiten: „Bei der Gemeinschaftserziehung repräsentiert die Lehrerin die Kontinuität der Mutter-Rolle." (Parsons, S. 106 und 112) Die Bedeutung, die aus gesellschaftlicher Sicht dem Lernen in der Grundschule zukommt, fasst *Parsons* in vier Punkten zusammen: „1. Emanzipation des Kindes von den primären emotionalen Bindungen an seine Familie; 2. Verinnerlichung einer Ebene gesellschaftlicher Werte und Normen, die eine Stufe höher liegen als jene, die ihm nur durch seine Familie vermittelt wird; 3. Differenzierung der Schulklasse im Rahmen sowohl der tatsächlichen Leistung als auch der differentiellen Bewertung des Leistungserfolges und 4. ... Selektion und Verteilung der menschlichen Ressourcen entsprechend dem Rollensystem der Erwachsenen." (Parsons, S. 114)

Auch wenn dieser soziologische Zugriff nicht ausreicht, um die Komplexität pädagogischen Handelns im Rahmen von Unterricht und Schule zu erfassen, so scheint er doch zumindest geeignet, bestimmte Aspekte der Lehrertätigkeit zu beleuchten und damit Material für das Nachdenken über pädagogisches Handeln anzubieten: Reicht die Orientierung an universalistischen Normen aus, um allen Jugendlichen in den Schulen der Sekundarstufe eine individuell und gesellschaftlich sinnvolle Bildung zu ermöglichen? Müsste nicht auch in den weiterführenden Schulen stärker auf die individuelle Entwicklung eingegangen werden und eine positive Unterstützung selbstständiger Lernprozesse sowie eine stärker auf Erziehungsprozesse bezogene Selbstreflexion ins Zentrum professioneller Bemühungen treten? Müsste aber nicht auch in den Grundschulen stärker im Bewusstsein von fachlichen und überindividuellen Leistungsnormen gearbeitet werden, um eine Vorbereitung auf gesellschaftliche Normen mit einer alle Kinder an ihrer Leistungsgrenze fordernden und fördernden pädagogischen Arbeit zu verbinden? Solche Forderungen nach der Verbindung von individuellen Bildungsprozessen und gesellschaftlich erwünschter Kompetenz (einschließlich der entsprechenden Selektion) lassen sich durchaus in Schulgesetzen und in den Präambeln der Rahmenpläne finden, werden aber nur zu oft in den dann folgenden Lehr-Plänen nicht eingelöst bzw. konterkariert: Dort wird, vor allem für die Sekundarstufe, teilweise aber auch in Grundschullehrplänen, nur zu oft das (Fach-)Wissen in den Vordergrund gestellt und es werden schulformspezifische Lehrziele und Wissensbestände formuliert, mit der Folge, dass die durch das Studium und die zweite Phase der Ausbildung bereits grundgelegte Fachorientierung der Sekundarstufenlehrer in Form von Wissensvermittlung erneut verstärkt und der Lernaspekt vernachlässigt wird.

In der folgenden Zusammenstellung wird versucht, die Unterschiede zwischen den beiden Lehrergruppen, die sich aus den Strukturen sowie den Ausbildungs- und Arbeitsbedingungen und der Tradition ergeben, in ihrer tendenziellen Ausprägung zu erfassen (s. S. 39).

Strukturmerkmale von Grundschulen und weiterführenden Schulen

meist kleinere, überschaubare Schulen	zum Teil relativ große Schulen (Ausnahme: Hauptschulen)
Klassenlehrerprinzip	Fachlehrerprinzip
wenige Lehrer pro Klasse	bis zu zehn Fachlehrer pro Klasse
hoher Anteil von Klassenlehrerstunden, zeitliche Flexibilität	geringer Anteil von Klassenlehrerstunden, festgelegter Stundenplan
Lehrer/in unterrichtet in der Regel außer der eigenen Klasse nur wenig Fachunterricht in anderen Klassen	Lehrer/in unterrichtet in Regel in zwölf verschiedenen Klassen
Lehrer/in kennt alle Schüler und Schülerinnen mit Namen	Lehrer/in kennt teilweise nicht alle Schülerinnen und Schüler mit Namen
Kooperation mit Kollegen und Eltern relativ gut möglich	Kooperation mit Kollegen und Eltern unter erschwerten Bedingungen (soweit nicht Koordinationsstunden zur Verfügung stehen)
relativ hoher Anteil von Pädagogik im Studium	Übergewicht des Fachstudiums
Lehrpläne verlangen fächerübergreifendes Arbeiten	Fach-Lehrpläne
stärkere Aufmerksamkeit für Lernprozesse	stärkere Betonung der Wissensvermittlung
relativ starke Betonung des Schullebens (Feste, Landschulheimaufenthalt, Lesenacht, Raumgestaltung, ...)	geringere Betonung des Schullebens (Verweigerung von Klassenfahrten im Kontext der Erhöhung von Pflichtstunden)
zunehmend neue Formen im Unterricht Gruppenarbeit, Freie Arbeit, Wochenplan, Arbeit in Projekten)	vergleichbare Innovationen eher selen, oft nur in Projektwochen
Betonung der individuellen Leistungsentwicklung	Betonung vergleichbarer Normleistung
verbale Beurteilung (teils, zumindest ergänzend, bis ins 3. und 4. Schuljahr)	Ziffern-Zensuren, Notenspiegel
in einigen Ländern/Schulen: geringer Stellenwert von Vergleichsarbeiten, oft: geübte Diktate	hoher Stellenwert von Vergleichsarbeiten
häufig differenzierter, handlungsorientierter Unterricht, der auf einzelne Kinder und deren Fragen eingeht	häufig gleichschrittiger, lehrender Unterricht mit geringem Ausmaß an individueller Förderung

Die Auflistung dieser strukturellen Unterschiede macht deutlich, dass es hier keineswegs um eine Art Schuldzuweisung für schlechteren Unterricht geht, sondern dass der Unterricht in den Sekundarstufen unter sehr viel schwierigeren Bedingungen stattfindet als in der Grundschule: Wenn ein Lehrer mit nur zwei bis vier Stunden Fachunterricht in einer Klasse pro Woche 200 bis 300 Schülern gegenübersteht und sich in kürzester Zeit auf eine neue Lerngruppe einstellen muss, dann ist die Organisation von Lernprozessen unter Berücksichtigung individueller Interessen und Bedingungen kaum möglich. Hier erscheint es notwendig, Änderungen in der Organisation des Unterricht vorzunehmen, z. B. durch die Bildung von Lehrerteams, die gemeinsam den Unterricht für eine Klasse bzw. einen Jahrgang verantworten, was allerdings die Fähigkeit zur Kooperation und die Bereitschaft zu fachfremdem Unterricht voraussetzt (→ S. 149ff.; S. 155).

Einstellungen und Meinungen von Lehrerinnen und Lehrern

Die strukturellen Unterschiede zwischen der Grundschule und den Schulformen der Sekundarstufe und die unterschiedlichen Einstellungen zur eigenen Professionalität spiegeln sich auch in Aussagen von Lehrern und Lehrerinnen über die eigene und die je andere abgebende oder aufnehmende Schule, über Kooperationsstrukturen, Unterrichtsgestaltung und pädagogisches Selbstverständnis, wie sie in einigen Forschungsarbeiten zutage gefördert wurden. Hier kann auf die Untersuchungen von *Mitzlaff/Wiederhold* verwiesen werden sowie auf die erst jüngst publizierte höchst instruktive Studie von *Katja Koch*, die mithilfe von Interviews und Fragebögen Einstellungen und Meinungen von Grundschullehrerinnen und Lehrern der Sekundarstufe bzgl. pädagogisches Selbstverständnis, Umgang mit den Schülern, Zusammenarbeit mit den Eltern, Kooperation zwischen den Schulformen, Unterrichtsgestaltung, Arbeitsformen und Methoden erbracht hat. Ähnlich wie bei der Frage der Schulformen und des pädagogischen Profils der Einzelschule (→ S. 31) zeigen sich auch bei den Einstellungen und Meinungen der Lehrerinnen und Lehrer sowohl gruppenspezifische Tendenzen als auch individuelle pädagogische Grundhaltungen, denn es gibt nicht nur die Grundschullehrerin, die eine Anpassung der weiterführenden Schulen an die Praxis der Grundschule fordert, und den Sekundarstufenlehrer, der eine Anpassung der Grundschule an die Notwendigkeiten der weiterführenden Schulen verlangt. Es gibt auch, wie die folgenden Aussagen zeigen, die Gymnasiallehrerin, die die Situation eher mit Blick auf die Kinder interpretiert, eventuell verstärkt durch die eigenen Erfahrungen als Mutter, und es gibt den Grundschullehrer, der eher einem lehrerzentrierten und fachorientierten Unterricht zuneigt. Nachfolgend werden von Studierenden der Universität Frankfurt im Rahmen von Erkundungsprojekten zum Übergang vom 4. zum 5. Schuljahr protokollierte Aussagen wiedergeben, die auch als Grundlage für Diskussionen in Kollegien und Arbeitsgruppen dienen können (s. S. 41/42)

Die Aussagen auf den Seiten 41/42 stehen nicht nur als Beispiele für vorhandene Einstellungen und Urteile. Sie sollen auch deutlich machen, dass das Wissen über die je anderen Schule meist recht allgemein und durchaus auch vorurteilsbehaftet ist. Beim Übergang treffen die Erwartungen von zwei unterschiedlich ausgebildeten und arbeitenden Lehrergruppen aufeinander, ohne dass es eine Möglichkeit gibt, in der direkten Zusammenarbeit die unterschiedlichen Einschätzungen zu überprüfen, wie es z. B. bei der Arbeit von Sozialpädagoginnen und Grundschullehrerinnen in der Eingangsstufe oder von Sonder-

„Die Kinder werden mit mindestens 30 anderen in einem Raum sitzen, sie werden in jedem Fach einen anderen Lehrer haben, sie werden dem hohem Leistungsdruck im Gymnasium und der Erwartungshaltung der Eltern standhalten müssen. Dazu kommt eine andere Art von Unterricht, nämlich 45 Minuten Frontalunterricht. Mit Frontalunterricht meine ich einen dozierenden Unterricht." (Grundschullehrerin)
„Die meisten Schüler kommen neugierig und auch aufgeregt zu uns und wollen sich in dieses Abenteuer stürzen. Sie waren die ‚Großen' in der Grundschule und sind nun die ‚Kleinen'. Sie erwarten mehr Spannung und Aufregung, als wir bieten können. Jedes Gymnasium ist riesig im Vergleich zur Grundschule, und es gibt hier Schüler, die bereits erwachsen sind, also doppelt so alt wie die Kleinen. Hier nun seinen Ort zu finden, seinen Platz in der riesigen Gemeinschaft ist schwer am Anfang. Die personellen Zuordnungen sind ganz anders als in der Grundschule. Die Schüler sind einfach nicht mehr so behütet wie in der Grundschule." (Gymnasiallehrer an einer Förderstufe)
„Auf jeden Fall ändern sich Didaktik und Methodik. Zumindest die Schwerpunkte sind andere. Was sich ändern wird, ist auf jeden Fall der Anteil an Frontalunterricht. Zudem wird häufiger nach Lehrbuch vorgegangen, wie z. B. in den Sprachen. Da wird von der Lektion 1 bis zum Ende der Stoff durchgepaukt. Ich glaube, dass die Förderung der Kommunikationsfähigkeit der Kinder etwas zu kurz kommt. Das kann ich bei meinen eigenen Kindern auch beobachten. Stattdessen wird unendlich viel Grammatik gelernt. Eine ausgewogene Mischung fände ich besser." (Gymnasiallehrerin mit den Fächern Biologie und Chemie)
„Übergangsprobleme? Kann ich nicht benennen. Im Gegenteil, die Kinder freuen sich, endlich etwas Neues zu erleben, endlich wie Erwachsene behandelt zu werden, und aus der Grundschule, in der sie wie kleine Kinder behandelt wurden, herauszukommen." (Lehrerin an einer Förderstufe)
„Wir erwarten, dass sie in der Grundschule den Kindern Grundfertigkeiten beibringen, und zwar in erster Linie natürlich Unterrichtsstoff, den Inhalt, aber eigentlich noch viel mehr Methodik, also selbstständiges Arbeiten, selbstständig formulieren können, genau hinschauen. Uns sind eigentlich, sagen wir mal, Lerntechniken weitaus wichtiger als z. B. alle lateinischen Begriffe für die deutschen Satzglieder zu kennen. Es wäre uns unheimlich viel geholfen, wenn die Kinder von der Heftführung her, ein gewisses Schema hätten, da kommt Datum und Überschrift dazu, man hält den Rand ein – also so ganz grundsätzliche Sachen, die aber im Alltag unheimlich viel Nerven kosten. Ich weiß nicht, warum die Kinder es immer anders machen, aber jedenfalls haben wir in den 8. Klassen noch damit zu kämpfen, dass man völlig unübersichtliche Blätter kriegt, auch teilweise ohne Namen. Dann abheften an der richtigen Stelle. Also die Kinder sollten schon in der Grundschule lernen, einen Ordner zu führen." (Gymnasiallehrer)
„Übergangshilfen? Das ist überflüssige Mehrarbeit. Der Übergang ist kein Problem an sich, er wird den Kindern nur als solches eingeredet. Es wird versucht, den Kindern jede Schwierigkeit aus dem Weg zu räumen. Dabei müssen sie lernen, sich auch einmal durchzubeißen." (Gymnasiallehrer)

„Für Kinder aus den kleineren, übersichtlicheren Grundschulen haben wir uns überlegt, um das Gedränge in den Treppengängen zu umgehen, die Kinder sich in der ersten Zeit noch unten auf dem Pausenhof aufstellen und erst nach den älteren in die Klassen gehen zu lassen. Trotzdem haben die Kleinen, die in der 4. Klasse ja die Größten waren, es schwer, denn unsere Großen sind nicht immer rücksichtsvoll. Man kann nicht ausschließen, dass einer mal sagt: ‚Du kleiner Wicht.' Die empfinden das dann als Beleidigung. Wir arbeiten deshalb auch mit den Größeren, aber es gibt immer zwei oder drei Kinder, die länger brauchen bei der Umstellung. Die meisten sagen nach drei Wochen: „Es ist ja eigentlich genauso wie in der Grundschule." (Förderstufenleiterin)

„Ich lege Wert darauf, mindestens einmal in der Stunde die Arbeitsform zu wechseln … Vieles ist hier aufgrund der Räumlichkeiten einfach nicht möglich. Sitzkreis wird immer wieder von den Grundschulleuten gefordert. In den Fachräumen kann man das vergessen. Da sind gar keine Stühle. Trotzdem versuchen wir, den Kindern den Übergang möglichst angenehm zu machen. Natürlich ist immer gerade im Gymnasium mehr Arbeit verlangt. Die Kinder werden mehr gefordert als in der Grundschule. Oder man kann auch sagen: Sie werden anders gefordert. Hier ist mehr Disziplin und Fleiß gefordert … Unser Interesse ist es, möglichst gute und aktuelle Bücher zu haben. Die Bücher sind alle nach den Rahmenplänen erstellt, sodass es einem leicht fällt nach dem Rahmenplan zu arbeiten. … Ich bin in die Grundschulen hineingegangen und habe am Unterricht teilgenommen. Ich war entsetzt von den Zuständen in den Grundschulen. Die Lehrerin hatte alle Hände voll zu tun, alle Kinder unter einen Hut zu bekommen. Die Lehrerin muss derart differenzieren, dass ich mich gewundert habe, dass die Kinder, die zu uns kommen, überhaupt noch so viel gelernt hatten. … Da waren Kinder, die immer noch nicht lesen und schreiben konnten. Also ich möchte nicht mit den heutigen Grundschullehrerinnen tauschen. Kinder haben heute bestimmte Tugenden nicht mehr, die sie früher hatten. … Was wir brauchen ist, dass die Kinder bestimmte Fertigkeiten mitbringen. Die persönliche Entwicklung und Tugend ist wichtiger. Hier ist im Moment ein Mangel zu verzeichnen. Viele Kinder haben in der Grundschule nicht gelernt still zu sitzen. … Konzentration ist auch ein Problem. … Viele vergessen auch ständig etwas zu Hause. … Hier fehlen Voraussetzungen, die die Grundschule leisten muss." (Gymnasiallehrer)

„Die Schüler sind oft überfordert mit gestellten Aufgaben. Hier sagt ihnen keiner mehr, mit welcher Farbe sie was unterstreichen sollen, welche Aufgaben sie bei der Klassenarbeit zuerst bearbeiten sollen. … Es ist einfach mehr Selbstständigkeit gefordert. Sie sind nicht mehr so behütet. … Ich kann mir auch die Arbeit in der Grundschule nicht genau vorstellen, denn ich habe noch nie in der Grundschule hospitiert. … Es ändert sich sicher einiges. Die ganzen unterschiedlichen Methoden verschwinden und an ihre Stelle tritt überwiegend der Frontalunterricht." (Gymnasiallehrerin)

„Die Vorbereitung auf das Gymnasium könnte besser sein. Ich würde mir schon wünschen, dass die Schüler ein Blatt strukturieren können usw. Unser Problem ist auch, dass wir in der Oberstufe viel Zeit verbringen und in unserem Verhalten immer umschalten müssen. In der Grundschule wird auch häufig Angst gemacht vor den weiterführenden Schulen. Das ist einfach nicht gut. Die Eltern haben auch richtig erleichtert berichtet, dass die Angst ihrer Kinder vor dem Übergang nun weg sei." (Gymnasiallehrerin)

schullehrern und Regelschullehrerinnen in Integrationsversuchen möglich ist. Nehmen wir als Beispiel das Ziel Selbstständigkeit: Wer versteht was unter Selbstständigkeit? Geht es um Fertigkeiten, um das Ausführen vorgegebener Aufgaben ohne Rückfragen, um die Wahl einer Aufgabenstellung, um die Formulierung von Fragen und die Suche nach Antworten, um die Suche nach Arbeitspartnern, die Ausarbeitung von Vorträgen, ...? Wo ist der Ort, an dem Lehrerinnen und Lehrer der verschiedenen Schulformen sich darüber verständigen können? Dabei müsste keineswegs ein Verständnis als das richtige durchgesetzt werden. Es wäre schon viel gewonnen, wenn man ein Bewusstsein davon hätte, auf welche unterschiedlichen Einschätzungen und Erwartungen die Schülerinnen und Schüler stoßen können (→ Kapitel: Zusammenarbeit, S. 121).

Unterricht und Schulleben

Ein dritte Dimension, die notwendigerweise untersucht werden muss, wenn man die Problemlagen, die beim Übergang nach der Grundschule entstehen können, differenziert erfassen will, betrifft die Frage der pädagogischen Gestaltung von Unterricht und Schulleben (vgl. auch die verstärkte Diskussion um die Qualität von Unterricht in der Folge internationaler Vergleichsstudien wie TIMS und PISA). Zu dieser Dimension gibt es allerdings nur sehr wenige wissenschaftliche Untersuchungen.

Pädagogische Grundhaltung

Die konkreten Erfahrungen der Heranwachsenden mit Schule und Unterricht und ihre durch diese Erfahrungen angestoßenen Lern- und Entwicklungsmöglichkeiten werden wesentlich davon beeinflusst, mit welcher pädagogischen Grundhaltung Lehrerinnen und Lehrer ihnen gegenübertreten und die Lernkultur ihrer Schule gestalten.

Bei der Verständigung über diese pädagogische Grundhaltung scheint die Unterscheidung, die *Parsons* für Schulen in den USA bereits 1959 beschrieb, durchaus auch für die heutigen deutschen Schulen hilfreich: „... die wichtigste Art der Unterscheidung (ist) diejenige zwischen verhältnismäßig ‚traditionellen' und verhältnismäßig ‚progressiven' Schulen. Die mehr traditionellen Schulen legen stärkeren Nachdruck auf getrennte Einheiten des Fachunterrichts, während der progressive Typ mehr ‚indirekten' Unterricht durch ‚Projekte' oder umfassendere Interessensgebiete erlaubt, bei denen sozusagen mehrere Fliegen mit einer Klappe geschlagen werden können. Im Vergleich zur traditionellen, direkten Beziehung zwischen einzelnem Schüler und Lehrer wird in progressiven Schulen stärker die Zusammenarbeit von Schülergruppen gefördert. Dies hängt mit der stärkeren Betonung von Kooperation anstelle direkten Wettbewerbs, Großzügigkeit anstelle strikter Disziplin und einer gewissen Abwertung formeller Zensuren in progressiven Schulen zusammen. In einigen Schulen wird diese, in anderen jene Komponente etwas mehr im Vordergrund stehen. Eindeutig ist jedoch, daß es hier eine beträchtliche Variationsbreite gibt ..." (Parsons, S. 107)

Auf vergleichbare Unterscheidungen stießen *Büchner* und *Koch* Mitte der 90er-Jahre bei der *faktorenanalytischen* Auswertung (zu bestimmten Faktoren, z. B. Lehrerinnenbild; wurden mehrere Fragen formuliert und analysiert) ihrer Befragung von Schülern und Schülerinnen des 4. und 6. Schuljahres. Beim Faktor Lehrerinnenbild unterscheiden sie zwischen einer eher empathischen und einer eher distanzierten Lehrerin (steht für Lehrerinnen und Lehrer): „Die Items, die eine eher empathische Lehrerin beschreiben, rücken den Schüler in seiner ganzen Persönlichkeit ins Zentrum ihrer Aufmerksamkeit. Die Kinder haben das Gefühl, dass so orientierte Lehrerinnen

- Verständnis für die persönlichen Probleme und Eigenarten der Schüler haben,
- sich auch um die Probleme der Schüler kümmern, die unangenehm auffallen,
- sich bemühen, jeden Schüler gut kennen zu lernen,
- sich darum bemühen, dass alle Schüler das Schuljahr schaffen."

Bei den eher distanzierten Lehrerinnen und Lehrern entsteht aus Sicht der Kinder der Eindruck, „dass

- Schüler, die einen schlechten Ruf haben, bei den meisten Lehrerinnen unten durch sind,
- bei den Lehrerinnen nur die Lieblingsschüler und die besonders braven Schüler zählen,
- auf schlechte und langsame Schüler weniger Rücksicht genommen wird,
- Schüler mit schlechten Noten bei den meisten Lehrerinnen unbeliebt sind und
- die Lehrerinnen ihre Schüler manchmal ungerecht behandeln. …

Insgesamt werden die Lehrerinnen im Grundschulbereich von den am Ende der 4. Klasse befragten Schülerinnen und Schülern eher als empathisch beschrieben und in geringem Umfang als distanziert wahrgenommen. … In der 6. Klasse werden die Lehrerinnen zwar immer noch als eher empathisch beschrieben, auch wenn das im Vergleich zur Grundschule nicht mehr so eindeutig geschieht. Gleichzeitig werden die Lehrerinnen stärker als distanziert wahrgenommen." (Büchner/Koch, S. 59 ff.)

Beim Faktor Unterrichtsstil stießen *Büchner* und *Koch* auf eine unterschiedlich stark ausgeprägte Schülerorientierung bzw. Lehrerzentrierheit des Unterrichtens:
„Der Faktor Schülerorientierung beschreibt einen Unterrichtsstil, den die Schüler als eher partnerschaftlich wahrnehmen. Die Schüler haben den Eindruck, dass

- sie häufig nach ihrer Meinung gefragt werden,
- sie von ihren Lehrerinnen ernst genommen werden,
- sich die Lehrerinnen darum bemühen, dass alle Schüler wirklich was lernen und
- sich ihre Lehrerinnen im Unterricht um alle Schüler kümmern.

Der Faktor Lehrerzentriertheit des Unterrichtens beschreibt einen Unterrichtsstil, der sich deutlich an den Unterrichtsvorstellungen und Unterrichtsvorgaben der Lehrerin orientiert. Die Schüler haben den Eindruck, dass

- im Unterricht vollkommene Ruhe herrschen muss,
- die Lehrerinnen nur eine bestimmte Antwort hören wollen,
- die Lehrerinnen ungeduldig werden, wenn die Schüler etwas Falsches sagen und
- die Schüler alles auf Kommando machen müssen."

Auch hier fanden *Büchner* und *Koch* Unterschiede zwischen Grundschule und Sekundarstufe: Bei der Einschätzung des Grundschulunterrichts zeigte sich eine deutliche Schülerorientierung mit einem geringen Anteil an Lehrerzentriertheit. Der Unterrichtsstil in der Sekundarstufe wird dagegen als stärker lehrerzentriert beschrieben (Büchner/Koch, S. 62 f.)

Sucht man nach einem schulpädagogischen Konzept, das stärker einer empathischen, schülerorientierten Grundhaltung verpflichtet ist, so sind vermutlich klare Strukturen, in denen unterschiedliche Zugänge möglich sind und so jedes Kind an den Grenzen seiner Leistungsfähigkeit eigene Lernaktivitäten entfalten kann, eine wichtige Voraussetzung. Neugier und Interesse, Lernfreude und eigenaktives Lernen, Selbstständigkeit und Kooperation werden zu Schlüsselbegriffen der schulpädagogischen Arbeit.
Die entsprechende pädagogische Grundhaltung lässt sich besonders deutlich an zwei Handlungsbereichen ablesen: am Umgang mit der Zeit und am Leistungsverständnis. Die Art, wie Lehrerinnen und Lehrer mit Zeit umgehen und wie Kinder über Zeit verfügen können oder unter Zeitdruck bestimmte Leistungen erbringen müssen, ist deshalb so wichtig, weil sie direkt mit persönlichen Lernprozessen, mit Phasen des Nachdenkens, mit Umwegen und mit der Hartnäckigkeit des Fragen zu tun hat.
Ähnliches gilt für das Leistungsverständnis, sofern es nicht nur vorgeschriebene Normleistungen berücksichtigt, sondern individuelle Interessen und Lernwege sowie die Entwicklung von Leistung in kooperativen Arbeitsprozessen zulässt und fördert. *Rödler* geht davon aus, „dass das Thema Leistung weniger eine Frage der Form als der Haltung ist, mit der diese Form gefüllt wird. Ob ein Kind sich in seinem Lernprozess begleitet und unterstützt fühlt, ob es auch eine Überprüfung als Teil dieser Begleitung und Unterstützung begreift, hängt vor allem von der pädagogischen Haltung ab, die der Lehrer in seinem Unterricht einnimmt." (→ Fallstudie „David und Felix", S. 79ff.)
Interessant erscheinen in diesem Kontext noch die Ergebnisse von *Büchner* und *Koch*, die bei ihren Befragungen ein deutliches Interesse der Eltern an persönlichkeitsförderndem und überfachlichem (sowie berufsbezogenem) Lernen einschließlich der Zustimmung der Eltern zu entsprechenden schulpädagogischen Konzepten in der Grundschularbeit fanden. Inwieweit eine Schule persönlichkeitsförderndes und überfachliches Lernen praktiziert, war für die befragten Eltern auch bei der Wahl der weiterführenden Schule wichtig (Büchner/Koch, S. 84 und 90).

Lernfreude und eigenaktives Lernen

Unterricht und pädagogische Grundhaltung werden ausschlaggebend dafür sein, ob ein Kind positive Lernhaltungen entwickeln kann, die nicht nur an eine bestimmte Situation oder eine Lehrerpersönlichkeit gebunden sind, sondern das Kind zu einer eigenaktiven Gestaltung seiner Lernbiografie befähigen.
„Aus der Adoleszenzforschung wissen wir, dass ‚die Zeit vor der Pubertät jene Lebensphase darstellt, in der es gelingen sollte, positive Lernhaltungen aufzubauen'." (Fend 1997, S. 187 f.) Denn die am Ende der Kindheit verfestigte Lernhaltung und Umgangsweise mit der Schule (bleibt) auch in der Pubertät sehr stabil' (ebd., S. 186). Insofern kommt den Lernerfahrungen, die die Schüler bis zum Ende des 4. Schuljahres sammeln, große bildungsbiografische Bedeutung auch über die Grundschulzeit hinaus zu. Je ausgeprägter die schulische Lernfreude bereits in der Grundschule ist, desto günstiger sind die Voraussetzungen für den weiteren erfolgreichen Verlauf einer Schullaufbahn. Vor diesem Hintergrund hat also der Übergang von der Grundschule in die weiterführenden Schulen auch aus entwicklungspsychologischer Sicht einen hohen Stellenwert. Brüche in den Lernerfahrungen (z. B. erlebt als ‚Sekundarstufenschock') gilt es deshalb in dieser vorpubertären Lebensphase so weit wir möglich zu vermeiden, …" (Büchner/Koch, S. 47).

Nun zeigen aber nicht nur die Untersuchungen von Fend, sondern auch aktuellere Forschungen den Attraktivitätsverlust, den Schule und Lernen – nach einem kurzzeitigen Anstieg zu Beginn des 5. Schuljahres – im Verlauf der Sekundarstufe hinnehmen müssen: Mit dem Wechsel in die Sekundarstufe nimmt die Schulunlust deutlich zu (vgl. Stecher sowie Büchner/Koch, S. 48). Über die Gründe hierfür nachzudenken und entsprechende pädagogische Antworten zu finden ist sicher eine wichtige Aufgabe des Unterrichts, gerade zu Beginn der Sekundarstufe (→ Kapitel: „Das 5. Schuljahr", S. 144ff.).

Selbstständigkeit und Kooperation

Die Fähigkeit der Schülerinnen und Schüler zu Selbstständigkeit und Kooperation gilt sicher sowohl in der Grundschule als auch in der Sekundarstufe als Ziel. Aber es ist zu vermuten, dass weder bei der Interpretation der Begriffe noch bei der entsprechenden pädagogischen Praxis Einigkeit besteht, was konkret damit gemeint ist und welche Qualität von Selbstständigkeit und Kooperation angestrebt wird. Während z. B. in Grundschulklassen mit ausgeprägtem schülerorientiertem Unterrichtskonzept die Selbstständigkeit gerade auch die Auswahl von Fragestellungen und die Wahl von Arbeitspartnern einschließt, kann man davon ausgehen, dass in den meisten 5. Klassen Selbstständigkeit sich eher auf die Ausführung der vom Lehrer gestellten Aufgaben (ohne Rückfragen beim Lehrer und Diskussion mit anderen Schülern) bezieht und die Fähigkeit zur Kooperation nicht gezielt gefordert und gefördert wird (positive Beispiele: → Kapitel: „Konzepte und Praxishilfen").
Die Bemühungen um Selbstständigkeit und Kooperation sollten allerdings nicht auf den Unterricht beschränkt bleiben, sondern sich auch auf das Schulleben allgemein beziehen. Kinder orientieren sich z. B. bei ihrer eigenen Schulwahl oft daran, ob sie mit Freunden zusammenbleiben können. Und sie wollen auch in der 5. Klasse Freundschaftsbeziehungen knüpfen und im freien Miteinander in der Gleichaltrigengruppe Normen und Regeln selbst gestalten und erproben. Die Probleme mit der Kurseinstufung in Förderstufen und Orientierungsstufen könnten hier eine ihrer Wurzeln haben, weil die Position des Einzelnen in der Gruppe der Gleichaltrigen ständig infrage gestellt ist und das Selbstwertgefühl sehr stark durch „Besser-Sein" bzw. „Schlechter-Sein" bestimmt wird (→ Fallstudie „Michaela", S. 57ff.). Hier positive Möglichkeiten anzubieten, bedarf gezielter pädagogischer Anstrengungen, damit sich stabile Gruppen entwickeln können, in denen jedes Kind bzw. jeder Jugendliche sich verortet fühlt (z. B. durch räumliche und zeitliche Angebote wie Schulhofgestaltung, Cafeteria, Spiel- und Leseecke im Klassenraum, Freiarbeitsphasen, Schülerraum für Wartezeiten, Schülervertretung, u. Ä. m. (→ Kapitel: „Konzepte und Praxishilfen", S. 87ff.).

Strukturen für Unterricht und Schulleben

Wenn es um Strukturen für Unterricht und Schulleben geht, kommt im Kontext des Übergangs von der Grundschule zur Sekundarstufe den Regeln und Ritualen eine besondere Bedeutung zu, und zwar in mehrfacher Hinsicht:

- Regeln sind für Kinder bis zur Pubertät wichtig, weil sie sich in dieser Phase ihrer Entwicklung stark mit Regeln und zugleich mit Fragen der Gerechtigkeit auseinander setzen und sinnvolle Regeln ihnen helfen können, sich von den Erwachsenen zu lösen und selbstständig und gleichberechtigt zu handeln. Das gelingt vor allem, wenn die Kinder Gelegenheit haben, an der Vereinbarung und Kontrolle der Regeln mitzuwirken.

- Rituale sind nicht nur wichtig, weil sie helfen Sinn, Bedeutung, Vertrautheit und Zugehörigkeitsgefühle entstehen zu lassen. Beim Übergang kommt ihnen noch eine besondere Bedeutung zu: Rituale markieren das Ende eines Lebensabschnitts und den Anfang eines neuen. „Rituale mindern die Angst bei allen Übergängen und bieten Schutz. Sie binden Altes und Neues zusammen, sie bauen eine Brücke zwischen Vergangenheit und Zukunft." (du Bois, S. 70) In diesem Kontext kommt dem Abschied von der Grundschule und der Begrüßung in der weiterführenden Schule eine große Bedeutung zu (zu entsprechenden Erfahrungen von Kindern, → S. 68, zu den pädagogisch-praktischen Konsequenzen, → S. 134, 170).

Es liegen zwar keine genaueren Untersuchungen vor, aber man kann sicher davon ausgehen, dass Regeln und Ritualen im Bereich der Grundschule höhere Aufmerksamkeit gewidmet wird, während in den weiterführenden Schulen nur in Einzelfällen nach einem durchdachten, von allen Lehren getragenen Konzept gesucht wird. Das gilt vor allem in Bezug auf Rituale. Rituale werden in den Grundschulen oft bewusst gepflegt (Morgenkreis, Wochenabschluss, Geburtstagsritual, Erzähl- oder Vorlesestuhl, um nur wenige zu nennen), während solche Rituale in den weiterführenden Schule eher die Ausnahme darstellen. Das gilt aber auch bezüglich der Regeln, weil das Fachlehrersystem dazu beiträgt, dass von Fach zu Fach unterschiedliche Regeln gelten und diese Regeln nur selten mit den Schülerinnen und Schülern gemeinsam entwickelt, sondern eher durch den Lehrer vorgegeben werden.
Über die Frage nach der Bedeutung der Regeln und Rituale hinaus, muss aber auch die Frage nach ihren Formen und Inhalten gestellt werden: Welche Strukturen werden durch die geltenden Regeln und Rituale geschaffen? Welche Strukturen sind notwendig, um die gemeinsame Arbeit zu ermöglichen und so effektiv wie möglich zu gestalten? Und welche Strukturen sind geeignet, für alle Schülerinnen und Schüler ein selbstständiges und kooperatives Lernen zu befördern, das nicht vorrangig auf Wissensakkumulation ausgerichtet ist, sondern auf Verstehen und eigenaktive Auseinandersetzung mit den Lerngegenständen? Diese Fragen lassen sich wohl nur in konkreten Situationen, nicht aber im Rahmen der hier durchgeführten Bestandsaufnahme beantworten. Hier kann nur auf einige Aspekte aufmerksam gemacht werden, die im Kontext des Übergangs besonders relevant erscheinen. Weitere, konkretere Hinweise finden sich im Kapitel „Konzepte und Praxishilfen" (→ S. 87ff.).

Ausblick

Zunächst soll noch einmal die zuvor entwickelte „Position" kurz zusammenfassend charakterisiert werden, um deutlich zu machen, von wo aus der Blick auf mögliche weitere Entwicklungen gerichtet wird:

- Die aus der Geschichte überkommene Zweiteilung des deutschen Schulwesens hat sich zwar in veränderter, aber nichtsdestoweniger bestimmender Form erhalten: Einerseits in der Unterscheidung zwischen Angebotsschulen, die gewählt werden können, aber auch berechtigt sind, Schüler abzulehnen und in „Rest"-Schulen, die alle übrigen Schüler aufnehmen müssen.
  Andererseits in einer Lehrerausbildung, die zwischen sechs- und achtsemestrigen Studiengängen unterscheidet, durch Struktur und Inhalte des Studiums die Unterscheidung in Klassenlehrerunterricht und Fachunterricht fortsetzt und dadurch zu deutlichen Unterschieden im beruflichen Selbstverständnis der Lehrer an Grundschulen einerseits und an Schulen der Sekundarstufe andererseits führt.
- Als weitere Tendenz muss die zunehmende Veränderung der pädagogischen Arbeit in den Schulen gesehen werden. Während in der Grundschule als der einzigen „Gesamt"-Schule für alle Kinder eines Jahrgangs sich seit den 70er-Jahren Veränderungen angebahnt haben, die weitgehend darauf zielen, das selbstständige Lernen einzelner Kinder und deren Kooperation mit anderen Kindern zu fördern, lässt sich auch in vielen Schulen der Sekundarstufe zunehmend der Trend feststellen, durch veränderte Lernkonzepte besser auf die Heterogenität der Schülerschaft einzugehen, um effektiveres Lernen zu ermöglichen. Diese Tendenz führt zu immer größer werdenden Unterschieden zwischen den Einzelschulen und wird noch durch die parallel laufende Diskussion um Schulautonomie und das pädagogische Profil der Einzelschule sowie durch die Diskussion um aktuelle internationale Vergleichsstudien verstärkt.
- Die Schulwahlentscheidung als „Punktentscheidung" (Fauser) wird mithin immer komplizierter und damit auch die Zusammenarbeit mit den Eltern in der Vorbereitung dieser Entscheidung: Es gilt nicht nur die Schulform und den damit möglichen Abschluss zu berücksichtigen, sondern auch das pädagogische Konzept der jeweiligen Schule und dessen Verwirklichung durch einzelne Lehrkräfte sowie die Auswirkungen auf das aktuelle außerschulische Leben der Kinder und Jugendlichen (Gleichaltrigenkultur, Zusatzangebote über Musik- und Sportunterricht, aber auch massives Anwachsen von kommerziellem Nachhilfeunterricht).

Was heißt das nun für den Übergang und das Nachdenken über mögliche neue Formen und Strukturen? Ein Schulsystem und die pädagogische Arbeit in diesem System so zu gestalten, dass die Übergänge nicht als Punktentscheidung definiert sind, sondern zu positiven Momenten der Veränderung und Weiterentwicklung werden, scheint mir die Herausforderung zu sein, die sich hier stellt.
Der folgende Ausblick stellt entsprechend eine Auswahl von möglichen Veränderungen dar, die sich für mich aus der bisher dargestellten Problemanalyse ergeben. Dabei scheinen mir das Lernen in altersgemischten Gruppen, eine Ausbildung der Lehrer als Stufenlehrer, eine sechsjährige Grundschule (oder Grundstufe) und eine Ganztagsschule derzeit die für eine Weiterentwicklung interessantesten Ansatzpunkte.

Lernen in altersgemischten Gruppen

Die Frage nach dem Homogenisierungsgrundsatz, stellt sich – so meine Einschätzung (die Autorin) – durch die Entwicklungen der letzten Jahrzehnte in zunehmender Schärfe. „Der Umgang mit Heterogenität gehört zu den Grundproblemen der Schulpädagogik seit der Einführung der Massenerziehung und des Gesamtunterrichts im 19. Jahrhundert. Die organisatorische Antwort lautet seither, Schülergruppen organisatorisch zu homogenisieren (eben Klassen zu bilden), so daß zumindest die Fiktion aufgebaut werden kann, man könne alle Schüler gleich, also die Klasse wie einen Schüler entlang eines möglichst linearisierten Lehrangebots von Punkt A (Lernvoraussetzungen) nach Punkt B (Lernziel) bewegen. Im Laufe der Geschichte der Schule haben sich verschiedene Kriterien der Homogenisierung durchgesetzt: die Altershomogenisierung (Jahrgangsklasse), die soziale Homogenisierung (Dreigliedrigkeit), die Geschlechtshomogenisierung (Jungen- bzw. Mädchenschulen) und nicht zuletzt die Leistungshomogenisierung (Sitzenbleiben, Vor- und Sonderschulen)." (Radtke, S. 22)

Sowohl die Jahrgangsklasse als auch die Dreigliedrigkeit schaffen keine Homogenität der Lerngruppe. Sie täuschen eine solche nur vor. Pädagogisch sinnvolle Konzepte sind in der Regel offenere Konzepte, die den eigenaktiven Lernprozessen einzelner Kinder und Kindergruppen größeren Raum geben. Verwiesen sei hier beispielhaft auf reformpädagogische Schulmodelle wie die Jenaplan-Schule, die Laborschule Bielefeld oder die Reformschule Kassel (Skischus/Thies), die auf die Homogenisierung durch Jahrgangsklasse und Dreigliedrigkeit verzichten. Diese Schulen sind Gesamtschulen ohne Differenzierung im Sinne der Dreigliedrigkeit. Die Jahrgangsklasse wird ersetzt durch eine Lerngruppe, in der jeweils drei Jahrgänge gemeinsam lernen. Damit ist jeder Unterricht auf innere Differenzierung verwiesen, kann aber auch durch die unterschiedlichen Fähigkeiten innerhalb der Lerngruppe das Lernen und Leben in der Gruppe in selbstständig-kooperativer Form wirksam werden lassen. Lehrerteams (→ S. 149, 155), die für parallele Lerngruppen verantwortlich sind, organisieren die Unterrichtsangebote, fachfremden Unterricht inbegriffen. In Projekten (→ S. 50, 178) können unterschiedliche von den Fähigkeiten und Interessen der Schüler abhängige Beiträge erbracht werden. Der Drei-Jahres-Rhythmus scheint eine Variante, die gleichzeitig neue Freundschafts- und Lernzusammenhänge und ein notwendiges Maß an Sicherheit in einer sozialen Gruppe (→ S. 169) bzw. im Rahmen eines mehrjährigen Schulbesuchs gewährleistet. Damit wird die auch in den Jahrgangsklassen und im dreigliedrigen Schulsystem vorhandene Heterogenität zu einem pädagogischen Konzept gewendet, das im Jahrgangs- und Kurssystem angelegte Probleme vermeidet und durch eine pädagogisch interessante Lösung Bedingungen für effektivere Lernprozesse schafft.

Stufenlehrerausbildung

Gleiche Ausbildungsqualität für alle Lehrer ist eine noch immer nicht eingelöste Forderung. Geht man davon aus, dass die Anregung und Begleitung von Lernprozessen im Mittelpunkt der Lehrertätigkeit steht und dass sich die Tätigkeit eines Lehrers weniger nach den Schulformen unterscheidet als nach dem Lebensalter, dann wäre die notwendige Folgerung eine achtsemestrige Stufenlehrerausbildung plus Referendariat. Meine Vorstellung sieht so aus, dass jeder Lehrer sich im Rahmen einer zeitlich und inhaltlich gleichwertigen Ausbildung auf bestimmte Jahrgänge spezialisieren kann (s. Abb. S. 50).

Grundschullehrer	1.– 6. Schuljahr
Sekundarstufenlehrer	5.–10. Schuljahr
Oberstufenlehrer	9.–13. Schuljahr

Die erziehungswissenschaftlichen Studien, einschließlich der didaktischen Studien, könnten bei einem solchen Stufenlehrer-Modell sich auf bestimmte Altersstufen und ihre Lernmöglichkeiten und -notwendigkeiten konzentrieren.
Wichtig wäre in allen drei Fällen die Gleichgewichtigkeit von Fachstudien und erziehungswissenschaftlichen Studien, bei denen die Lernprozesse der Individuen einschließlich der Fähigkeit zur Selbstreflexion im Zentrum stehen und nicht Fachwissen, sondern Verständnis für unterschiedliche wissenschaftliche Zugriffsweisen Ziel des Studiums sein müssten. Dadurch wäre es möglich, an den Schnittstellen im 5./6. Schuljahr Grundschullehrer und Sekundarstufenlehrer und im 9./10. Schuljahr Sekundarstufenlehrer und Oberstufenlehrer einzusetzen. Wie die Eingangsstufenschulversuche gezeigt haben, kann eine solche Doppelbesetzung mit Pädagogen unterschiedlicher Ausbildung sehr fruchtbar und für die Heranwachsenden effektiv sein.
Übergänge könnten durch konkrete Zusammenarbeit im Alltag des Unterrichts sehr viel reflektierter vorbereitet und aufgefangen werden. Das Modell wäre auch pragmatisch hilfreich, weil es eine variable Einsetzbarkeit der Lehrer in unterschiedlichen Stufen ermöglichen würde. Gleichwertiges Studium und gleichwertige Ausbildung im Referendariat müssten allerdings auch gleiche Bezahlung zur Folge haben.

Sechsjährige Grundschule

Nimmt man den Aspekt des Lernens in altersgemischten Gruppen und den Aspekt Stufenlehrerausbildung zusammen, so ergibt sich als logische Folgerung ein Schulsystem, das zumindest für das 1. bis 6. Schuljahr in Drei-Jahres-Schritten organisiert werden müsste. Die sechsjährige Grundschule (und eine aufbauende fünf- bis siebenjährige Sekundarstufe) ist dann eines der denkbaren Modelle, eine neun- oder zehnjährige Gesamtschule ein weiteres.
Die Reformschule Kassel fasst z. B. die Jahrgänge 0–2, 3–5, 6–8 sowie 9–10 zu Lerngruppen zusammen. Denkbar wäre auch ein Beginn mit dem 1. Schuljahr und eine Gliederung in Lerngruppen für die Jahrgänge 1–3, 4–6, 7+8 und 9+10.
Wichtiger als die Entscheidung für eines dieser Modelle – das Nebeneinander unterschiedlicher Modelle scheint durchaus möglich, ja sogar sinnvoll, wenn für jedes Kind die Wahl einer Angebotsschule möglich ist – scheint mir aber das pädagogische Konzept und die entsprechende Grundhaltung der Lehrer einer Schule zu sein. So stellt z. B. die Reformschule Kassel durchgängig das Projektlernen ins Zentrum ihrer methodischen Konzepte, um den Schülerinnen und Schülern die Möglichkeit zu bieten, ihre Interessen zu entfalten und auszubauen und den schwierigen Prozess der Selbstfindung produktiv voranzutreiben: in der Stufe I (Jahrgänge 0–2) in Form von Rahmenthemen, in der Stufe II (Jahrgänge 3–5) in Form von thematischen Einheiten und in der Stufe III und IV in Form von Projektlernen, das mindestens zehn Wochenstunden umfasst (vgl. Skischus/Thies, S. 22 f.).

Ganztagsschule

Während in anderen Ländern die Ganztagsschule selbstverständlich ist, waren Ganztagsschulen in (West-)Deutschland lange Zeit heftig umstritten, weil befürchtet wurde, dass dadurch die Kinder dem Einfluss der Eltern zu stark entzogen würden. Inzwischen scheinen sich hier Änderungen abzuzeichnen, mit dem Ziel, den Müttern durch Ganztagsschulen eher die Möglichkeit für Berufsarbeit zu eröffnen. Die Ergebnisse der internationalen Vergleichsstudie PISA haben neue Argumente geliefert: Viele Länder, deren Schüler bei der Überprüfung sinnverstehenden Lesens besser abgeschnitten haben als deutsche Schüler, bieten Ganztagsschulen an, z. B. Finnland, Großbritannien, Irland, Belgien, Norwegen und Schweden (vg. Schmitt, S. 18). Die Ganztagsschule erscheint als Möglichkeit, die aus der sozialen Herkunft resultierende Benachteiligung von Kindern auszugleichen aber auch besondere Begabung besser zu fördern. Die Forderung nach der Einrichtung von Ganztagsschulen wird immer lauter und zwar nicht nur mit der Begründung, dadurch die Familien zu entlasten oder Benachteiligungen auszugleichen, sondern auch mit schulpädagogischen Argumenten: Eine Ganztagsschule hat mehr Zeit, muss ihre Arbeit nicht auf wenige Stunden begrenzen, kann langfristige Vorhaben und damit eine intensivere Auseinandersetzung des Einzelnen mit den Lerngegenständen anbieten, kann den Heranwachsenden nicht nur im Rahmen von Unterricht in der eigenen Lerngruppe, sondern auch durch vielfältige Aktivitäten in altersgemischten Gruppen soziale Angebote bereitstellen, kann Lernen und Leben sinnvoller aufeinander beziehen, kann Räume für das selbstständige Leben unter den Gleichaltrigen bereitstellen, kann die Sinnhaftigkeit des Lernens für das eigene alltägliche Leben besser sichtbar machen, ... Ganztagsschule darf also nicht bedeuten, lehrerzentrierten Unterricht über den ganzen Tag auszudehnen, Ganztagsschule muss vielmehr bedeuten, nach einem neuen pädagogischen Konzept für das Lernen von Kindern und Jugendlichen unter staatlicher Aufsicht zu suchen. Für die Frage des Übergangs ist die Ganztagsschule vor allem deshalb bedeutsam, weil im Rahmen einer Schule mit einem solchen pädagogischen Konzept sich Übergangsfragen ganz anders stellen und beantworten lassen, z. B. durch altersgemischte Arbeitsgruppen und Projekte, durch gemeinsame Lebenssräume für ältere und jüngere Schüler im Rahmen gemeinsamer Mahlzeiten und Feiern, durch einen intensiveren Austausch zwischen den Lehrerinnen und Lehrern auch und gerade in Bezug auf die Entwicklung einzelner Schülerinnen und Schüler.

Erfahrungsberichte und Fallstudien

Einführung

Für Kinder ist der Übergang nach der Grundschule ein wichtiger biografischer Einschnitt. Nicht nur, weil mit dem Übergang in eine weiterführende Schule in aller Regel die Weichen für die gesamte Bildungs- und Berufskarriere gestellt werden und weil die Kinder die damit verbundenen Veränderungen sehr viel bewusster erleben als z. B. beim Übergang vom Kindergarten zur Grundschule, sondern vor allem, weil der Übergang die Kinder an einer „entwicklungspsychologisch dramatischen Lebensphase" trifft, dem Übergang von der Kindheit zur Jugendzeit.
„Im Übergang zur Jugendzeit, der im schnellen Körperwachstum seinen augenfälligsten Ausdruck hat, müssen die Kinder jetzt mehrere in sich komplizierte Herausforderungen bestehen: das Einsetzen der Geschlechtsreife, den Übergang von Kinderfreundschaften zu Partnerbeziehungen, vom konkreten Denken zu einem abstrakten, an Prinzipien orientierten Denken, von einem anschaulichen, erlebnishaften, ganzheitlichen Weltzugang und dem phantastischen Realismus der Kindheit zu einer Objektivität, die in Technik und Industrie, Recht und Politik, Wissenschaft, Kunst und Sprachen auf ihr gesellschaftliches Pendant stößt. Komplementär zu dieser gesellschaftlich-kulturellen Objektivität bildet sich die Subjektivität in ihrem vollen Sinne als Erfahrung einer individuellen Innenwelt und als Erfahrung von Intimität und persönlicher Wahl. In dieser Übergangszeit sind Schülerinnen und Schüler schon Erwachsene und zugleich noch Kinder. Um den Übergang zwischen der Kindheit und der Welt der Erwachsenen zu bewältigen, brauchen sie die Möglichkeit, zwischen beiden Welten eine zeitlang zu pendeln, sie brauchen die Möglichkeit zu einer ‚produktiven Regression', d. h. die Chance, aus der ‚objektiven' Welt der Erwachsenen noch einmal zurückzukehren in die des Kindes. Der Übergang müßte wie ein Brückenbau sein, bei dem die Schule den Kindern hilft, indem sie Material, Begleitung und Erfahrung bereitstellt." (Fauser, S. 341 f.)

Für jedes Kind ist – bei aller Bedeutung der strukturellen Bedingungen, der Lernkultur der Schule und der pädagogischen Einstellung der Lehrer – die Übergangssituation eine andere. Jedes Kind wird je nach seinen Lerninteressen und seiner Lernfähigkeit, seiner Selbstständigkeit im Umgang mit neuen Situationen, seiner Beziehung zu den Erwachsenen sowie seiner Einbindung in Freundschaftsbeziehungen und seiner Verortung in der Gleichaltrigengruppe, aber auch je nach Unterstützungsatmosphäre der Familie und eigenen „Kräften" in der Auseinandersetzung mit Schwierigkeiten und Herausforderungen die Übergangssituation unterschiedlich erleben.
Die Mehrzahl der Kinder freut sich auf den Übergang. Sie erlebt ihn als einen Schritt zum Größer-Werden, zum Anerkannt-Sein. Der Übergang stellt eine Chance für einen Neuanfang dar, wenn z. B. die Beziehung zur Grundschullehrerin sich nicht glücklich gestaltet hat oder Krankheit oder Schwierigkeiten in der Familie in der Grundschulzeit zeitweise das Lernen erschwert haben. Der Übergang kann aber auch als Bruch erlebt werden, weil bisher erfolgreiche Verhaltensweisen nicht mehr funktionieren, bisher anerkanntes Können nicht mehr gefragt ist und eigene Lerninteressen nicht eingebracht werden können. Solche Lernprozesse zu kennen ist für jede Lehrertätigkeit in der Grundschule und der weiterführenden Schule wichtig, um „passende" Lernangebote bereitzustellen und die dann ablaufenden Lernprozesse beobachten und begleiten sowie die eigene Tätigkeit selbstkritisch

reflektieren zu können. Bisher wissen wir aber noch sehr wenig über die Erfahrungen von Kindern beim Übergang nach der Grundschule. Wenn nach der Perspektive von Kindern gefragt wird, handelt es sich in der Regel um Befragungen vor und nach dem Übergang. Da diese Befragungen aber meist mithilfe standardisierter Fragebögen oder in Form von Gruppeninterviews durchgeführt werden, können sie nur allgemeine Tendenzen aufzeigen: Kinder empfinden teils Unsicherheit, sogar Angst, soweit es den neuen unbekannten Schulweg, die neuen meist sehr viel größeren und unüberschaubaren Gebäude und unbekannte, „strengere" Lehrer und deren Leistungsanforderungen betrifft, ein wenig Trauer um Freundinnen und Freunde, die auf eine andere Schule wechseln. In der Regel aber überwiegen Spannung und Freude in der Erwartung neuer Freundinnen und Freunde, neuer Lehrer, neuer Fächer und Inhalte. Sie wünschen sich vor allem „wieder nette und verständnisvolle Lehrkräfte", gute Noten und eine sichere Versetzung.

Ihre Befürchtungen bezüglich der Gebäude lösen sich nach einer kurzen Phase der Irritation meist schnell auf. Dafür entstehen oft Schwierigkeiten mit älteren Schülern oder auch mit einzelnen Lehrern, deren Leistungsanforderungen und Führungsstil. Ähnliches gilt – so zeigen die Befragungen – in Bezug auf die Angst vor dem Verlust von Freunden: Die Kinder finden in der Regel schnell neue Freunde. Allerdings scheitern Kinder, die in der Grundschule Außenseiter waren, auch in der neuen Schule sehr oft bei der Suche nach neuen Freunden, weil ihre sozialen Probleme die gleichen bleiben (vgl. Mitzlaff/Wiederhold; gleiche Ergebnisse haben viele Erkundungsprojekte und Befragungen im Rahmen von Examensarbeiten an der Universität Frankfurt erbracht).

Fallstudien, die solche Erfahrungen konkreter dokumentieren und nach Zusammenhängen zwischen individuellen Erfahrungen und den konkreten Bedingungen fragen, gibt es bisher nur sehr vereinzelt (vgl. Steffens, Scheffler, Roediger). Eine der frühesten, die 1983 erschienene Fallstudie „Michaela" von *Ulrich Steffens* wird hier erneut in gekürzter Form abgedruckt (→ S. 57ff.). Einerseits weil sie methodisch auf dem Schnittpunkt zwischen Gruppenbefragung und Fallstudie anzusiedeln ist und andererseits weil sie die historisch wie aktuell wichtige „C-Kurs-Problematik" sichtbar werden lässt und damit besonders den Zusammenhang zwischen strukturellen Bedingungen und individuellen Erfahrungen deutlich macht.

Diese Forschungslage war mit ein Ausgangspunkt für ein Praktikumsprojekt „Übergänge vom 4. zum 5. Schuljahr", welches von Oktober 1998 bis Februar 2000 unter meiner Leitung an der Johann Wolfgang Goethe-Universität Frankfurt am Main und unter Leitung von *Christa Weitzel* an der Justus Liebig-Universität Gießen durchgeführt wurde. Studierende für das Lehramt an Grundschulen und für das Lehramt an Haupt- und Realschulen haben im Rahmen ihrer Praktika eine Abschlussklasse der Grundschule und eine Eingangsklasse einer weiterführenden Schule kennen gelernt, indem sie die Kinder von der Grundschule in die weiterführende Schule begleiteten. Hierzu haben sie im Frühjahr 1999 ihr erstes Praktikum in einer 4. Klasse absolviert und im August/September 1999 ihr zweites Praktikum in einer 5. Klasse. Das Projekt sollte dazu dienen, ein Kind zu beobachten und den Übergang mit Blick auf dieses Kind genauer zu dokumentieren. Der Wechsel vom ungefächerten Unterricht zum Fachunterricht kam dadurch genauso in den Blick, wie Beziehungsprobleme (zwischen Kindern und zwischen Kindern und Erwachsenen), spezifische Lehr- und Lernstrategien oder die Bedeutung von Gleichaltrigengruppen, um nur einige Aspekte zu benennen.

Zur Fallmethode

Drei Fallstudien, die auf den Vorarbeiten im Rahmen dieses Praktikumsprojektes basieren, werden nachfolgend in gekürzter Form veröffentlicht. Ihnen liegen teilnehmende Beobachtungen über einen längeren Zeitraum (mindestens neun Monate) zugrunde. Zur dabei angewandten Fallmethode hier einige Hinweise (genauere Darstellung s. Beck/Scholz, S. 162ff.):

Die Fallmethode interessiert sich für den Einzelfall und für die darin Gestalt gewordene Geschichte und enthaltenen strukturellen Ähnlichkeiten. Als Methode von Beobachtung und Selbstbeobachtung ist sie grundsätzlich auf den Alltag gerichtet und nicht auf eine besondere Situation. Der Fall, der mithilfe der Methode dargestellt wird, erzählt eine Geschichte. Denn eigentlich interessiert z. B. nicht, dass ein Kind mit seinem Platz innerhalb der Sitzordnung unzufrieden ist. Interessant sind vielmehr die Gründe dafür bzw. die Konsequenzen, die daraus erwachsen können. Die Fallmethode bedeutet mithin die Errichtung eines Netzwerkes. Sie geht von der chaotisch-mannigfaltigen Ganzheit einer Situation aus und dem Eindruck, den diese auf den Beobachter macht. Dieser Eindruck wird reflektiert und mit den Ergebnissen dieser Reflexion wird die Situation neu zu verstehen versucht. Um es mit einer Metapher zu sagen: Es interessiert nicht, wie hoch Kinder springen können, sondern welches die Bedingungen sind, die es ihnen ermöglichen, höher zu springen.

Diesem Verständnis entsprechend sind die ausgewählten Fallstudien weder systematisch erhoben noch nach gleichen Gesichtspunkten dargestellt und ausgewertet. Sie erzählen vielmehr die Geschichte eines Kindes aus der Sicht einer Beobachterin, die über viele Monate mit diesem Kind zusammen in der Klasse gesessen hat. Der Fokus der Beobachtung war dabei durchaus individuell unterschiedlich, die Beziehung zu dem beobachteten Kind teilweise sehr intensiv, die Art der Interpretation in gemeinsamen Diskussionen im Rahmen des Projektes in die aktuelle wissenschaftliche Diskussion zurückgebunden. Insofern lassen die Fallstudien eine Fülle der zuvor dargestellten Sichtweisen und Probleme durchscheinen, immer konkretisiert und zugleich gebrochen im Kontext des individuellen Erlebens und dessen Interpretation durch die Beobachter.

Die so erstellten Fallstudien werden ergänzt um kürzere Erfahrungsberichte, in denen aus Sicht betroffener Eltern über die Erfahrungen von Kindern berichtet wird. Sie sind, da im Nachhinein erstellt, meist knapper und weniger methodisch angelegt als die Fallstudien. Aber sie erzählen ebenfalls eine Geschichte, die auch die Familie und die Freizeit der Kinder einbezieht.

Anders als im Rahmen eines Einzelheiten isolierenden wissenschaftlichen Zugriffs wird in diesen Fallstudien und Erfahrungsberichten die Komplexität des Geschehens präsent und lebendig gehalten. Jedes Kind lebt und handelt in einer komplexen Situation, die nie ausschließlich durch die aktuelle unterrichtliche Arbeitsanforderung allein bestimmt wird. Vorerfahrungen, Freundschaftsbeziehungen und individuelle Verarbeitungsstrategien müssen mit Gefühlen und Einstellungen gegenüber dem Lehrer, mit spezifischen Aufgabenanforderungen und mit inhaltlichen Fragen ausbalanciert werden. Keine dieser Geschichten und nicht einmal die Summe der Geschichten kann alle rund um den Übergang wichtigen Probleme und Aspekte beleuchten. Aber jede Geschichte kann nachvollziehbar machen wie die unterschiedlichsten Bedingungsfaktoren in einem konkreten Fall zusammenspielen können.

Michaela, oder: „Da kommt man sich so blöd und abgeschoben vor"

Von Ulrich Steffens

Der folgende Beitrag ist im Rahmen des Projekts „Wissenschaftliche Begleitung von Förderkonzepten an hessischen Gesamtschulen" entstanden und beim Hessischen Institut für Bildungsplanung und Schulentwicklung (HIBS) bereits 1983 sowie in „Die Deutsche Schule", Heft 76/1984 erschienen. Die Studie wird in gekürzter Form hier erneut gedruckt, weil sie einerseits eine der wenigen Studien ist, die die konkreten Erfahrungen der Schüler ins Zentrum stellen und dabei die größere Reflexivität der Schüler des 9. und 10. Schuljahres nutzt, um etwas über die Erlebnisse nach dem Übergang von der Grundschule zu erfahren und weil sie die Diskussion um die äußere Differenzierung in der Förderstufe bzw. der Orientierungsstufe in besonderer Weise anschaulich macht.

Die Gespräche wurden mit Schülern und Schülerinnen aus 9. und 10. Klassen einer Gesamtschule über ihre Schulkarrieren geführt. Die Gespräche fanden in kleinen Gruppen (drei bis sechs Teilnehmer) statt, wobei überwiegend Gruppen aus C-Kursen ausgewählt wurden. Wir haben es mit einer Schülerschaft zu tun, die hinsichtlich der C-Kurs-Problematik besonders extreme Ergebnisse aufweist. Die Gruppengespräche dauerten etwa zwei Stunden. Es ging in erster Linie darum, dass die Schülerinnen und Schüler über ihre Erlebnisse und Eindrücke in der Schulzeit ausführlich berichten. Aus den Protokollen wurden Gesprächsaussagen ausgewählt. Es handelt sich um Aussagen über das Sozialverhalten der Schüler, ihr Selbstbild, ihre Lernorientierung und über ihr schulisches Befinden insgesamt. Darüber hinaus diskutierten die Schüler auch über ihre Erfahrungen mit dem Kurssystem. Bei meiner Beschreibung orientierte ich mich an einer Schülerin. Ich nenne sie „Michaela". Auch die anderen Namen sind Pseudonyme.
Mein genereller Eindruck von den Gesprächen war, dass die Schülerinnen und Schüler ihre schulischen Erlebnisse sehr differenziert beschrieben haben. Sie konnten recht gut analysieren, was in der Schule und mit ihnen passierte.
Zur Person „Michaela": Sie war in der Grundschule eine gute Schülerin und hatte gute und sehr gute Noten. Über ihre Lehrerinnen konnte sie nur Gutes berichten. So bestand ein engeres Verhältnis zu ihrer Klassenlehrerin, die in der Klasse seit dem 1. Schuljahr fast alle Stunden unterrichtete. Der erste Tag an der neuen Schule war wie ein „Kulturschock". Für Michaela stand die neue Schule im Kontrast zu ihrer Grundschule. Die neue Umgebung verängstigte sie. Statt einer wohl vertrauten Person hatte sie es jetzt mit mehreren Lehrern zu tun.

> Michaela: „Da fühlte ich mich wie ein Wurm, es war alles so groß im ersten Augenblick. Und die älteren Schüler haben so ziemlich auf uns herumgetrampelt. Wenn wir etwas gespielt haben, z. B. Gummitwist, dann haben die uns geärgert, und man konnte sich gar nicht wehren. Das war ein miserables Gefühl und ich hatte überhaupt keine Lust, in die Schule weiterzugehen, ich wäre am liebsten weg. Es war keine Freundlichkeit da, als man am Anfang hierher kam. Es gab kahle Wände, Marmortreppen und nicht mehr das gewohnte Holz. Und nicht die Lehrer, die vorher so unheimlich nett waren, hier war alles so gleich. Und in jedem Fach gab es einen anderen Lehrer."

Ein Problem bestand für Michaela zusätzlich darin, dass jeweils nur fünf Mitschüler aus der Grundschule in einer neuen Klasse zusammen waren. Unter den verschiedenen Schülergruppen kam es dann zu Auseinandersetzungen:

> Michaela: „Ach, das vergesse ich nie, den ersten Schultag hier. Es gab Schlägerei und Heulerei." Frage: „Warum habt ihr da geheult?" Sabine: „Das war einfach so blöd, man war vier Jahre zusammen und plötzlich kam man mit Fremden zusammen: Am Anfang wollte man auch gar nicht einsehen, dass man mit denen zusammen sein sollte."

Die erste Kurseinstufung: Zu Beginn des 6. Schuljahres wurden die Schülerinnen und Schüler in Leistungskurse eingeteilt. Michaela kam in Englisch in den B-Kurs und in Mathematik in den C-Kurs. Letztere Äußerung wurde von ihr im Gespräch mit einem enttäuschten Seufzer begleitet.

> Michaela: „Im 5. Schuljahr wurden wir noch nicht eingeteilt, aber im 6. Schuljahr fing es dann an. Da hatte man sich gerade einigermaßen an die neuen Klassenkameraden gewöhnt und da wurde man schon wieder zertrennt und in Kurse aufgeteilt. Da musste man sich wieder umgewöhnen. Es blieb einem gar nichts anderes übrig, als sich mit den Neuen zu vertragen."

Die Kurseinstufungen werden bei den rückblickenden Betrachtungen durch die Schülerinnen in erster Linie hinsichtlich der instabilen Sozialbezüge problematisiert. Diese Kritik taucht im Verlauf des Gesprächs wiederholt auf. Wir stoßen hier offensichtlich auf ein zentrales Problem von Gesamtschulen mit starker äußerer Differenzierung, wobei das Problem wohl dann besonders belastend wirkt, wenn keine oder nur unzureichende pädagogische Hilfen gegeben werden.
Obwohl die Schülerinnen unter der Umgruppierung des Klassenverbandes zu leiden hatten, wird das Kurssystem nicht generell abgelehnt. Vielmehr wurden zwei Bewertungskriterien angelegt:

> Michaela: „Irgendwie war es schon gut für die Besseren, aber für uns finde ich das echt nicht gut, wenn man diese Kurse macht. Das sehe ich zum Beispiel: Früher haben wir Arbeiten immer zusammen geschrieben, auch bei anderen abgeguckt – nicht nur deswegen –, jetzt sind halt die Schlechten unter sich, das ist auch nicht gut. Der Lehrer hängt alleine da."

Das Kurssystem wird also für die guten Schüler als gut, für die schlechten Schüler als schlecht eingeschätzt. In dieser Äußerung kommt zugleich eine Bewertung der eigenen Leistungsfähigkeit und des eigenen Selbst zum Ausdruck. Ihre Vergleichserfahrungen („die besseren Schüler und wir") verbergen mehr als nur die nüchterne Leistungsfeststellung: Der C-Kurs, das ist der Kurs „da unten". Den Schülererlebnissen ist zu entnehmen, dass mit dem Erhalt des „C-Scheins" eine andere Schulkarriere beginnt.
Der Auslöser für Michaelas C-Kurs-Karriere waren nicht ihre schlechten Noten vor der Kurseinstufung, sondern wohl eher in ihren Anpassungs- und Umstellungsschwierigkeiten

bzw. den kälteren, verflochteneren Sozialstrukturen und dem andersartigen Lehrerverhalten an ihrer neuen Schule zu sehen.

Frage: „Wo hat denn der Ruf, den du meinst zu haben, angefangen: Hat es bei deinen Leistungen angefangen, dass du irgendwann in den Grundkurs gekommen bist?" – Michaela: „Nein, ganz und gar nicht. Seit dem 6. Schuljahr, als wir aufgeteilt worden sind, da bin ich total abgesackt. Früher, da bin ich ja noch gut gewesen. Das Ganze hat schon was mit den Kursen zu tun." Sabine: „Ich finde, wir hätten früher darauf vorbereitet werden sollen, das ging alles plötzlich zu schnell. Plötzlich wurden Forderungen gestellt, es wurde immer mehr verlangt. Wir hatten früher immer ein recht gutes Verhältnis zu den Lehrern gehabt, und das war plötzlich nicht mehr da. Wir hatten dann wildfremde Lehrer, die zum größten Teil vielleicht noch ein bisschen streng waren. Wir waren es vielleicht auch nicht gewohnt, angeschrien zu werden. Da war auf einmal alles zu viel. Wenn man sich in der Schule nicht wohl fühlt, auch körperlich, dann kann man in der Schule nicht das bringen, was von einem erwartet wird." Michaela: „Irgendwie hat das schon was mit den Lehrern zu tun. Ich war jahrelang immer bei der Frau XX gewesen, und da hatte ich immer eine Drei gehabt, einmal hatte ich auch eine Vier, zwischendurch aber auch mal Zweier. Seit ich bei der Frau XY bin, kriege ich nur noch Fünfer, – das hat auch was mit dem Lehrer zu tun, nicht nur mit dem Schüler." Sabine: „Ich war vorher im B-Kurs und hatte eine gute Drei, dann haben wir einen anderen Lehrer bekommen und plötzlich hatte ich eine Fünf im Zeugnis. Vielleicht auch, weil ich den Lehrer nicht besonders mochte, er mich auch nicht. Da wurden die Leistungen auch schlechter, weil man kein Interesse mehr hatte, in den Kurs zu gehen." – Frage: „Ihr habt im Gespräch jetzt auch anklingen lassen, dass die Lehrer dazu beitragen. Die Lehrer behandeln den einen so, den anderen mehr so." – Michaela: „Das stimmt. Ich war seit dem 8. Schuljahr, wo wir Chemie hatten, bei Herrn Y. Und der war echt gut für die Guten. Ich hatte da meine Fünf gehabt und hatte überhaupt nichts verstanden, weil der das irgendwie anders erklärt hatte. Jetzt bin ich bei Frau XX und habe dieses Jahr eine Vier bekommen. Die Frau XX erklärt es auch viel besser, nämlich nicht so streng."

In dieser Gesprächspassage wird als eine – aus der Sicht der Schülerinnen zentrale – Erklärung für ihre Leistungssituation, das Verhalten der Lehrer thematisiert. Über diesen Aspekt des Umgangs zwischen Lehrer und Schüler hinaus klingt an, dass die Schülerinnen mit dem Lehrerverhalten, also mit der Art der Präsentation und dem Erklären, nicht zurechtkommen.

Dabei gestehen sie Lehrern auch zu, dass diese für die guten Schüler ihre Sache recht gut machen. Sie kritisieren aber damit, dass auf sie zu wenig eingegangen wird. Zugleich wird daran deutlich, dass der Lehrer – zumindest aus der Sicht der Schülerinnen – seinen Unterricht auf die guten Schüler ausrichtet. Es ist eine natürliche Folge, dass sie sich abgeschoben fühlen (→ s. oben).

Michaela bringt in ihren Gesprächsbeiträgen zu verschiedenen Themen immer wieder ihre Erfahrungen zum Ausdruck, abgestempelt zu sein: Sei es, wie bessere Schüler auf sie reagieren, wie Lehrer mit ihr umgehen, was sie über die Noten meint oder was ihr Selbstvertrauen betrifft.

Sabine: „Wenn man in C-Kursen ist und sitzt da unten und hat da nur Dumme vor sich sitzen – ich weiß, ich bin ja selbst dumm –, da kommt man sich so blöd und abgeschoben vor. So etwa: Was hat man denn von euch schon zu erwarten?“
Frage: „Könnt ihr euch an Situationen erinnern, in denen ihr gesehen habt, dass zwischen den Gescheiten und den Dümmeren unterschieden wird, z. B. bei Förderkursen?“
Michaela: „Ich habe mich geschämt, dahin zu gehen.“ Frage: „Wann ging das denn los mit diesen Kursen?“ Sabine: „Im 6. Schuljahr. Mir war das unwahrscheinlich peinlich, weil neben dem Förderkursraum eine Klasse war, in der ich Freundinnen hatte.“

Auffällig ist die fehlende Gelegenheit zu Erfolgserlebnissen. Aus Michaelas Berichten ist ersichtlich, dass sie inzwischen ein zwiespältiges Verhältnis zum Lernen hatte. Einerseits möchte sie sich und anderen beweisen, dass sie etwas leisten und lernen kann, andererseits behindern sie ihre Lernhaltungen und die Art des Unterrichtens. Besonders enttäuscht ist sie, wenn sie im Unterricht etwas wusste, dies aber aufgrund ihrer Schüchternheit (sie sagt, sie traue sich oft etwas nicht zu sagen, aus Angst, es könne falsch sein) oder mangels Gelegenheit (wenn sie sich meldet, kommt sie nicht dran; wird aber aufgerufen, wenn sie gerade etwas nicht weiß) nicht mitteilen konnte.Die Notengebung spielt in diesem Zusammenhang eine große Rolle. So berichten sie und ihre Mitschülerin von Fällen, in denen sie sich besonders angestrengt haben, dies aber durch Lob oder Aufmerksamkeit des Lehrers oder in der Notengebung nicht anerkannt bekamen. Der Etikettierungsprozess ist so weit fortgeschritten, dass offensichtlich auch die Lehrer nur Leistungsversagen, nicht aber Leistungserfolg, erwarten.

Michaela: „Wir Schlechteren haben irgendwie Schiss, unsere Meinung zu sagen: Wir glauben, das wäre falsch und die anderen würden lachen.“ – Sabine: „Man traut sich doch eher eine Mitschülerin zu fragen als den Lehrer. Beim Lehrer denkt man, er schnauzt einen gleich wieder an: Kapierst du das denn immer noch nicht?“ – Frage: „Ist das denn so?“ – Sabine: „Bei manchen Lehrern schon.“ – Frage: „Hast du das Gefühl, dass du dich als dumm behandelt fühlst von den Lehrern?“ – Michaela: „Dumm kann man eigentlich nicht sagen, aber schlechter als die Guten sind wir sowieso. Dann heißt es halt: Schau mal, die Dummen da, die können nichts.“ – Sabine: „Ich finde das echt bescheuert: Die Guten haben bei uns von Anfang an gute Noten bekommen. Die Guten kriegen manchmal Noten, die ihnen einfach nicht zustehen; das finde ich so unwahrscheinlich gemein. Manchmal ist es so, wenn Herr X etwas fragt, dann wissen welche das nicht und dann denke ich mir die Antwort; und manchmal stimmt es auch sogar, aber ich habe Schiss, das zu sagen.“ – Frage: „Und warum meldest du dich dann nicht?“ – Sabine: „Das ist eben die Angst, dass es was Falsches sein könnte.“ – Frage: „Aber sonst traust du dich doch, deinen Mund aufzumachen.“ – Sabine: „Ja, in Biologie war das mal in Sexualkunde so, dass ich eine Frage gestellt habe, und da fingen die anderen alle an zu lachen. Seitdem melde ich mich da nicht mehr.“ – Michaela: „Klar. Wenn aber z. B. einer von den guten Schülern dumm fragen würde, dann ist es ganz natürlich. Bei uns heißt es dann schau mal, die sind sowieso doof.“

Das Feedback, das die Schülerinnen von ihren Lehrern erleben, ermutigt nicht die Bereitschaft zum Lernen. Aber ihre zurückhaltende Unterrichtsteilnahme ermöglicht auch kaum ein positives Feedback.
An den genannten sehr einfach scheinenden Beispielen wird deutlich, dass der Regelkreislauf zum C-Kurs-Schüler längst funktioniert. Ohne Erfolgserlebnisse, die auch und gerade der Lehrer vermittelt, macht Lernen zunehmend keinen Spaß. Geradezu das Gegenteil dürfte eintreten, wenn sich die Schülerinnen besondere Mühe gegeben haben, ohne dass dies gewürdigt wird.
Für Michaela haben soziale Bindungen einen hohen Stellenwert. Ihre schulischen Schwierigkeiten begannen zu einem Zeitpunkt, bei dem sie ihre neue Schule als etwas Anonymes und Bedrohliches erlebt hat. Die soziale Distanz zu ihren Lehrern, vor allem die vielen Lehrer, die mehr den Stoff als die Schüler im Auge haben, schnürten sie in ihren Entwicklungsmöglichkeiten ein. Die Instabilität der Lerngruppen, bedingt durch das Aufteilen in Kursen, hat ihre Probleme noch vermehrt. Der negative Erwartungskontext zum C-Kurs, der offensichtlich den Schülern bereits vor der Einstufung vermittelt wird, verschärft die Problematik und zieht entsprechendes Schülerverhalten nach sich.

Sabine: „Ich glaube, wenn wir in Deutsch nicht in Kurse aufgeteilt worden wären, dann wären wir auch irgendwie ein bisschen besser. Ich muss echt zugeben, als wir noch nicht in Kursen waren, und ich wusste etwas nicht, dann habe ich nie abgeschrieben. Was habe ich denn davon, wenn ich abschreibe. Wenn ich etwas nicht wusste, dann habe ich jemand gefragt. Ich habe mir dann dessen Meinung angehört, wie ich das hätte schreiben können, und dann habe ich das eben in Worte geformt. Da habe ich mir auch viel mehr zugetraut."

Sabine thematisiert den fehlenden Anregungs- und Fördergehalt und vermisst das gemeinsame Lernen. Auch Michaela spricht dies an anderer Stelle an: Sie meint aber auch, dass ihre Hilfsbereitschaft Grenzen hätte, wenn sie eine gute Schülerin wäre:

Michaela: „Dann kann ich etwas nicht und muss die Bärbel fragen. Die meint dann auch schon, ich solle mal wen anderes fragen. Das würde ich auch machen, wenn ich besser wäre." – Frage: „Das heißt aber, dass du diese Art des Miteinanderumgehens, richtig findest, obwohl du darunter zu leiden hast." – Michaela: „Ja, so würde ich es auch machen. Wenn ich besser wäre, das würde mir auch auf die Nerven gehen, wenn mich ein Schlechterer ständig was fragt. Da würde ich auch sagen: Mach' doch deinen Kram alleine." – Sabine: „Also ich muss sagen, dass es mir nie etwas ausgemacht hat, wenn mich jemand was gefragt hat, auch wenn es die ganze Stunde gedauert hat."

Alle Aussagen in diesem Gesprächsausschnitt deuten darauf hin, dass das Konkurrenzverhalten unter den Schülerinnen sehr stark ausgeprägt ist. Das Sozialverhalten der Schüler wird durch die mit dem Kurssystem verbundenen Wirkungen stark belastet. Ob es dann tatsächlich zu ungünstigeren Verhältnissen kommt, dürfte dann von der Art und Weise abhängig sein, wie eine Schule und ihre Lehrer mit dem Kurssystem umgehen und welche pädagogischen Orientierungen dabei zum Tragen kommen.

Die vorliegenden Schülergespräche belegen die Erkenntnis, dass Lernprobleme bei Schülern keine eindimensionale Ursache haben. Von den Schülerinnen selbst werden sieben Aspekte im Zusammenhang ihrer Schulerlebnisse angesprochen: Elternhaus und Freundeskreis, Lehrerverhalten und Lernorganisation, Lernvoraussetzungen und Lernhaltungen sowie das Selbstbild der Schüler und ihre soziale Anerkennung.
Auch für die C-Kurs-Karriere können unterschiedliche Ursachen den Ausschlag gegeben haben. In pädagogisch-praktischer Absicht sind dabei in erster Linie die mit den geplanten institutionalisierten Lernprozessen verbundenen Wirkungen und Begleiterscheinungen relevant.
Auch wenn Elternhaus und Lernvoraussetzungen der Schüler eine besonders große Rolle spielen, gibt es dennoch Schulen, bei denen Schüler mit Lernschwierigkeiten nicht als Problem gelten. Diese schulspezifischen Disparitäten verweisen auf die Gewichtung der inneren Qualität von Schule und damit auch auf die Herausforderung für eine Pädagogisierung der Schule.

Patrick, oder: Wie die Leichtigkeit des Lernens verloren ging

Von Angelika Ditze-König

Der folgende Bericht wurde von einer Mutter verfasst, die die Erlebnisse und Erfahrungen ihres Sohnes mit dem Abschied von Klasse 4, dem Übergang zu Klasse 5 und seinem ersten Schuljahr auf der weiterführenden Schule beschreibt.

Patrick besuchte während der Grundschulzeit drei Schulen. Eingeschult wurde er in die Grundschule einer Kleinstadt. Im zweiten Halbjahr des 2. Schuljahres wurde er in eine Dorfschule umgeschult. Mit den Klassenlehrerinnen kam er in beiden Schulen gut zurecht. In der Dorfschule entwickelte sich zwischen dem Kind und der Klassenlehrerin ein sehr herzliches Verhältnis und Patrick lernte sehr gerne. Jeden Morgen ging er mit Freude in die Schule. Die Lernatmosphäre war durch Eigenständigkeit, gegenseitiges Zuhören, viel Ermunterung und Lob geprägt. Familiärbedingt musste Patrick dann für das 4. Schuljahr nochmals die Schule und den Wohnort wechseln. Mein Sohn kam in die Grundschule einer Kleinstadt, nicht weit weg von einer größeren Stadt.
Er wurde in eine Klasse eingeschult, bei der Kinder aus zwei Klassen und neu zugezogenen Kindern „zusammengewürfelt" waren. Patrick erhoffte sich ein ebenso gutes Schul- und Klassenklima wie in den vorhergehenden Schulen. Seine Lehrerin war ebenfalls neu an der Schule und begann den Schulalltag zu unserer Freude mit einer Klassenfahrt. Im Hinblick auf Patricks Lernverhalten entwickelte sich aber alles anders als erwartet. Die Klassenfahrt war durch die Laune der Lehrerin geprägt, die an diese Schule abgeordnet und somit nicht freiwillig gekommen war. An dieser Schule wurde ausschließlich nach den Anforderungen der später aufnehmenden Gesamtschule unterrichtet. Leistung war das oberste Prinzip. Fantasie und eigenständiges Lernen waren nicht mehr gefragt. Die Klassenlehrerin schaffte es nicht, mit den zusammengewürfelten Kindern eine Gemeinschaft zu bilden. Die Atmosphäre in der Klasse war aggressiv und enthielt wenig Lernfreude.

Die Vorbereitung zum Übergang in die weiterführende Schule
Im 1. Halbjahr beschäftigten sich die Kinder im Sachunterricht mithilfe von Arbeitsblättern mit weiterführenden Schulen. Daraufhin herrschte in der Klasse eine nervöse Stimmung, da sich die Kinder fragten, wo sie wohl landen würden, welche bekannten Kinder mitgehen und wie der Schulweg aussehen würde.
Schon vorher hatte ich Patrick von meiner Schulzeit berichtet und erzählte ihm nun, wie ich den Übergang von der Grundschule in die weiterführende Schule erlebt hatte. Ich hatte den Eindruck, dass ihn meine positive Erzählung sehr beruhigte.
Im Dezember fand ein Eltern-Informationsabend statt. An dieser Veranstaltung nahmen die Schul- bzw. Stufenleiter von einem Gymnasium sowie einer additiven- und einer integrierten Gesamtschule teil. Einige Eltern waren aufgebracht, dass kein Vertreter einer Realschule und eines im Einzugsbereich gelegenen privaten Gymnasiums eingeladen waren. Der Stufenleiter der additiven Gesamtschule erläuterte ausgiebig mit Overheadfolien das Schulprofil seiner Schule. Der Direktor des Gymnasiums stellte ein konservatives Bild von sich und seiner Schule vor.
Am Ende jedoch waren viele Eltern, mich eingeschlossen, so ratlos wie zuvor.

Mit der Entscheidung allein gelassen
Also beriet ich mich mit Patrick ausgiebig und erfragte seine Wünsche und Vorstellungen für seine weitere Schulzeit. Für ihn wichtig war, dass er in seiner vertrauten Umgebung weiter zur Schule gehen konnte, mit Kindern, die er kannte. Ob die Schule die neueste Computeranlage und einen Internet-Anschluss hatte, war ihm unwichtig. Danach beschlossen wir gemeinsam, ihn auf der nächstgelegenen Gesamtschule anzumelden. Nach einem Gespräch mit Patricks Klassenlehrerin (Patricks Teilnahme war leider nicht erwünscht), stellte ich auf einem Vordruck der Schule den formlosen Antrag zur Aufnahme in die Gesamtschule.
Weder bei unserem Gespräch noch in Schreiben der Grundschule, die den anstehenden Schulwechsel betrafen, wurde ich darauf hingewiesen, dass es letzten Endes der Elternwille ist, der über die weiterführende Schule bzw. Schulform entscheidet.
Anfang Mai erhielt ich die Aufnahmebestätigung für Patrick auf der Gesamtschule.

Der erste Kontakt mit der neuen Schule
Zum Ende des Schuljahres besuchten die Kinder gemeinsam ihre neue Schule. Dort lernten die zukünftigen „Gesamtschüler" ihren Klassenlehrer kennen. Er zeigte ihnen das Schulgelände und die Gebäude, erklärte aber auch, dass noch nicht feststände, welchen Klassenraum sie bekämen. Das weitläufige Gelände, die vielen Gebäude und die zum Teil unbekannten Fachräume verunsicherten viele Kinder, auch Patrick. Wie würden sie sich dort jemals zurechtfinden können. Statt den Kindern ihre Ängste zu nehmen, wurden diese noch verstärkt. Im Unterricht war damit das Thema „Weiterführende Schulen" erledigt.
In der vorletzten Woche des Schuljahres wurde die alljährliche Projektwoche durchgeführt. Sie endete im Schulfest am Freitagnachmittag. Dort fand gleichzeitig auch die Verabschiedung der Schüler und Schülerinnen der 4. Klassen statt. Der Rektor der Schule fand es nicht notwendig, die Kinder mit einem kurzen Grußwort zu verabschieden. Patricks Klasse hatte dazu eine Klassenzeitung herausgegeben. Alle waren sehr stolz auf ihr Werk.

Die weiterführende Schule

Der erste Schultag in Patricks neuer Schule begann mit einer Feier in der Aula. Die Schule präsentierte sich im feierlichen Rahmen. In seiner Begrüßungsrede sagte der Direktor der Schule zum Verhältnis zwischen Schülern und Lehrkräften: „Wie es in den Wald rein schallt, so schallt es auch heraus." Er entließ die Kinder mit dem Zitat: „ Ohne Fleiß kein Preis." Danach gingen diese mit ihren Lehrern in den neuen Klassenraum, um Stundenplan, Materialliste usw. zu erhalten. Nach den ersten beiden Tagen fand sich Patrick zu seinem eigenen Erstaunen auf dem Gelände und in den Gebäuden zurecht. Bei Stundenausfall wurden die Kinder im „Info", einem mit Möbeln und Spielzeug ausgestattetem Raum, von einer Lehrkraft betreut. Was Patrick auffiel, war, dass im Gegensatz zur Grundschule in der Gesamtschule die Regeln von der Schulleitung verfasst und zur Kenntnisnahme und Unterschrift an die Eltern ausgeteilt wurden. Besonders schwer fiel ihm der häufige Lehrerwechsel. Sein Klassenlehrer, zu dem er schnell ein gutes Verhältnis aufbaute, war nur an vier Tagen in der Klasse und dies auch nur mit insgesamt sechs Wochenstunden. Zum Thema „Gewalt an der Schule" hat Patrick schnell seine eigenen Erfahrungen gemacht: Einmal kam der Klassenlehrer in die Klasse und erzählte, dass soeben ein Krankenwagen abgefahren sei, mit einem Schüler, der in der Schule blutig zusammengeschlagen wurde. Einen Tag später wurden Patrick und einige seiner Klassenkameraden während der Pause von anderen Kindern getreten, bespuckt und geschlagen. Sie thematisierten das Erlebnis sofort und der Klassenlehrer verwendete eine Unterrichtsstunde, um über Gewalt an der Schule zu sprechen.
Im November stellte ich fest, dass Patrick viele Dinge der Grundschule wie Morgenkreis, offenen Unterricht usw. sehr vermisste und in dieser Zeit nur noch an Leistung dachte und daran, für welchen Kurs er wohl ausgesucht wird.

Fazit – es geht auch anders

Die Leichtigkeit des Lernens ist bis heute nicht wiedergekommen. Schwer- und Mittelpunkt allen Lernens ist für Patrick immer: „Bleibe ich mit dieser Leistung im derzeitigen Kurs, steige ich in den A-Kurs auf oder sinke ich in den C-Kurs ab." Gestiegen ist allerdings seine Selbstständigkeit, auch bei der Einteilung des Lernstoffes und der Auswahl der Arbeitsgemeinschaften. Der Klassenlehrer hat es, trotz weniger Wochenstunden, durch sein Engagement geschafft, eine funktionierende Klassengemeinschaft zu bilden. Er plant auch außerhalb der Schulzeit Unternehmungen mit der Klasse.
Auffallend ist, dass bereits jetzt im 8. Schuljahr über den bevorstehenden Schulwechsel oder das Ende der Schulzeit gut und ausgiebig vonseiten der Schule (im Unterricht und bei Elternabenden) informiert wird.

Sonja und Claudio, oder: Von der Ähnlichkeit der Programme und der Unähnlichkeit der Situation

Von Stefanie Rath und Bettina Schaper

Im Rahmen eines Praktikums sowie einer Beobachtung für ihre Examensarbeit haben die beiden Autorinnen Sonja und Claudio beim Übergang von der Grundschule zur weiterführenden Schule be-

gleitet. Das Besondere war, dass sie den Schulalltag der Kinder über einen Zeitraum von ungefähr einem Jahr miterleben konnten. Sie bemühten sich, den Übergang aus der Perspektive der Kinder zu sehen. Aus diesem Grunde erhebt diese Fallstudie keinen Anspruch auf Allgemeingültigkeit, sondern spiegelt die Erfahrungen von Sonja und Claudio aus der Sicht der Beobachterinnen wider.

Die Grundschule, die Sonja und Claudio besuchten, ist eine Reformschule, die mit offenen Unterrichtsformen wie Projekten, Wochenplan und Lernwerkstatt arbeitet. Die weiterführende Schule, eine integrierte Gesamtschule, legt in ihrem Konzept großen Wert auf die Fortführung von Elementen des Grundschulunterrichts. Beide Schulen kooperieren miteinander und haben ihre Konzepte für den Übergang aufeinander abgestimmt. So wird z. B. darauf geachtet, dass bestehende Freundschaften bei der neuen Klassenzusammensetzung berücksichtigt werden. Die erste Woche auf der weiterführenden Schule dient zum gegenseitigen Kennenlernen und zur Orientierung auf dem Schulgelände. Unterricht findet in dieser Zeit nicht statt.

Unter diesen Bedingungen könnte man meinen, dass der Übergang für Sonja und Claudio reibungslos verlaufen ist. Anfangs war dies auch tatsächlich der Fall, doch als der Unterricht begann, hatten die Kinder mit unterschiedlichen Schwierigkeiten zu kämpfen: Bei Sonja bezog sich dies vor allem auf formale, bei Claudio mehr auf soziale Aspekte des Übergangs.

Sonja

Der Übergang von der Grundschule zur weiterführenden Schule schien sich anfänglich äußerst positiv auf die Persönlichkeitsentwicklung von Sonja auszuwirken. Sie konnte den Neuanfang auf der weiterführenden Schule dazu nutzen, sich besser in das Sozialgefüge der Klasse zu integrieren, als ihr dies in der Grundschule gelungen war, und beteiligt sich aktiver als zuvor am Unterricht. Während sie in der Grundschule vor allem in den schriftlichen Arbeiten meist deutlich unter dem Klassenniveau lag, wurden ihre Leistungen auf der weiterführenden Schule zunächst besser. Als die ersten Monate vorbei waren und der Unterricht stärker anzog, ließ sich vor allem in den Hauptfächern ein deutlicher Leistungsabfall feststellen. Sonja beteiligte sich seltener am Unterricht, ihre schriftlichen Noten wurden schlechter und sie schien sich insgesamt weniger Mühe zu geben als am Anfang. Die Vermutung lag nahe, dass Sonja von den erhöhten Anforderungen überfordert war. Dies war jedoch nicht der Fall.

Sie konnte im Großen und Ganzen dem Unterricht recht gut folgen und hätte mit der Klasse mithalten können, wenn ihr nicht die veränderten Anforderungen der neuen Schule in Form von einer abweichenden Gestaltung des Unterrichts und die veränderten sozialen Bedingungen zu schaffen gemacht hätten. Obwohl sich beide Schulen darum bemühten, Vorschläge für die Gestaltung eines bruchlosen Übergangs umzusetzen, gelang ihnen dies in einigen Bereichen nicht. Sonjas Schwierigkeiten und Unsicherheiten lagen in der unterschiedlichen Durchführung von Wochenplanarbeit, der abweichenden Vermittlung und Bewertung von Arbeitstechniken und dem veränderten Umgang mit Regeln und Ritualen.

Wochenplan ist nicht gleich Wochenplan

Wochenplanarbeit bedeutete in Sonjas Grundschule für jedes Kind, dass es ein bestimmtes Pensum von Aufgaben und Aufträgen innerhalb einer Woche zu erledigen hatte. Die

Zeit- und Aufgabeneinteilung wurde von jedem selbst bestimmt. Die Arbeitsblätter waren für alle Kinder gleich gestaltet, Leistungsdifferenzierung gab es nicht. Wer mit seiner Aufgabe schneller fertig war als die anderen, konnte sich aus einem für alle zugänglichen Ordner das nächste Blatt herausholen und bearbeiten. Die Lehrerin hielt sich in Stunden, in denen die Kinder mit Wochenplanarbeit beschäftigt waren, im Hintergrund und hatte eine unterstützende und beratende Funktion. Ziel der Wochenarbeit war nämlich u. a., dass sich die Schüler und Schülerinnen zunehmend gegenseitig halfen. Der Wochenplan wurde in der Grundschule fächerübergreifend gestaltet. Sonja kam mit dieser Form der Arbeit in der Grundschule sehr gut zurecht. Sie freute sich über Unterrichtsstunden mit Wochenplanarbeit und erledigte ihr Aufgabenpensum langsam, aber pflichtbewusst. So erklärte sie vor einer Deutschstunde beispielsweise, dass sie sehr hoffte, dass „die Frau K. heute mal wieder Wochenplan machen lässt. Da kann wenigstens jeder machen, was er will und die Frau K. fragt nicht dauernd, ob wir schon fertig sind". Sonja, eher schwach in Deutsch, fühlte sich also offensichtlich während des regulären Unterrichts gehetzt und genoss es, die Wochenplanaufgaben in einem für sie angemessenen Tempo bearbeiten zu können. Darüber war sich auch Sonjas Lehrerin bewusst. Sie übte besonders gerne Grammatik in Form von Wochenplanarbeit mit den Kindern, denn gerade bei Grammatikaufgaben war es wichtig, dass das Prinzip erkannt wurde – egal wie lange es dauerte. Auch auf Sonjas weiterführender Schule ist der Wochenplan als Element des Hauptfachunterrichts vorgesehen. Er unterscheidet sich in seinem Aufbau und in seiner Durchführung jedoch grundlegend von demjenigen der Grundschule. Wochenplan ist nicht gleich Wochenplan. So wurde der Wochenplan erst gegen Ende des 5. Schuljahrs eingeführt. Bis dahin wurde der Unterricht mit Unterstützung von Arbeitsblättern und Lehrwerken durchgeführt. Vor allem bei der Bearbeitung der Arbeitsblätter wurde die unterschiedliche Arbeitsgeschwindigkeit der Kinder deutlich. Die häufige Frage der zügig arbeitenden Kinder: „Was sollen wir jetzt machen?" störte die anderen bei der Arbeit. Auch Sonja ließ sich dadurch zu schnellerem, fehlerhaftem und unsauberem Arbeiten verleiten.

Obwohl sich bei der Einführung des Wochenplans herausstellte, dass fast alle Kinder mit dem Prinzip der Wochenplanarbeit aus der Grundschule vertraut waren, wurde dieses noch einmal ausführlich besprochen. Die Unruhe in der Klasse war groß. Sie wurde jedoch noch größer, als die Kinder feststellten, dass der Wochenplan in zwei Gruppen unterteilt ist, die sich nach der Leistung der Schülerinnen und Schüler richteten. Der Wochenplan A enthielt schwierigere und umfangreichere Aufgaben als der Wochenplan B. Sofort versuchen die Kinder herauszubekommen, wer welcher Gruppe zugeteilt worden war. Sonja war es unangenehm, zur schlechteren Gruppe zu gehören. Ihr wäre es sicherlich lieber gewesen, wenn die Differenzierung nicht für alle so offensichtlich gewesen wäre.

Das nächste Problem bei dieser Form der Wochenplanarbeit ergab sich bei der eigenständigen Zusammenarbeit zwischen den Kindern. Für Sonja, die nicht neben einer anderen B-Schülerin saß, war die Suche nach einem Partner offensichtlich zu aufwändig. Lieber bearbeitete sie ihren Wochenplan alleine – wie viele andere Kinder auch. Die Rolle der Lehrerin als zentraler Bezugspunkt blieb während des Wochenplanunterrichts unverändert. Bei Problemen kamen die Kinder zu ihr ans Pult, anstatt sich an einen Mitschüler oder eine Mitschülerin zu wenden. Eine der wertvollsten Funktionen der Wochenplanarbeit, nämlich die Kooperation und Zusammenarbeit zwischen den Kindern zu fördern, wird durch den leistungsdifferenzierten Wochenplan weitestgehend unterbunden – ganz zu

schweigen von der Demütigung, die die Kinder erfahren, die der Gruppe der schlechteren Schüler und Schülerinnen angehören.
Die Bemühungen der weiterführenden Schule, Elemente des Grundschulunterrichts zu übernehmen, sind positiv zu werten. Wie in Sonjas Beispiel deutlich geworden ist, können diese Bemühungen jedoch fehllaufen, wenn sich die Grundschulen und die weiterführenden Schulen zu wenig miteinander abstimmen.

Ordnung ist das halbe Leben – die muss man aber erst mal lernen!
Sonja schmierte, kleckste und malte in ihren Heften herum, sodass man die Einträge kaum noch entziffern konnte. Ihre Lieblingsstifte waren Filzstifte, die häufig verwischten und sich durch mehrere Seiten des Heftes durchdrückten. Klebstoff quoll generell an den Rändern heraus und klebte ihre Heftseiten zusammen: Sonjas Heftführung war eine einzige Katastrophe. In der Grundschule schien das niemanden zu stören: Die Hefte wurden von den Lehrerinnen selten kontrolliert und so bekam Sonja keinerlei Anweisung und Hilfestellung, um sich eine sorgfältigere Arbeitsweise zuzulegen. Es schien auch niemandem aufzufallen, dass Sonja am Ende des 4. Schuljahres noch immer nicht gelernt hatte, ihren Stift beim Schreiben richtig in der Hand zu halten. Verkrampft führt sie den Füller und Bleistift über das Papier, hat dadurch keinen flüssigen Schriftzug und muss zwischendurch immer wieder ihre Hand ausschütteln.
Die mangelnde Anleitung vonseiten der Lehrerinnen lässt sich nur dadurch erklären, dass sie entweder davon ausgingen, dass die Kinder verschiedene Arbeitstechniken am Ende des 4. Schuljahres bereits beherrschten, oder dass für die Vertiefung dieses Unterrichtselements einfach die Zeit fehlte. Gerade für Sonja wäre jedoch eine Unterstützung äußerst wichtig gewesen.
Sonja lebt alleine mit ihrer fast erblindeten Mutter zusammen. So war sie dazu gezwungen, bereits in der Grundschule viel Selbstverantwortung zu übernehmen und sich selbstständig zu organisieren. Sonja ist also gezwungen, bereits in der Grundschule viel Selbstverantwortung zu übernehmen und sich selbstständig zu organisieren. Sie ist in diesem Punkt den meisten ihrer Mitschülerinnen und Mitschüler weit voraus. Ihre familiäre Situation und die nicht vorhandene Kontrolle und Kritik durch ihre Lehrerinnen hatten also auch ihre positiven Seiten: Sonja konnte bereits in der Grundschule selbstbestimmt lernen und arbeiten. Beim Übergang verlor dieser Aspekt seine Bedeutung. Sonja wurde ihre schlampige und unsaubere Heftführung „zum Verhängnis". Schlechte Noten wurden u. a. auch mit ihrer unsauberen Arbeitsweise begründet.
Sonjas Lehrerinnen und Lehrern auf der weiterführenden Schule war eine saubere Heftführung sehr wichtig. Die Hefte wurden regelmäßig kontrolliert und Sonja oft kritisiert. Häufig muss sie ihre Aufgaben ein zweites Mal vorzeigen. Sie bekommt von der entsprechenden Lehrerin oder dem entsprechenden Lehrer zwar meist gesagt, was sie ändern soll (was sich häufig auf die Aufforderung beschränkt, „ordentlicher" zu arbeiten), wie sie aber ordentlicher arbeiten kann, wird ihr nicht gezeigt.
Dass Sonja bei so wenig Anleitung und so viel Kritik nicht völlig resignierte, hing wohl damit zusammen, dass ihre eigenen Ansprüche an ihre Arbeiten gestiegen waren. Sonja wollte ordentlichere Ergebnisse vorweisen können und gab sich große Mühe – allerdings ohne Erfolg: In den Fächern Englisch und Mathematik entschieden sich beide Lehrerinnen am Ende des Halbjahres aufgrund der mangelhaften Heftführung für die schlechte-

re Note. So kostete es Sonja in der weiterführenden Schule in der Zeit des Übergangs viel Zeit und Mühe, den Anforderungen ihrer neuen Lehrerinnen und Lehrer und ihren eigenen Ansprüchen gerecht zu werden.

Regeln und Rituale: Ein wichtiger Bestandteil des Lebensraums Schule

Wenn sich 20–25 Kinder und eine Lehrperson in einen Raum von im Schnitt 50 m² drängen und in diesem Raum gemeinsam lernen, arbeiten, lachen und singen, diskutieren, streiten, spielen und musizieren sollen, dann sind Regeln unerlässlich. Und wenn sich mehrere Jahre lang die gleichen 20–25 Kinder jeden Morgen mit ihrer Klassenlehrerin oder ihrem Klassenlehrer treffen, gemeinsam Freude und Streit erleben, Geburtstage feiern oder gemeinsam über einen gestorbenen Wellensittich trauern, dann sind Rituale hilfreich. Was die Regelung des Unterrichts und der Pausen betraf, war der Übergang für Sonja problemlos. Sie hielt sich bereits in der Grundschule meist an die Klassenregeln und musste nur sehr selten ermahnt werden. Auch auf der weiterführenden Schule änderte sich daran wenig: Viele der Regeln waren Sonja bereits aus der Grundschule vertraut. Neu war die Regel während des Unterrichts nicht herumlaufen zu dürfen. Doch gerade dies fiel Sonja besonders schwer und es kam häufig zu Regelverstößen.

Während die Kinder in der Grundschule den gesamten Klassenraum als Arbeitsraum zur Verfügung hatten, die Lehrerin jederzeit etwas fragen oder mit anderen in Kontakt treten konnten, wurde nun von ihnen erwartet, 45 bis 90 Minuten ruhig an ihrem Platz zu verharren. Die Lehrerinnen und Lehrer von Sonja konnten es gar nicht fassen, dass die Kinder das Stillsitzen in der Grundschule nicht gelernt hatten. Die häufigen Regelverstöße führten zu ständigen Konflikten zwischen beiden Seiten – das Erstaunen über das Verhalten des anderen war dabei gegenseitig.

Noch viel erstaunter waren die Kinder allerdings darüber, dass es auf der weiterführenden Schule keine Rituale mehr zu geben schien. Vor allem das Geburtstagsritual, das sie aus der Grundschule kannten, fehlte ihnen. Der Geburtstag ist gerade für Kinder ein ganz besonderer Tag. Es ist der Tag, an dem sie sich in der Schule aus der Masse der Mitschülerinnen und Mitschüler herausheben und besondere Aufmerksamkeit erfahren. Für Sonja war die ritualisierte Geburtstagsfeier in der Grundschule besonders wichtig. Sie genoss es sichtlich, sich ein Ständchen singen zu lassen und anschließend gemeinsam ein Spiel zu spielen. Es gab ihr das Gefühl, ein wichtiges Mitglied der Klassengemeinschaft zu sein und dazuzugehören. Auf der weiterführenden Schule war es Sonja, die in einer der ersten „Klassenstunden" klären wollte, wie die Geburtstagsfeiern in der Klasse gestaltet werden sollten. Der Lehrer schlug vor, gemeinsam ein Lied zu singen und ein Spiel zu spielen und die Kinder waren zufrieden. Umso größer war ihre Enttäuschung, als ein Geburtstag nach dem anderen in der Klasse verstrich, an dem die Zeit für dieses Ritual fehlte. In der gesamten Hospitationszeit wurden auf der weiterführenden Schule sechs Geburtstage von Kindern erlebt und keine einzige Geburtstagsfeier. Auch andere gemeinsame Rituale, die die soziale Gemeinschaft innerhalb der Klasse hätten fördern können, gab es nicht mehr. Schule hatte sich für Sonja beim Übergang von der Grundschule auf die weiterführende Schule von einem Lebensraum in einen Leistungsraum verwandelt. Um diese Diskrepanz zwischen dem Unterricht in Grundschulen und weiterführenden Schulen zu minimieren, ist es notwendig, dass zwischen den verschiedenen Schulen und Lehrkräften Kooperationsbereitschaft entsteht und diese Einblicke in den jeweils anderen Unterricht bekommen.

Claudio

Schule war für Claudio bereits in der Grundschule in erster Linie ein Ort der sozialen Begegnung: Dort traf er seine Freunde. Vor diesem Hintergrund werden bei der folgenden Falldarstellung vor allem solche Aspekte hervorgehoben, bei denen soziale Prozesse beim Übergang von der Grundschule zur weiterführenden Schule für Claudio eine besondere Rolle spielten.
Für Claudio verliefen die ersten Tage auf der neuen Schule unproblematisch und reibungslos. Die Schule war ihm durch seine ein Jahr zuvor eingeschulte Schwester bekannt. Er war sozial eingebettet durch seinen neben ihm sitzenden Freund David. Der Übergang wurde für Claudio erst nach einem strukturellen Eingreifen des Lehrers zum Problem: Durch eine neue Sitzordnung wurde er von seinem Freund getrennt. Dieses einschneidende Erlebnis hatte Folgen, die sich weit über die Übergangszeit hinaus erstreckten.
In der folgenden Darstellung wird Claudios Übergangsthema in einer zusammenhängenden Geschichte erzählt, um möglichst viel von ihrer Dynamik zu vermitteln. Die Perspektive des Kindes steht dabei im Vordergrund.

„Ich habe in der Grundschule noch nie mit David zusammen gesessen. Nur die kurze Zeit hier."

Nach der ersten Woche in der weiterführenden Schule sollte die Sitzordnung auf Wunsch des Klassenlehrers verändert werden. Die Absicht des Lehrers war es, die Kinder zu Beginn des Schuljahres zu mischen, damit sich alle besser kennen lernen konnten. Außerdem wollte er einige Kinder auseinander setzen, zwischen denen es bereits zu kleineren Konflikten gekommen war. Außerdem wollte er diejenigen Kinder, die er noch nicht richtig kennen gelernt hat, in sein Blickfeld zu rücken. Die Kinder durften sich paarweise zusammentun und sollten dann vom Lehrer an die neuen Sitzplätze gesetzt werden.
Die meisten Kinder bildeten schnell neue Paare. Für Claudio war klar, dass er neben David sitzen bleiben wollte, da sie zum ersten Mal nebeneinander saßen. Im Zuge der Paarbildung kam Andy, mit dem sich beide angefreundet haben, auf David zu und fragte, ob er sich neben ihn setzen wolle. David war einverstanden. Claudio reagierte entsetzt und enttäuscht: „Ja, und ich? Ich muss wieder alleine machen." Dann wurden die Kinder nach bestimmten Kriterien vom Lehrer auf ihre Plätze verteilt. Claudio blieb dabei still abseits stehen. Er zeigte keine Initiative, von sich aus auf ein anderes Kind zuzugehen. Nach einer Weile ging er zum Lehrer und sagte ihm, wo er gerne sitzen wollte: in der Nähe von David und Andy. Er setzte sich eigenmächtig auf den von ihm selbst ausgesuchten Platz. Der Lehrer forderte ihn auf, den Platz zu verlassen und sich zu den anderen zu stellen. Claudio stellte sich ans Ende der Reihe. Schließlich bekam er einen Platz zugewiesen, der sich an dem am weitesten von seinen Freunden entfernten Ort des Klassenraums befand. Claudio protestierte sofort. Er ging nach der Aufforderung des Lehrers aber zum zugewiesenen Platz, stellte sich ans Fenster und schaute hinaus. Er wurde vom Klassenlehrer aufgefordert, sich zu setzen. Claudio war seine große Enttäuschung anzumerken: Er fing an zu weinen. Die anderen Kinder waren betroffen. Der Lehrer erklärte daraufhin der ganzen Klasse noch einmal, dass dies keine feste Sitzordnung sei. Ihm gehe es darum, etwas Neues auszuprobieren und den Schülerinnen und Schülern eine Möglichkeit zu schaffen, neue Kinder kennen zu lernen. Erst nach einer Woche wurde erneut über die Sitzordnung gesprochen. Der Klassenlehrer hielt die momentane Sitzordnung für gelungen und woll-

te kaum etwas ändern. Die Kinder sollten sich auch dazu äußern. Claudio beschwerte sich über seine neuen Nachbarn. Der Lehrer dagegen hatte den Eindruck, dass alles so in Ordnung sei. Mitte der nächsten Woche war wegen Krankheit eines Kindes ein Platz frei geworden. Claudio sprach sofort seinen Lehrer an, dass er sich gerne umsetzen wollte. Dabei wurde er auf die Klassenstunde am Ende der Woche vertröstet. In dieser wurde jedoch zunächst die Wahl zum Klassensprecher und Stellvertreter durchgeführt. Im Anschluss sprach Claudio seinen Lehrer erneut an. Der Lehrer vertröstete ihn auf die folgende Woche. Gleich zu Beginn dieser Stunde ging Claudio zum Klassenlehrer und erinnerte ihn daran, dass er ihm versprochen hatte, über die Sitzordnung zu reden. David und er hatten sich vor Beginn des Unterrichts schon Gedanken gemacht, wie sie mit zwei anderen Kindern die Plätze so tauschen könnten, um mit Andy zusammenzusitzen. Der Klassenlehrer hörte sich Claudios Vorschläge an, vertröstete ihn aber zunächst auf später. Im weiteren Verlauf der Stunde kam der Klassenlehrer dann auch auf die Sitzordnung zu sprechen. Er war bereit, einiges zu ändern und wollte von den Kindern wissen, wo es ganz große Probleme gäbe. Claudio äußerte sich als Erster und beschwerte sich erneut über seine neuen Nachbarn. Doch wieder änderte sich nichts für ihn. Zu diesem Zeitpunkt waren die ersten sechs Wochen in der neuen Schule verstrichen. Das Problem der Sitzordnung blieb für Claudio ungelöst. Ein halbes Jahr später hat sich die Sitzordnung für Claudio zum Positiven verändert: Er und David saßen seit kurzer Zeit endlich nebeneinander. Der Klassenlehrer erhoffte sich nach der Lösung des Sitzplatzproblems eine Verbesserung von Claudios schulischen Leistungen. Für Claudio hatte diese Umstrukturierung positive Auswirkungen, da er sozial wieder gut eingebettet war. Die Aufmerksamkeit für den Unterricht war weiterhin allerdings stark eingeschränkt. Die Auswirkungen auf seine fachlichen Leistungen waren zu diesem Zeitpunkt nicht absehbar.

Die Übergangs-Geschichte von Claudio enthält viele Aspekte:
- Es wird deutlich, wie wichtig es ist, in der ersten Zeit in der neuen Schule die Grundlage für gegenseitiges Vertrauen zu schaffen. Dies gilt sowohl für die Schüler untereinander als auch für das Lehrer-Schüler-Verhältnis.
- Das Verhältnis zwischen Lehrerin und Kinder zeichnet sich in der Grundschule durch Nähe und Vertrautheit aus. Probleme aller Art werden angesprochen und bearbeitet. In der weiterführenden Schule sollte dieses Vertrauen erhalten bleiben.
- Die Funktion der Lehrerin hat sich verändert: Stehen in der Grundschule soziale Prozesse im Vordergrund, spielt in der weiterführenden Schule vor allem die Vermittlung von Fachwissen eine Rolle.
- Auffällig sind auch die veränderten Arbeits- und Unterrichtsformen. In der Grundschule schaffen offene Formen Bewegung und vielfältige Kontakte, während in der neuen Schule weitgehend frontal unterrichtet und das Herumlaufen unterbunden wird.
- Claudio hatte bereits in der Grundschule Schwierigkeiten in seinen fachlichen Leistungen. In der weiterführenden Schule werden sie zunächst überlagert durch sein Problem mit der Sitzordnung. Lehrer und Schüler werden dadurch abgelenkt und können nicht rechtzeitig fördernde Maßnahmen ergreifen.
- Claudio entwickelte eine große soziale Kompetenz. Er verfolgt über einen langen Zeitraum hartnäckig und mit vielfältigen Argumenten sein Ziel, wieder neben seinem Freund zu sitzen. Diese Stärke findet jedoch keine Resonanz in ihrer Bewertung durch Noten.

Hanno, oder: Wenn man plötzlich alles wissen soll

Von Kristin Westphal

Der folgende Bericht schildert aus der Sicht von Hannos Eltern dessen Geschichte von der Grundschule bis zur weiterführenden Schule. Die Sichtweise des Kindes ist in der grau unterlegten Schrift eingeflochten.

Erinnerungen an den Schulbeginn: Die Kindertagesstätte hatte bestens vorgearbeitet, die Erzieherinnen des künftigen Horts beteiligten sich an dem Ritual der Einschulung und nahmen eine lange Zeit noch an den Elternabenden der Grundschulklasse teil. Hanno betrat in einer Mischung von Angst und Freude den neuen Abschnitt seines Lebens und war ein halbes Jahr motiviert an Schule interessiert.

„Die Lehrerin in der Grundschule war die ersten zwei Jahre gut, dann aber nicht mehr."

Die Realität holte unseren Sohn jedoch bald ein. Die Klassenlehrerin fiel nach einem Dreivierteljahr für lange Zeit wegen Krankheit aus. Die Gruppe wurde zeitweilig aufgeteilt bzw. wechselnd vertreten. Eine unruhige Zeit mit ständig wechselnden Stundenplänen und täglich neu zu bewältigenden Problemen kam auf die Kinder und Eltern zu. Der auf zwei Jahre konzipierte Lese- und Rechtschreiblehrgang, der differenziert und individuell erfolgen sollte, wurde von der wieder zurückgekehrten Lehrerin im Schnelldurchlauf durchgezogen. Darauf war Hanno nicht eingestellt. Ab diesem Zeitpunkt war er nicht mehr motiviert.

„Am Anfang hat meine Lehrerin immer alles gut erklärt – erklären konnte sie gut –, aber dann sollte man plötzlich alles wissen. Druck wurde ausgeübt. Das war begleitet mit dem Anschreien Einzelner oder der ganzen Klasse. Sie hat mich auch angeschrien. Wobei ich mir das Negative mehr gemerkt habe als das Positive. Sie konnte gut erklären, aber sie konnte nicht gut mit uns älter werdenden Kindern umgehen, besonders nicht mit den Jungen. Jungen und Mädchen hat sie unterschiedlich gesehen. Den Jungs hat sie vorgeworfen, dass sie mehr schwätzen und schlechter kapieren. Wenn ich geweint habe, dann hat sie mich vor die Klasse gestellt und gesagt, dass ich mit Schuld hätte, wenn mich andere z. B. geschlagen haben. Ich habe mich nicht in Schutz genommen gefühlt."

Es gab eine Zeit, in der Hanno nicht in die Schule gehen wollte, über Bauchschmerzen klagte und nur unter Weinen bis in seine Klasse gebracht werden konnte. Nur nach wiederholtem Nachfragen erzählte Hanno, dass er seit einem halben Jahr von einem anderen Kind regelmäßig angegangen und auch erpresst wurde. Einzelgespräche führten zu keiner Veränderung. Im Gegenteil: Die Eltern wurden von der Schulleitung z. B. darauf aufmerksam gemacht, dass Hanno mit daran Schuld sei, wenn er sich von dem anderen Kind und dessen Freunden angehen ließe. Diese Ohnmacht seitens der Schule veranlasste zu einer etwas größeren „Aktion". Sie informierten alle Beteiligten schriftlich. Erst dies bewirkte eine gewisse Veränderung. Doch Hanno hatte nun ein neues Problem: Er wurde dafür gehänselt, dass er seinen Eltern alles erzählt hatte.

Konflikt

Zu Beginn des 3. Schuljahres machte Hannos Lehrerin die Eltern darauf aufmerksam, dass er im Unterschied zu den anderen Kindern zu langsam im Lernen sei. Angesichts der weiteren Perspektive für den Übergang auf ein Gymnasium empfahl sie eine Rückversetzung und einen Schulwechsel, um Diskriminierungen vorzubeugen. Da setzte elterlicher Widerstand ein: Warum ließ sie sich nicht auf seine Zeit ein? Am intellektuellen Vermögen gab es keinen Zweifel. Wozu diese Selektion bereits in der 3. Klasse? Und warum gleich an eine andere Schule? Die Eltern sprachen mit der Lehrerin der Parallelklasse und plädierten für einen Wechsel im Jahrgang. Doch da stießen sie nicht nur auf den Widerstand seitens der Klassenlehrerin, sondern auch seitens der Schulleitung.
Zu Hause wurde nach einer Lösung gesucht: Was soll nach der 4. Klasse passieren? Welche Schule mag wohl für Hanno nach der 4. Klasse die richtige sein? Es wurde auch überlegt, dass klassische Gymnasium außer Acht zu lassen und sich stattdessen nach der Integrierten Gesamtschule, die im benachbarten Stadtteil liegt, zu erkundigen.
Das Problem: Um an diese Schule zu gelangen, war ein Wechsel an eine andere Grundschule Voraussetzung, da die Gesamtschule nur Schüler dieses Stadtteils annimmt. Diese Umstände, also der Wechsel an eine andere Grundschule, und noch dazu das Engagement aufzubringen, andere Eltern für eine Gruppe zu gewinnen, die auch an diese Gesamtschule wollten, schreckten zunächst einmal ab. Trotz aller Bedenken und Mühen wurde sich gemeinsam mit Hanno sowohl für die neue Grundschule als auch für die Gesamtschule entschieden.

> „Die Lehrerin in der neuen Grundschule ist auf eine andere Art strenger, aber besser für mich gewesen. Sie hat meine Probleme besser verstanden."

An der Integrierten Gesamtschule gab es endlich ein Aufatmen: Ein toller Lehrer, der bis heute für Hanno eine wichtige Bezugsperson geblieben ist. Er ging auf seine bisherige Schulerfahrung ein und ermunterte Hanno immer wieder, auch von seiner Seite ein Gespräch mit den Lehrern zu führen, wenn er Probleme besonders bei Lehrerwechsel zeigte oder mit der Motivation Schwierigkeiten hatte. Hanno wurde für zwei Jahre Klassensprecher und dadurch sozial bestätigt wie auch ermutigt, sich für andere Interessen einzusetzen. Das Lernen wurde zunehmend zu Hannos eigener Sache, die Noten spiegelten nicht nur eine bessere Arbeitshaltung, sondern auch sein Engagement wider.

> „An der Gesamtschule sind die Lehrer im Umgang mit den Schülern und dem Stoff viel besser. Der Klassenlehrer geht viel mehr auf uns ein. Wenn es Probleme gibt, werden sie im Klassenrat besprochen. Ich selbst war gleich für zwei Jahre Klassensprecher. Es hat mir Spaß gemacht, mich für die Belange der Klasse einzusetzen. Mein Klassenlehrer ist nett und einfühlsam, aber streng. Im Unterricht erklärt er alles. Auch die Co-Lehrerin ist lustig, hilfsbereit, entgegenkommend. Es werden Themen eingebracht, die jeden interessieren, z. B. in Gesellschaftslehre gibt es die „Aktuelle Stun-

de", in der Kinder der Klasse die neuesten Themen vortragen und danach diskutieren. Im NaWi-Unterricht machen wir selber viele Experimente und dokumentieren sie über einen längeren Zeitraum. Im Deutschunterricht haben wir den innovativsten Lehrer der Welt. Neulich brachte er eine Dampfmaschine in den Unterricht mit und erklärte uns, wie diese funktioniert. Zurzeit proben wir an Julia und Romeo für eine Videoproduktion."

Sabine, oder: Vom Miteinander- und Gegeneinanderlernen

Von Caroline Büchsel

In der folgenden Fallstudie wird dargestellt, welche Auswirkungen der Übergang vom 4. zum 5. Schuljahr auf ein Kind in Bezug auf die Partnerarbeit haben kann. Grundlage der Fallstudie bilden Beobachtungsprotokolle. Diese entstanden im Zeitraum von Februar bis zum Schuljahresende der 4. Klasse und vom Beginn der 5. Klasse Mitte August bis Ende September.

Sabine ist ein aufgeschlossenes, fröhliches, kontaktfreudiges und sehr lebendiges Mädchen. Sie redet gerne und viel mit anderen Kindern. In ihrer Klasse ist sie beliebt und hat viele Freundinnen und Freunde, mit denen sie sich auch außerhalb der Schule trifft. In der Schule pflegt sie viele weitere soziale Kontakte. Ihre beste Freundin Karla geht mit ihr in dieselbe Klasse. Sabine geht gerne zur Schule, besonders mag sie fächerübergreifenden Unterricht und Sport. Sabine kann ihre Meinung in Gesprächen selbstbewusst begründen und verteidigen.

Die Grundschule

Die Grundschule, die Sabine besucht hat, besteht aus vier Klassen. Sie hat ein besonderes pädagogisches Konzept. Die Klassen – bis auf das 1. Schuljahr – bestehen aus altersgemischten Gruppen. Jeweils ein Drittel des 2., 3. und 4. Schuljahres besucht gemeinsam eine Klasse.

In der Schule gibt es keine Klingel. Deshalb können Arbeitsphasen je nach Bedarf verlängert oder verkürzt werden. Der Schultag beginnt jeden Morgen mit einer Gleitzeit. Danach ist eine halbstündige Freiarbeit, in der die Kinder aus einem Angebot Aufgaben auswählen dürfen. Anschließend steht fächerübergreifender Unterricht auf dem Plan. In dieser Zeit bearbeiten die Kinder Themen, die sie zum Teil selbst mit aussuchen und strukturieren dürfen. Diese Themen werden meist projekt- und handlungsorientiert erarbeitet, sodass die Schülerinnen und Schüler sehr selbstständig, gelegentlich in Gruppen, je nach Interesse arbeiten können. Vielfach werden zu den Themen Experten von außerhalb in den Unterricht eingeladen.

Am Ende eines Themas steht die Vorstellung der Ergebnisse der Gruppen in Form eines kurzen Referats. In diesen fächerübergreifenden Unterricht gehen die Fächer Deutsch, Sachunterricht, Religion, Kunst und Musik ein. Nach einer großen Pause haben die Kinder in ihrer Jahrgangsgruppe Deutsch-, Mathematik- oder Sportunterricht. Auch in diesen Fächern wird überwiegend handlungsorientiert gearbeitet.

Die Gesamtschule

Nach ihrer Grundschulzeit wechselte Sabine mit fast allen Kindern ihres Schuljahres zur Gesamtschule in den Nachbarort. Die Gesamtschule, die Sabine besucht, ist eine integrierte Gesamtschule. In der 5. Klasse werden die Kinder nach dem ersten Halbjahr in den Fächern Mathematik und Englisch in Kurse entsprechend ihrer Leistungen eingeteilt. Es gibt je drei Kurse mit unterschiedlichem Anforderungsgrad. In Sabines Klasse unterrichten sieben Lehrer.

Der Übergang

Beide Schulen arbeiten bezogen auf den Übergang zusammen. Dabei geht es um ein gegenseitiges Kennenlernen, das Informieren über Arbeitsweisen und Schwerpunkte der Institutionen und den Austausch von Erfahrungen. Durch die Erarbeitung gemeinsamer Konzepte soll die Übergangssituation für die Kinder verbessert werden. Die Treffen finden zweimal im Jahr statt.
Begonnen hatte die Auseinandersetzung mit dem Übergang von der Grundschule in die Gesamtschule Ende Januar des 4. Schuljahres. In dieser Zeit erhielt die Grundschule von der Gesamtschule eine Einladung für alle Kinder der 4. Klasse zu einem Begegnungstag. Mitte Februar fand dieser Tag statt. Am nächsten Tag wurde in der Grundschule über die Erlebnisse und Erfahrungen gesprochen, Schönes und Beängstigendes erwähnt. Den Unterricht fanden die Kinder allgemein gut und sie waren erstaunt, dass es nach ihrem Eindruck nicht schwerer ist als in der Grundschule. Als negativ empfanden sie allerdings alle das Verhalten älterer Schüler, die sich herablassend über „die kleinen Pimpfe" und „Spastis" geäußert, sie geschubst, von Bänken gedrängt, mit Trinkpäckchen beworfen und einem Kind die Mütze weggenommen hatten. Diese Verhaltensweisen lösten bei den Viertklässlern Ängste aus. Daraus entstand eine Unterrichtseinheit zum Thema „Wie man sich gegen größere Mitschüler wehren kann". Es wurden im Rollenspiel verschiedene Situationen nachgespielt und dann noch einmal mit einem für die Viertklässler besseren Ausgang wiederholt. Nach dieser Unterrichtseinheit war das Thema Übergang weitgehend abgeschlossen.
Am letzten Schultag gab es in der Schule eine Verabschiedungsfeier für das 4. Schuljahr. In der neuen Schule wurden die Kinder auch mit einer Feier begrüßt, die der Schulleiter, die Stufenleiterin, die Klassenlehrer, der Schulchor und die ehemaligen Fünftklässler mitgestalteten. Nach der Feier gingen die Kinder mit ihrem neuen Lehrer in ihre Klasse. Ab dem zweiten Schultag verlief der Unterricht nach Stundenplan.

Die Partnerarbeit in der Grundschule

Im nun Folgenden soll herausgearbeitet werden, was sich im Bereich der Partnerarbeit durch den Übergang verändert hat, welche Ursachen die Veränderungen haben und was sie für Sabine eventuell bedeuteten. In der Grundschule hat Sabine vorwiegend mit ihrer besten Freundin Karla zusammengearbeitet, da beide Mädchen während eines Großteils des Vormittags nebeneinander saßen. Besonders in Phasen der Partnerarbeit zeigte sich, wie gut die beiden miteinander arbeiten konnten. Sie waren in der Lage Absprachen über das gemeinsame Vorgehen zu treffen, konnten selbstständig und eigenverantwortlich arbeiten, ergänzten sich gegenseitig und sorgten dafür, dass sie beide einen Lernerfolg verzeichnen konnten. Aufgrund ihrer engen Freundschaft konnten beide ihre Energien ausschließlich für die Arbeit einsetzen, statt sie in Konflikten zu verbrauchen.

Verschiedene Aspekte der Partnerarbeit spielten dabei eine Rolle:

- Freiwilligkeit und Eigenständigkeit
  Da die beiden Mädchen nebeneinander saßen, war spontane Zusammenarbeit möglich. Sie arbeiteten produktiv und intensiv miteinander, indem sie die Lösungen gemeinsam erarbeiteten. Diese intensive, spontane Zusammenarbeit ist häufiger zwischen befreundeten Kindern als zwischen nicht befreundeten Kindern zu beobachten: „Es ist zu vermuten, daß hier das Besondere von Freundschaft zum Tragen kommt, nämlich im Vertrauen auf die Loyalität des Freundes neue Kenntnisse auszuprobieren und erlernte Fähigkeiten zu üben." (Biskup 1994, S. 15)
- Bedeutung der Kommunikation
  Für die beiden Mädchen schien es häufig weniger entscheidend zu sein, was sie arbeiteten. Viel wichtiger war ihnen die Tatsache, dass sie zusammenarbeiten und miteinander reden konnten und nicht still sein mussten. Sie diskutierten gemeinsam Lösungen, dadurch wurde ihr kritisches und selbstbewusstes Denken gefördert.
- Gemeinsam erfolgreicher und kreativ sein, entspannter arbeiten
  Die Partnerarbeit gab den beiden Mädchen die Möglichkeit, miteinander zu lernen. Sie konnten miteinander diskutieren und von den Ideen der anderen profitieren. Sachverhalte, die sie nicht verstanden hatten, konnten sie sich gegenseitig erklären.
- Umgangsformen, Kooperations- und Kompromissbereitschaft einüben
  In der Partnerarbeit konnten Sabine und Karla erproben, auf die Partnerin einzugehen, sie mit ihren Wünschen und Gefühlen wahrzunehmen. Sie konnten also Empathie-, Kooperations- und Kompromissfähigkeit erlernen.
- Einfluss der Beziehung auf die gemeinsame Arbeit
  Sabine und Karla sind sehr gut miteinander befreundet. Diese Freundschaft hatte großen Einfluss auf ihre gemeinsame Arbeit. Ihre Beziehung ist symmetrisch, d. h. es gibt keinen grundsätzlich überlegenen Partner. Beide können die Leistungen des anderen anerkennen, ohne dass eine der beiden dadurch überlegen ist. Durch die Freundschaft, die Karla wichtiger als das Gefühl der Überlegenheit ist, konnten beide ein eventuelles Ungleichgewicht überwinden und die Grundlage für die weitere Zusammenarbeit schaffen: „Es wird vermutet, daß Freundschaft für Kinder ab der mittleren Kindheit (8–10 Jahre) besonders hilfreich ist, um zeitweiliges Ungleichgewicht zu ertragen und auf längere Sicht hin auszugleichen." (Biskup 1994, S. 14)

Beide Mädchen waren sehr großzügig miteinander, sodass Konflikte während der Zusammenarbeit vermieden werden. Beiden war die gemeinsame Arbeit so wichtig, dass sie eher einen Kompromiss eingehen, statt auf dem eigenen Wunsch zu beharren. Vermutlich hat die Qualität der Beziehung zweier Kinder, die zusammenarbeiten, einen erheblichen Einfluss auf die Effektivität, Intensität und den Lernerfolg der Zusammenarbeit (s. auch Fölling-Albers 1994, S. 9): „Freundschaftsbeziehungen unter Kindern geben einen Rahmen, in dem Interaktionen unproblematischer und sachorientierter stattfinden können." (Biskup 1994, S. 14)

- Lernprozesse bei der Kooperation
  Neben dem kognitiven Lernen stehen beim gemeinsamen Arbeiten auch noch einige andere Lernprozesse im Mittelpunkt: Die Kinder lernen Verantwortung für ihr gemeinsames Lernen zu übernehmen, sie initiieren und organisieren den Lernprozess selbstständig, sie können ihr eigenes Arbeitstempo wählen und sehen im Ergebnis der

> Zusammenarbeit ihren eigenen Anteil, den sie zur Lösung beigetragen haben. Dies alles steigert die Lernmotivation und ist für die Kinder befriedigend (Biskup 1994, S. 13).

Partnerarbeit war für Sabine in der Grundschule eine Arbeitsform, in der sie entspannt und effektiv arbeiten konnte. Sie zog diese Arbeitsform anderen Arbeitsformen vor, wenn sie sinnvoll und möglich war und sie mit Karla zusammenarbeiten konnte. Dann kooperierten beide spontan miteinander, ohne dass Zusammenarbeit von der Lehrerin konkret vorgesehen sein musste. Sabine zeigte in der Partnerarbeit, dass sie selbstständig und eigenverantwortlich arbeiten konnte. In Zusammenarbeit mit Karla wurde deutlich, dass sie in der Lage ist, auf eine Partnerin einzugehen und diese in ihrer Leistung anzuerkennen. Ebenso zeigte sie Kompromissfähigkeit. Die Partnerarbeit mit Karla war immer sehr harmonisch, es kam nie zu Konflikten.
Partnerarbeit war in der Grundschule erwünscht. Wenn Sabine spontan mit Karla zusammenarbeitete, wurde dies meist erlaubt, es sei denn, beide wurden bei der gemeinsamen Arbeit zu laut. Viele Aufgaben waren so angelegt, dass sie gemeinsam bearbeitet werden konnten, auch wenn die Lehrerin dies nicht ausdrücklich sagte.

Partnerarbeit in der Gesamtschule
Wie in der Grundschule fand auch in der Gesamtschule Zusammenarbeit mit Sabines bester Freundin Karla statt. Karla und Sabine saßen in den ersten drei Wochen jedoch nicht nebeneinander. Zu Beginn der vierten Woche wurde die Tischordnung umgestellt und die Kinder durften sich neue Plätze suchen, woraufhin sich Karla und Sabine wieder nebeneinander setzten. Erst ab diesem Zeitpunkt konnte wieder Partnerarbeit zwischen den beiden Mädchen stattfinden.
Gelegenheiten zur Partnerarbeit gab es nur noch sehr wenige, da sie in der meisten Zeit des Unterrichts nicht selber arbeiten, sondern entweder zuhören mussten oder sich mündlich am Gespräch beteiligen konnten. Von den Lehrern wurde kaum noch Partnerarbeit initiiert. In der Gesamtschule dauerte sie zwischen fünf und zehn Minuten, war damit also sehr kurz. Die Kinder hatten nicht mehr die Möglichkeit intensiv miteinander zu arbeiten, gemeinsam Lösungen zu diskutieren und partnerschaftliche Verhaltensweisen einzuüben. Partnerarbeit war in der Gesamtschule fast ausschließlich beim Üben und Wiederholen bereits bekannter Sachverhalte möglich.

Veränderungen für Sabine
Die Möglichkeit, mit einem Partner zusammenzuarbeiten, hatte sich in der Gesamtschule stark eingeschränkt. Während in der Grundschule mindestens während der Freiarbeit jeden Morgen die Möglichkeit bestand, eine Aufgabe mit einem Partner zu bearbeiten, und zusätzlich viele Aufgaben im fächerübergreifenden Unterricht die Möglichkeit zur Zusammenarbeit boten, gab es in der Gesamtschule nur noch selten die Möglichkeit, mit einem Partner zusammenzuarbeiten, wobei die Dauer der Zusammenarbeit meist sehr kurz war, sodass sich keine intensive, produktive Arbeit ergeben konnte. Das lag ganz entscheidend an der Struktur des Unterrichts in der Gesamtschule in fast allen Fächern, denn fast der gesamte Unterricht war Frontalunterricht. Die Kinder konnten sich nur am Unterricht beteiligen, indem sie sich meldeten und mündlich etwas beitrugen. Für Sabine be-

deutete dies, dass sie ihre Fähigkeiten, die sie in der Grundschule bei der Partnerarbeit erworben hatte, nicht bzw. kaum mehr einsetzen konnte.
Dieser Verlust der Möglichkeit zur Partnerarbeit bedeutete für Sabine mehr als die bloße Veränderung des Unterrichtsstils. Für sie bedeutete es auch, dass sie sich mit anderen Kindern über das Lernen nicht mehr austauschen konnte, sie sich gegenseitig bei Schwierigkeiten selten unterstützen und kaum mehr voneinander lernen konnten. Besonders einschneidend war für Sabine, dass sie beim Arbeiten nicht mehr die Möglichkeit hat, mit anderen Kindern zu kommunizieren, ohne dass es als Unterrichtsstörung aufgefasst wurde. „In meinen Daten finden sich etliche Beispiele, in denen Kinder spontan kooperierten, die Lehrerin diese Interaktion aber falsch wahrnahm und sie ermahnte, jetzt doch endlich mal im Unterricht aufzupassen. Es ist verständlich, daß Lehrer spontane Kooperation zunächst falsch verstehen, denn ein Lehrer muß seine Aufmerksamkeit auf vieles gleichzeitig richten. Dennoch möchte ich an dieser Stelle betonen, daß sehr viele Interaktionen von Schülern durchaus den Unterricht bzw. den Lernstoff thematisieren und damit das Lernen im Unterricht unterstützen" (Biskup 1994, S. 15).
Das Hauptproblem, das sich beim Übergang von Sabine zur weiterführenden Schule zeigte, waren die sich plötzlich ändernden Unterrichtsbedingungen. Von offenen Unterrichtsformen, die Sabine aus der Grundschule kannte, musste sie sich auf völlig geschlossenen, lehrerzentrierten Unterricht umstellen, ohne dass es in irgendeiner Weise eine Übergangsphase gegeben hätte.

Frauke, oder: Warum der jüngere Bruder nicht auf's Gymnasium will

Von Angelika Klaska

Der nachfolgende Beitrag ist wiederum ein Bericht aus der Sicht einer betroffenen Mutter und schildert die Auswirkungen, die der Übergang auf eine weiterführende Schule für eine gesamte Familie haben kann.

„Na, wie geht es Ihrer Tochter an der neuen Schule?" – Es gab eine Zeit, da wäre ich bei dieser Frage am liebsten im Erdboden versunken. Es ging ihr nämlich gar nicht gut an diesem Gymnasium! Und offenbar war sie das einzige Kind weit und breit, dem es an der weiterführenden Schule nicht ganz blendend ging! Als ich kurz vor den Herbstferien zu einem Elternabend ging, lag Frauke weinend im Bett und schimpfte auf die doofe Schule, die sie sich so nun wirklich nicht vorgestellt hatte; und überhaupt würde sie demnächst da nicht mehr hingehen! Ausgerechnet sie, die vier Jahre lang Ferien für entbehrlich gehalten hatte!
Aber was war denn eigentlich los? Nachdem Frauke durch die Grundschule „geschwebt" war, hatten wir uns entschlossen, sie an ein Gymnasium wechseln zu lassen. Und dann ging es los: Vom ersten Tag an volles Programm, acht neue Lehrer und Lehrerinnen, nur noch „richtige" Fächer und „tausend" neue Regeln! Auch wenn die gewünschte Freundin mit in der Klasse ist, es ist anstrengend, sich in einer neuen Klassengemeinschaft zurechtzufinden. Ein riesiger Vertretungsplan, eine seitenlange Schulordnung – in der ersten Woche als wichtige Stützen einer geordneten Schularbeit vorgestellt – wollten täglich be-

achtet werden. Wem dabei der feine Unterschied zwischen VI (Sexta) und IV (Quarta) nicht geläufig ist und wer gelernt hatte, Regeln nach Möglichkeit einzuhalten, konnte da schon bald gehörig ins Grübeln kommen.

Dazu sechsmal am Vormittag im 45-Minuten-Takt neue Lehrkräfte und Fächer, das erforderte ein hohes Maß an Flexibilität. Jeder Lehrer findet sein Fach am wichtigsten, was sich auch in der Menge und Art der Hausaufgaben auszudrücken pflegte. Nachdem in einer Stunde ausgiebig über Vasco da Gama gesprochen wurde und im Atlas seine Fahrt rund um Afrika verfolgt worden war, wurde bei den Hausaufgaben nach der Magellanstraße gefragt. Wenn man an diese Aufgabe mit der Erfahrung herangeht, dass Hausaufgaben den Unterricht vertiefen, kann man als Sextanerin nach einem langen Tag wirklich die Fassung verlieren. Und dann: eine Fremdsprache, deutsche Grammatik mit ausschließlich lateinischen Begriffen und ein Mathematikunterricht, der ein hohes Abstraktionsvermögen der Kinder voraussetzte.

Meine Tochter – ein fröhliches, unternehmungslustiges Mädchen – wurde von Tag zu Tag stiller, die Ringe unter den Augen wurden immer dunkler und wir fingen an, über einen Schulwechsel nachzudenken, obwohl die Zensuren weiterhin gut bzw. sehr gut waren.

Als ich auf besagtem Elternabend Fraukes Befinden schilderte und nach etwaigen Leidensgenossen fragte, erntete ich nur Kopfschütteln. Alle anderen Kinder lagen offenbar selig schlummernd nach erledigten Hausaufgaben in ihren Betten. Und auf meine Frage, ob man in der 5. Klasse wirklich wissen müsse, was ein „Enjambement" ist, erklärte mir der Deutschlehrer, dass das einfach sein Hobby sei und auf das eine Wort käme es nun wirklich nicht an!

Nach den Herbstferien kam dann die große Überraschung. Während Frauke so langsam wieder zu Kräften kam, wurde die Elternschaft immer unruhiger, weil wieder eine Mathematikarbeit ziemlich schlecht ausgefallen war. Plötzlich, als die Zensuren nicht mehr den Erwartungen entsprachen, empfanden viele die Belastung für ihre Kinder als zu hoch. Diese Zeit war für die ganze Familie ziemlich anstrengend, mit dem Ergebnis, dass Fraukes Bruder, der ein Jahr jünger ist, eines Tages mit großer Sicherheit sagte: „Auf diese Schule gehe ich nicht!"

Und so kam es dann auch. Jan wechselte, obwohl ebenfalls fürs Gymnasium empfohlen, auf eine integrierte Gesamtschule. Auch dort waren die Anforderungen vom Stoff her höher als an der Grundschule, aber er brauchte sich nur an vier neue Lehrer zu gewöhnen und konnte Arbeitsweisen, die er schon in der Grundschule erlernt hatte, weiterentwickeln. Soziale Probleme in der Klasse und mit Fachlehrern wurden im Klassenrat geklärt. Am Ende der Orientierungsstufe hatte er den Eindruck eines ganz kontinuierlichen Übergangs von der Grundschule zur weiterführenden Schule, während Frauke sich immer noch an einen unangenehmen Kampf erinnert. Immer wieder beklagt sie, dass Schule für sie hauptsächlich darin besteht, zuzuhören, wenn ein Erwachsener über Dinge referiert, die sie häufig nur entfernt interessieren.

Nach zweimaliger Übergangszeit ist mein Fazit: Die Entscheidung, sein Kind auf das Gymnasium zu geben, ist nicht besser oder schlechter als die, sein Kind auf eine Gesamtschule zu schicken. Es gibt hier wie dort Lehrer, die bereit sind, sich auf die Kinder einzulassen, und solche, die das aus unterschiedlichen Gründen nicht können.

Frauke hatte Glück mit ihren Lehrerinnen und Lehrern, sie ließen sich alle auf Gespräche ein und manches Unbehagen konnte ausgeräumt werden. Eltern sollten sich vorher genau überlegen, was sie ihrem Kind an Belastungen zumuten wollen (und können), und nicht erst dann von Überforderung sprechen, wenn die Noten in den Keller gehen. Von den Lehrern und Lehrerinnen kann man erwarten, dass sie sich ganz bewusst auf die neuen Schülerinnen und Schüler einstellen, sich vorher informieren, mit welchem Rüstzeug die Kinder an die Schule kommen und sich untereinander absprechen, welche Belastungen, welche Anforderungen sie zu welchem Zeitpunkt an die Kinder herantragen. Auch an einem Gymnasium sollte es möglich sein, die Selbstständigkeit, die die Kinder aus der Grundschule mitbringen, weiterzuentwickeln und nicht zugunsten einer Zuhörerhaltung wieder verkümmern zu lassen, die nur kurze Zeit später als Konsumentengehabe verurteilt wird.

David und Felix, oder: „Wer nicht still sitzen kann, gehört nicht aufs Gymnasium"

Von Regina Lohr und Julia Warnach

Im Rahmen eines Projektpraktikums wurden David und Felix von der Grundschule zum Gymnasium begleitet. Mehr als ein halbes Jahr wurde beobachtet, welche Angebote die beiden Schulen den Kindern gemacht haben und wie diese in einzelnen Situationen im jeweils vorgegebenen Rahmen ihr Lernen und Leben gestalteten.

Die Grundschule

Die Grundschule, die David und Felix besuchten, ist eine Schule mit eigener Förderstufe. Das Einzugsgebiet ist gemischt und wird teilweise als „sozial schwach" eingeschätzt. Einige Schüler kommen aus benachbarten Orten und fahren mit dem Bus zur Schule. Einige Lehrerinnen arbeiten mit Wochenplan, es gibt aber keine Rhythmisierung des Schulvormittags. Das Klingelzeichen nach der ersten Stunde wurde abgeschafft, dennoch wird weitgehend im 45-Minuten-Takt gearbeitet. Man könnte die Schule als eine konventionelle Grundschule kennzeichnen, an der sich um eine Verbesserung der Arbeit im Sinne eines Schulprogramms bemüht wird. In Bezug auf den Übergang richten sich die Bemühungen vor allem auf die eigene Förderstufe bzw. eine Gesamtschule im Stadtteil.
Außer David und Felix wechselten nur vier andere Kinder der Klasse auf andere weiterführende Schulen, alle anderen zur schuleigenen Förderstufe. Der Klassenlehrer der Beobachtungsklasse sollte auch im 5. Schuljahr Klassenlehrer dieser Kinder sein. Entsprechend wurde wenig Arbeit in einen gestalteten Abschied investiert. Auf Wunsch der weggehenden Kinder gab es einen Besuch im Freibad, am letzten Tag lediglich ein gegenseitiges Händeschütteln.

David

Die Förderstufenleiterin der Grundschule, die als Deutschlehrerin in der Klasse arbeitet, erzählt ausschließlich Positives von David: Er ist ein ganz hervorragender Schüler mit sehr guten bis guten Leistungen in allen Fächern. Stets kameradschaftlich und hilfsbereit ist er oft wie eine zweite Hand für den Lehrer, da er den Mitschülern gut erklären kann und oft Ansprechpartner für die anderen Schüler ist. In der Klasse sehr beliebt, wirkt er aus-

geglichen und geduldig. Er hat viele Freunde auch außerhalb der Klasse und kann kein Lieblingsfach nennen, weil er alle Fächer mag. Im Unterricht arbeitet er konzentriert und aufmerksam. Er meldet sich bei jeder Frage. David stört nie. Auch wenn er fertig ist, arbeitet an den nächsten Aufgaben oder hilft anderen Kindern. Folgende Hilfslehrersituationen wurden beobachtet: „Wer fertig ist, geht zu David und vergleicht mit ihm." – „Wenn ihr Fragen habt, kommt zu mir oder zu David, wir helfen euch dann weiter." – „Ich muss noch etwas im Lehrerzimmer erledigen, ihr rechnet in der Zeit bitte auf S. 65, die Nr. 1 und 2. David ist jetzt euer Lehrer. Wer etwas nicht versteht, kommt zu ihm ans Pult. David, setzt du dich bitte hierher." – „In der 2. Stunde kommt Herr X. zu euch. Ich muss leider früher weg. David, du gehst bitte runter ins Lehrerzimmer und holst die Rechtschreibkartei. Kümmere dich mit Aaron um die Verteilung." – „David liest euch seine Geschichte jetzt noch einmal vor. Bei jedem Begleitsatz sagt ihr ‚Stopp' und dann schreiben wir das Verb an die Tafel."
David hilft offensichtlich gern und mit viel Geschick und ist bei seinen Mitschülern und Mitschülerinnen als Helfer sehr gefragt. Einmal, nachdem David einer Mitschülerin geholfen hat, sagt diese zu ihrer Nachbarin: „Jetzt hab´ ich´s endlich kapiert. Der Herr X. hat das voll blöd erklärt."

Felix
Die Deutschlehrerin beschreibt Felix so: Er ist ein nettes, zuvorkommendes Kind, arbeitet gewissenhaft und ist ein sicherer Gymnasialschüler mit guten bis sehr guten Noten. Bei den ersten Beobachtungen wird er als ruhig, konzentriert und aufmerksam erlebt, ist kurz darauf aber auch unkonzentriert, immer in Bewegung und arbeitet langsam. Zeitweise verspielt und verträumt, beteiligt er sich nur ab und zu am Unterricht. Felix fällt kaum auf, doch bei genauer Beobachtung kann man seine Originalität, seine Beziehungen zu anderen Kindern und seine Arbeitsweisen genauer erfassen. Dabei scheint es, dass er sich immer nach anderen richtet, sei es nach David oder einem anderen Kind.

Der Deutschunterricht
Die Deutschlehrerin hat die Klasse erst zu Schuljahresbeginn übernommen und hat den Eindruck, dass die Klasse eigentlich weiter sein müsste. Die Kinder arbeiten überwiegend mit kopierten Arbeitsblättern. Oft stehen die Aufgabenstellungen im Zusammenhang mit einem Unterrichtsthema, an dem gerade gearbeitet wird. Einmal die Woche arbeitet die Klasse mit einer Rechtschreibkartei, die aus verschiedenen Übungsbereichen zusammengesetzt ist. Dabei können einige Aufgaben in Einzel- oder Partnerarbeit gelöst werden.
Die Kinder können ihre Zeit einteilen und haben an den Aufgaben mit Partnerarbeit viel Spaß, weil sie sich gegenseitig diktieren und die Lösungen korrigieren können. Eines der Langzeitprojekte ist eine „Wandzeitung". Sie hängt an einer Seitentafel und ist in verschiedene Rubriken eingeteilt. Viele Kinder schreiben spontan kleine Artikel und heften sie, nach Fehlerkontrolle durch die Lehrerin und Korrektur, entsprechend an. Ein anderes langfristig angelegtes Projekt ist ein Geschichtenordner. In diesem Ordner werden alle selbst erdachten und geschriebenen Geschichten gesammelt.
Unterstützt durch die Anordnung der Tische findet in vielen Deutschstunden Frontalunterricht statt. Mehrmals in der Woche gibt es auch einen Stuhlkreis. Im Kreis arbeiten

die Kinder weitgehend selbstständig, rufen sich gegenseitig auf und diskutieren längere Zeit, ohne dass die Lehrerin eingreift. Zweimal im Monat finden Freiarbeitsphasen statt. Im Klassenzimmer sind dann an mehreren Orten Arbeitsblätter oder Arbeitsaufträge verteilt, die von den Kindern bearbeitet werden können.
David konzentriert sich auch während dieser Phasen weitgehend auf seine Arbeit. Er scheint alle Freiarbeitsangebote mit Leichtigkeit zu erledigen, macht nur sehr selten Fehler und strahlt große Zuversicht in sein eigenes Können aus. Gelassen reagiert er, wenn andere Kinder ihn um Hilfe bitten. Er unterbricht seine Arbeit, vertieft sich kurz in das Arbeitsblatt des anderen Kindes und beginnt sofort zu erklären.
Auch Felix scheint die Zeiten der Freien Arbeit sehr zu genießen. Gerne arbeitet er mit einem Partner zusammen. Oftmals beschäftigen sich Felix und sein Tischnachbar Tobias mit LÜK-Kästen, wobei beide häufig gemeinsam an einer Aufgabe arbeiten. Das Tempo ist dabei sehr gemächlich, oft wird geschwätzt und gelacht und auch mal in der Klasse herumgelaufen, um zu sehen, was die anderen so machen.
Neben den LÜK-Kästen mag Felix auch Laufdiktate. Dafür werden an verschiedenen Punkten in der Klasse ‚Streifen' aufgehängt, auf denen Sätze mit bestimmten Verhaltensinstruktionen stehen. Sinn des Arrangements ist es nicht nur, dass die Kinder lernen und üben, auswendig zu schreiben, sondern auch, dass die Kinder sich bewegen und sich dadurch besser konzentrieren können. Felix liebt es, auf diesem Weg Rechtschreiben zu üben. Auch hier verbindet er das Lernen mit seinem Bedürfnis nach Bewegung und sozialen Kontakten und ganz nebenbei merkt er sich einen Satz, den er dann auch fehlerfrei in sein Heft schreibt.
David und Felix: Zwei Kinder, die leistungsfähig und selbstsicher scheinen und bei denen nicht mit Übergangs-Problemen zu rechnen ist? David scheint uns so in sich zu ruhen und so selbstsicher, dass er jede neue Situation meistern kann. Bei Felix hingegen, der oft zu andern hinläuft, um mit ihnen zu sprechen, bleibt fraglich, ob er sich von der Meinung anderer lösen kann. Ist David der Überflieger und Felix der Mitläufer?

Das Gymnasium

Das Gymnasium, auf das David und Felix wechseln, befindet sich in der nahen Großstadt. Die beiden müssen 30 Minuten mit dem Bus fahren und haben dann noch fünf Minuten Schulweg. Die Schule hat etwas über 1000 Schülerinnen und Schüler, die in verschiedenen Gebäuden unterrichtet werden. Die 5. und 6. Klassen sind gemeinsam in einem Haus untergebracht. Es gibt zwei Schulhöfe, von denen einer eher von älteren Schülern, der andere eher von jüngeren Schülern genutzt wird.
Das Gymnasium hat ein reiches Programm an unterschiedlichen Unterrichtsangeboten. Nach einer beeindruckenden Aufnahmefeier und einem weitgehend von organisatorischen Informationen bestimmten Klassenleitertag steht bald fest, dass David offensichtlich mehr Probleme hat, sich in der neuen Schule zurechtzufinden, als Felix: Er ist außergewöhnlich ruhig, meldet sich kaum und ist sichtlich verunsichert, als bei Fragen der Lehrerin sich mehr als die Hälfte der Kinder sofort melden.
David ist jetzt einer von vielen Guten, aber nicht mehr der Beste. Er ist im Gegensatz zu Felix gegenüber seinen neuen Mitschülern und Lehrern zurückhaltend. Er meldet sich immer seltener und ist zunehmend irritiert und unsicher, ob er hier so gute Leistungen bringen kann wie in der Grundschule. Keiner fragt mehr nach Davids Erklärungen und Hilfen.

Felix hingegen geht sehr viel offener und offensiver mit der Situation um. Er findet Kontakt über Witz und Charme. Er kann Situationen einschätzen, findet den richtigen Ton, um andere zum Lachen zu bringen.

Der Deutschunterricht

In einer Fachkonferenz Deutsch haben sich die Lehrer auf einen gemeinsamen „Minimalkatalog der Klassen 5–10" geeinigt. Im Gegensatz zur Grundschule stehen stoffliche Ziele im Vordergrund. Thematische Zusammenhänge werden kurzfristig konstruiert, um das Interesse der Kinder wach zu halten und ihre Motivation zu steigern. „Bevor wir diese Inhalte des Rahmenplans nicht vermittelt haben, können wir unser Augenmerk nicht auf andere Dinge lenken", erklärt uns die Deutschlehrerin.

Bei den Arbeitsformen überwiegt weitgehend der Frontalunterricht: Erklärung – Kontrollfragen – Übungsaufgaben – erneute Kontrolle. Es gibt keinen Platz für eigene Ideen und selbstgewählte Aufgaben, nur ab und zu einmal Partnerarbeit.

Dabei ist die Lehrerin immer nett und verständnisvoll, und versucht, das Lernen abwechslungsreich zu gestalten. So wählt sie bewusst Bildergeschichten für den Anfang, um durch das Vorlesen der Geschichten und das Gespräch darüber, den Kindern eine Möglichkeit zu geben, sich gegenseitig besser kennenzulernen: „Ich möchte die Schüler erst ein wenig auftauen lassen, dazu eignen sich lustige Bildergeschichten am besten. Außerdem bin ich durch die geschriebenen Aufsätze in etwa über den Leistungsstand der Klasse informiert. Ich weiß dann auch, was mich hinsichtlich der Rechtschreibung erwartet."

Im Anschluss an die Erzählungen wird dann ein Rechtschreib- und Grammatikteil eingebaut. Deklination, Konjugation, Zeiten etc. werden im Schnelldurchlauf mit Arbeitsblättern wiederholt.

David und Felix scheinen beide keine Schwierigkeiten mit deren Vorgehensweisen zu haben. Die Methode der neuen Lehrerin und ihr Unterrichtsstil ist dem der Grundschullehrerin relativ ähnlich. In beiden Fällen wurde und wird relativ stringent Frontalunterricht betrieben, mit einem hohen Anteil an Aufmerksamkeit für einzelne Kinder. Allerdings ist hier auch einiges anders: Es fehlen die Phasen, in denen auch anders gearbeitet werden kann.

In aller Regel müssen die Kinder auf ihren Plätzen sitzen, zuhören, Fragen beantworten, gestellte Aufgaben bearbeiten. Eigene Zugänge, freie Texte, konkrete Handlungsmaterialien scheint es nicht zu geben, auch keine Langzeitprojekte, bei denen man sich mit eigenen Ideen und Vorhaben einbringen kann.

David scheint vor allem abzuwarten und zu beobachten, was von ihm erwartet wird, um dann die gestellte Aufgabe zu erfüllen. In der Grundschule hatte er, gemäß der Lehreranforderung, die Hilfslehrerrolle übernommen, nun muss er herausfinden, wie sich der perfekte Gymnasialschüler im Frontalunterricht verhält. Da die Rollen sehr unterschiedlich sind, ist seine Verunsicherung verständlich und seine eher abwartend-beobachtende Haltung durchaus adäquat.

Felix hat eine andere Strategie entwickelt, um mit den Veränderungen umzugehen. Er geht er sehr häufig zum Papierkorb, ein- bis zweimal in jeder Unterrichtsstunde, um entweder seine Stifte zu spitzen oder um Papier wegzuwerfen. Nicht immer nimmt er den schnellsten Rückweg zu seinem Tisch, sondern schlendert so unauffällig wie möglich durch die

Klasse, um bei anderen zuzuschauen und mit ihnen zu sprechen und sich dabei durchaus auch über die zu erledigende Aufgabe zu verständigen.
Er scheint die Bewegung zu suchen, vielleicht, weil er nicht gut still sitzen kann, vielleicht aber auch, weil seine körperlichen Bedürfnisse nach Bewegung und seine sozialen Bedürfnisse nach Kontakt und Austausch, wie er sie bei der Partnerarbeit erlebt hat, sich auf diesem Wege mit der Aufgabenerfüllung auch in der veränderten Situation verbinden lassen. Er versucht, sich Aneignungs- und Verhaltensweisen aus der Grundschule zu erhalten.

Veränderte Anforderungen

Weder für David noch für Felix war der Übergang mit unüberwindlichen Schwierigkeiten verbunden: Beide waren selbstsicher genug, um in der neuen Situation klar zu kommen oder sich zumindest nach einer Eingewöhnungsphase gut anpassen zu können. Trotzdem waren die Kinder mit unterschiedlichen Anforderungen konfrontiert.
Die erste Veränderung ließ sich bereits an der Sitzordnung erkennen: Die Zentrierung auf den Lehrer, der allein über die Themen und das „richtige" Wissen verfügt und durch seine kontrollierenden Fragen kleinschrittig den Unterricht dominiert, gewinnt eine neue, überragende Qualität. Die gewohnte Partner- oder Gruppenarbeit, die zur Kooperation einlud, muss der Einzelarbeit weichen, in der Gespräche in jedem Fall unerwünscht sind. Die Konzentration auf die eigene Leistung soll im Vordergrund stehen, und zwar gemessen am abgelieferten Produkt, der richtigen Antwort, dem fehlerfreien Diktat, ...
Der Lehrer bestimmt so, was und wie gelernt werden soll. Der Vermittlungsweg besteht meist aus Erklären des Unterrichtsgegenstandes und anschließenden Verständnis- und Kontrollfragen. Der Lernprozess des einzelnen Kindes, der auch über Fehler und Umwege zum Ziel führt, dann aber wirkungsvoller, weil selbstgesteuert verläuft, gerät zur Nebensache. Durch die Sitzordnung und den Frontalunterricht werden die sozialen Interaktionen eingeschränkt. Der Stuhlkreis, der in der Grundschule ein Übungsfeld für soziales Miteinander und für freie Gespräche mit selbstständiger Gesprächsführung durch die Kinder geboten hatte, entfällt und wird auch nicht durch entsprechende andere Arbeitsformen ersetzt.
Während in der Grundschule nach dem Motto „Lernen braucht Bewegung" verfahren wurde und es zumindest häufig Zeiten gab, in denen die Kinder sich frei bewegen konnten, um mit anderen Kontakt aufzunehmen oder sich Materialien und Arbeitspartner zu suchen, dürfen die Kinder im 5. Schuljahr nicht mehr umherlaufen. Bewegung wird weitgehend auf den Sportunterricht und die Pausen reduziert. Die Aussage eines Lehrers begründet diese Forderung klar und deutlich: „Wer nicht stillsitzen kann, gehört nicht auf´s Gymnasium!"
Durch diese Sichtweise werden für alle Kinder Lernchancen vertan, weil Interaktionen und gedankliche Auseinandersetzungen unterbunden und die Beteiligung des ganzen Menschen an den Lernakten auf sprachlich-kognitive Akte eingeschränkt wird. Zuhören, aufnehmen, einüben und für die Benotung reproduzieren, sind die weitaus überwiegenden Anforderungen an die Kinder. Selbst Fragen stellen, nach Antworten suchen, Lösungswege diskutieren, zusammenarbeiten, scheinen wenig gefragt. In der Grundschule waren zumindest im Rahmen der Langzeitprojekte und der Freien Arbeit hier mehr Möglichkeiten vorhanden.

Der Austausch, sich z. B. von einem anderen Kind etwas ausleihen oder Hilfe holen bzw. geben, war eine Interaktionsform, die für David und Felix zur Selbstverständlichkeit gehörte und ihnen auch half, sich selbst und ihre Handlungen in Beziehung zu anderen zu setzen und damit sehr viel mehr zu verstehen und selbstsicherer zu werden. In der neuen Lernkultur wird dieses In-Beziehung-Setzen meist ausschließlich über Besser-Sein oder Schlechter-Sein möglich.
Auch die häufige Benotung verstärkt diese Tendenz und kann zu einer Arbeitshaltung führen, die die eigene Anstrengungsbereitschaft ausschließlich dazu einsetzt, herauszubekommen, was „die richtige Lösung" im Sinne der Lehrerin oder des Lehrers ist. So wird eine Kultur der Gesprächsführung zwar durchaus verlangt oder erwartet, aber die praktizierten Arbeitsformen, vor allem die Übermacht der Lehrerfrage und das ständige Eingreifen des Lehrers, erschweren selbstständiges Aushandeln sozialer Verhaltensweisen und entsprechender Regeln, weil es kaum Situationen gibt, in denen die Schüler frei und gleichberechtigt selbst bestimmen können.
Diese Lehrerdominanz wird durch die Sprache verstärkt. Auch hier werden die Kinder eher mit neuen Normen konfrontiert, die sie übernehmen müssen, und haben wenig Gelegenheit, am Problem und seiner Lösung selbst nach adäquaten sprachlichen Formen zu suchen und so die Bedeutung eines Begriffes zu verstehen.
Besonders auffällig sind die Veränderungen im Umgang mit der Zeit. Nicht nur das Fachlehrerprinzip und der starre 45-Minuten-Rhythmus sind dafür maßgebend. Nach den Beobachtungen diente die Zeit im Gymnasium als Bewertungskriterium. Wer sich schnell meldet, kommt dran und hat die Gelegenheit, eine gute Note zu erhalten. Zum Lösen von Aufgaben werden starre Zeitvorgaben gegeben.
Auf weitergehende Prozesse des Nachdenkens, auf langsamere Denker und Schreiber wird wenig Rücksicht genommen. So wird z.B. bei einem Diktat wesentlich zügiger diktiert als bisher in der Grundschule gewohnt. Als Grund für das rasche Fortschreiten wird das große Pensum in den Lehrplänen genannt. Während David und Felix in der Grundschule eine freie Zeit- und Arbeitseinteilung zumindest im Rahmen der Langzeitprojekte und der Freien Arbeit, teilweise auch bei der Partnerarbeit oder im Umgang mit der Rechtschreibkartei gewöhnt waren, finden sie im 5. Schuljahr keine entsprechenden Angebote. Die in der Grundschule erwartete und geförderte Selbstorganisation und Selbstständigkeit, für die zumindest ein Teil der Schulzeit genutzt wurde, ist hier weder gefragt noch gewollt.
Große Unterschiede im Bereich des Lehrerverhaltens in der Grundschule und im Gymnasium sind auch im Bereich von Lob und Tadel aufgefallen. Während in der Grundschule sehr viel gelobt wurde, sind die Fachlehrer im Gymnasium damit eher zurückhaltend. So wurden David und Felix in der Grundschule gelobt, wenn sie ihre Hausaufgaben erledigt oder etwas besonders schön geschrieben hatten. Am Gymnasium wurden das Erledigen der Hausaufgaben und die ordentliche Heftführung vorausgesetzt, nur Abweichungen von der Norm wurden benannt bzw. getadelt. Es schien so, als ob die Kinder in ein festgesetztes Verhaltens- und Leistungsraster gepresst werden. Sie sollten sich möglichst schnell den Anforderungen anpassen, sonst genügten sie nicht und standen in Gefahr, ausgeschlossen zu werden.
Anpassungsfähigkeit, Flexibilität und Selbstvertrauen in die eigene Person und Leistung schienen im Fall von David und Felix die wichtigsten Voraussetzungen für eine positive

Schulkarriere zu sein. Und während David durchaus anpassungsbereit reagierte, aber zumindest in den ersten Wochen mit einem verunsicherten Selbstvertrauen zu kämpfen hatte, gelang es Felix aufgrund seiner Flexibilität, sich relativ schnell an die neue Situation anzupassen.

Konzepte und Praxishilfen

Einführung

Der Übergang von der Grundschule zu den weiterführenden Schulen stellt eine Herausforderung für Kinder, Eltern und Lehrer dar.
Versuchen wir zunächst, uns die Situation zu vergegenwärtigen:
Die Kinder haben zu Beginn des 4. Schuljahres drei Jahre Grundschule hinter sich und fühlen sich in der Regel nach der Eingewöhnungszeit des 1. Schuljahres relativ sicher und wohl. Sie kennen ihre Lehrerinnen und wissen, was diese von ihnen verlangen und welche Regeln für das Zusammenleben gelten. Sie haben eigenständige Arbeitsweisen entwickelt, die sie nun anwenden und vertiefen können. Sie sind in der Gruppe aller Schülerinnen und Schüler der Schule die Großen und Erfahrenen und genießen diese erreichte Kompetenz. Sie haben in der Regel feste Freundschaften und sind in einem Netz sozialer Beziehungen verortet. Zugleich stehen sie im 4. Schuljahr vor der Situation, dass diese Sicherheit bald endet, und sie wissen nicht genau, was danach kommt. Einerseits entsteht eine frohe Erwartung auf die nächste Schule, auf neue Unterrichtsfächer, neue, hoffentlich auch männliche Lehrpersonen und darauf, noch mehr zu den Großen zu gehören und neue Freundschaften schließen zu können. Andererseits spüren sie, dass die Erwachsenen zunehmend bestimmte Leistungen von ihnen erwarten und selbst nervös auf diesen Übergang und die anstehende Schulwahlentscheidung blicken. Es entsteht Unsicherheit, ob man den Erwartungen der Eltern und den Anforderungen der neue Schule gewachsen sein wird. Längere Schulwege, oft mit negativen Erfahrungen mit älteren Schülern verknüpft, bedeuten körperliche und psychische Anspannung. Viele neue Lehrer, Unterrichtsfächer und Verhaltensregeln müssen gleichzeitig wahrgenommen, eingeordnet und durch entsprechendes Verhalten beantwortet werden. Gleichzeitig gibt es weniger Möglichkeiten, durch direkte Gespräche mit den Lehrern und den zu Beginn z. T. noch fremden Mitschülern, die Situation zu bearbeiten.

„Der Wegfall von Kontinuität bewirkt Unsicherheit bis hin zur Orientierungslosigkeit. Daraus resultieren leistungsmindernde Belastungen. Kinder stellen die Frage nach dem Sinn ihres Tuns und nach ihrem Selbstwert, wenn sie ihr Wissen und Können in der neuen Lebenssituation nur wenig zu Geltung bringen können und sich nicht akzeptiert fühlen. Wenn Schülerinnen und Schüler mit den Anforderungen nach dem Wechsel nicht zurechtkommen, muß das durchaus nicht an ihrer mangelnden ‚Eignung' für die gewählte Schulform liegen ... Ob die Veränderungen beim Wechsel von der Grundschule in eine weiterführende Schule zu Brüchen werden, hängt also weitgehend von institutionellen Faktoren ab:
- Gibt die Schule Kindern Gelegenheit, sich auf den Wechsel und Neubeginn vorzubereiten?
- Erhalten sie Gelegenheit, den Übergang bewußt zu erleben und aktiv mitzugestalten?
- Erhalten sie Gelegenheit, positive Erwartungen mit dem Schulwechsel aufzubauen?
- Greifen die weiterführenden Schulen die Lernerfahrungen der Kinder auf und entwickeln sie entsprechend ihren spezifischen Bildungszielen weiter?
- Werden die Übergänge von abgebender und aufnehmender Schule in gemeinsamer Verantwortung gestaltet?
- Streben Grundschulen und weiterführende Schulen soziale und pädagogische Kontinuität an?"

(Hessisches Landesinstitut für Pädagogik/HKM, S. 11 f.)

Die Eltern stehen zunächst vor einer – wie ihnen bewusst ist – schwierigen Entscheidung: Sie möchten, dass ihr Kind den höchst möglichen Schulabschluss erreicht, weil sie ihn für gesellschaftlich wichtig einschätzen, weil sie die Bedeutung für die Chancen auf dem Arbeitsmarkt vorwegnehmen oder weil ihr Kind „es einmal besser haben soll" als sie selbst. Sie möchten ihr Kind deshalb möglichst auf eine Schule schicken, auf der das Kind, ohne weiteren Wechsel, zu einem guten Schulabschluss gelangt. Aber, welche Schule soll und kann das sein? Und wird das Kind das auch schaffen? Tut die Grundschule genug, damit das Kind die gewünschte Schule erreichen kann? Unsicherheit über die konkreten Anforderungen der verschiedenen Schulen und positive oder negative Erfahrungen mit älteren Kindern sowie aus Erzählungen von Nachbarn und Freunden übernommene Erwartungen sprechen für oder gegen einzelne Schulformen oder Schulen. Und wie genau die Eltern über den Entwicklungs- und Leistungsstand ihres Kindes informiert sind, wird sehr weitgehend davon abhängen, wie sehr sie sich während der ganzen Grundschulzeit für dessen Lernentwicklung interessiert haben und wie intensiv die Zusammenarbeit zwischen der Grundschule und den Eltern bisher war.
Die Wünsche und Vorstellungen der Eltern zusammen mit der durchaus nicht immer klaren Einschätzung des eigenen Kindes können zu einer Situation führen, in der durch häufiges Nachfragen, Ermahnen und Hinweisen auf die Notwendigkeiten der weiterführenden Schule sehr viel Druck entsteht. Einige Eltern reagieren auf diese Anspannung mit einem erhöhten Bedürfnis nach Information, andere mit einer schnellen Entscheidung, an der dann nicht mehr gezweifelt werden darf, um keine neue Unsicherheit entstehen zu lassen. Viele Eltern erleben den Übergang auch als eine Situation der Hilflosigkeit und des Ausgeliefertseins, weil sie an den Leistungen der Kinder und deren Einschätzung durch die Lehrerinnen nichts ändern können (→ Erfahrungsberichte von Patrick und Hanno, S. 62ff. und 71ff.).
Wie in dieser komplexen Situation für Lehrerinnen und Lehrer ein sinnvolles pädagogisches Arbeiten möglich ist, dazu gibt es Vorschläge und erprobte Erfahrungen, von denen nachfolgend die unter der Argumentation der vorstehenden Kapitel interessantesten zusammengestellt werden. Diese Darstellung von Konzepten und Praxishilfen für einen pädagogisch sinnvollen Übergang von der Grundschule zur weiterführenden Schule verfolgt ein doppeltes Ziel:

- Zum einen soll auf Probleme aufmerksam gemacht werden, die sich aufgrund der zuvor dargestellten Bestandsaufnahme im Alltag der Schule ergeben können und nach pädagogischen Antworten verlangen,
- zum anderen sollen Konzepte und bereits erprobte Handlungsvorschläge vorgestellt und daraufhin diskutiert werden, welche Lösungen sie anbieten und wie sie sich auf unterschiedliche Bedingungen übertragen lassen.

Die dargestellten Konzepte und Praxishilfen beziehen sich zwar weitgehend nur auf das 4. und 5. Schuljahr. Sie können jedoch sinngemäß auch Anwendung auf den Übergang nach der sechsjährigen Grundschule bzw. der Förderstufe oder der Orientierungsstufe finden. Aus pragmatischen Gründen, um Lehrerinnen und Lehrern jeweils schnell einen Zugang entlang eigenen Fragen und Problemen zu ermöglichen, werden die Konzepte und Praxishilfen nach den konkreten Handlungsfeldern 4. Schuljahr, Kooperation zwischen Grundschulen und weiterführenden Schulen und 5. Schuljahr gegliedert.

Das 4. Schuljahr

Einführung

Die pädagogische Arbeit im 4. Schuljahr (bzw. im 6. Schuljahr) wird sehr stark durch den nach Abschluss des Schuljahres folgenden Übergang in die weiterführenden Schulen bestimmt, eine Situation, die für Lehrerinnen, Kinder und Eltern eine aufregende Zeit bedeutet. Mit Blick auf die Kinder beschreiben *Portmann* und *Schneider* diese Situation eindrücklich: „Im letzten Jahr werden die Kinder beobachtet, beraten, beruhigt, bedrängt, begutachtet, bewertet. Sie sollen sich für etwas anstrengen, von dem sie nicht wissen, wie es ist, und sie sollen sich für etwas entscheiden, was sie sich nicht vorstellen können." (Portmann/Schneider, S. 7)

Auch für die (beobachtenden, beratenden, bedrängenden, begutachtenden und bewertenden) Lehrerinnen ist das 4. Schuljahr ein Jahr hoher Anspannung. Es geht ja nicht nur darum, das letzte Schuljahr für die Viertklässler so effektiv und so sinnvoll wie möglich zu gestalten, was mit Blick auf den Schulwechsel immer stärker Zweifel aufkommen lässt, ob man für jedes Kind genügend getan hat, zugleich gilt es, in vielen Fällen Vorbereitungen zu treffen für die dann folgende Aufgabe, zumal diese Aufgabe oft die Übernahme eines 1. Schuljahres bedeutet und damit u. a. auch die Zusammenarbeit mit einem oder mehreren Kindergärten. Besonders belastend ist jedoch sicher die Mitwirkung an der Schulwahlentscheidung. Durch diese entsteht viel Unruhe und Unsicherheit, und zwar sowohl in den Familien als auch zwischen Eltern und Lehrerinnen, aber auch im Klassenverband. Und obwohl die eigenen Überlegungen der Lehrerin, welche Schule wohl die geeignete für welches Kind ist, in vielen Fällen noch nicht abgeschlossen sind, müssen die Eltern gezielt beraten und Eltern und Kind unter Umständen davon überzeugt werden, dass die gewünschte Schule nicht die „richtige" ist. Und sobald diese Entscheidung in Einzelfällen getroffen wurde und bekannt wird, löst sie weitere Folgen aus. Der Zusammenhalt im Klassenverband steht in der Gefahr, sich aufzulösen, weil viele Kinder bereits voll auf die weiterführende Schule eingestellt sind. Zwischen den Kindern, die auf eine Schule mit höherem gesellschaftlichen Ansehen wechseln und den anderen kann es zu Überlegenheits- bzw. Unterlegenheitsgefühlen kommen, die wiederum zu Reibereien und einer angespannten Atmosphäre führen können. Daraus resultieren wiederum neue Aufgaben für das soziale Miteinander im Klassenverband: Unterricht und Schulleben müssen unter den Bedingungen des Abschieds und vor allem der Selektion sowohl effektiv als auch sozialverträglich gestaltet werden, was nicht nur Spezialwissen, sondern vor allem auch ein großes Maß an Sensibilität und Selbstreflexion erfordert. Außerdem gilt es den Abschied vorzubereiten und zu gestalten. Die Konzepte und Praxishilfen für das 4. Schuljahr sind daher in folgende Teilkapitel gegliedert:

- Mitwirkung bei der Schulwahlentscheidung,
- Unterricht und Schulleben in der Abschlussklasse der Grundschule,
- Abschied.

Mitwirkung bei der Schulwahlentscheidung

Die Lehrerinnen und Lehrer der Grundschule wissen um die große Bedeutung der Schulwahlentscheidung und ihrer eigenen Mitwirkung daran. Sie stehen unter dem Druck, sich Rechenschaft über den Erfolg ihrer Arbeit in der Grundschule ablegen zu müssen, obwohl zu Beginn des 4. Schuljahres eigentlich noch ein Viertel der Grundschulzeit vor ihnen liegt. Wie kann man ruhig und mit viel Gelassenheit und Zeit die Aufgaben des 4. Schuljahres erfüllen, wenn man gleichzeitig unter dem Druck steht, die Kinder nach unterschiedlichen Schulformen und damit auch Bildungskarrieren selektieren zu müssen?
Kleber und *Thomann* sprechen hier vom pädagogischen Dilemma der Schullaufbahnempfehlung (S. 19).
Die Mitwirkung bei der Schulwahlentscheidung beginnt allerdings keineswegs erst mit Beginn des 4. Schuljahres und sie wird umso besser zu bewältigen sein, je langfristiger sie angelegt war und bereits die ersten drei Schuljahre der Grundschulzeit begleitet hat:
- Eine möglichst genaue und sensible Beobachtung der Lernprozesse jedes Kindes ist die Voraussetzung, um Aussagen über sein Lernverhalten, seine Leistungen und seine Persönlichkeit abzuleiten und daraus behutsam auf möglichen Erfolg in einer bestimmten weiterführenden Schule schließen zu können.
- Eine ständige enge Zusammenarbeit mit den Eltern, die durch offene Information über die je vorhandenen Erfahrungen mit dem Kind und die daraus abgeleiteten Überlegungen für sein Lernen gekennzeichnet ist, ist die Voraussetzung, um eine differenziert durchdachte Entscheidung zu gewährleisten.

Im 4. Schuljahr gewinnen diese Aspekte der Lehrerarbeit nun aber eine neue Qualität: Den Kindern wird spätestens im Verlauf des 4. Schuljahres immer mehr bewusst, dass sie das letzte Jahr in der Grundschule sind. Sie leben in verstärktem Maße mit Blick auf die Zukunft. Die Lehrerinnen kennen den „Fahrplan" für die kommenden Monate (Elternberatung, unter Umständen die Erstellung eines Übergangsgutachtens oder einer Übergangsempfehlung, Vermittlung bestimmter Wissensbestände und Fähigkeiten nach Anforderung der Lehrpläne bzw. der aufnehmenden Schulen, Bedeutung des Halbjahreszeugnisses, besondere Bemühungen um Sorgenkinder, …) und stehen deshalb unter einem erhöhten Druck. Die Eltern werden kritischer und fordernder gegenüber der Grundschule, weil sie unter dem Druck der zu treffenden Entscheidung stehen, sind jedoch in vielen Fällen auch äußerst unsicher, weil sie nicht wissen, ob ihr Kind in dieser oder jener Schule besser aufgehoben ist.
Die nachfolgende Darstellung und Diskussion von notwendigen Aufgaben kann und muss keineswegs in vollem Umfang „abgearbeitet" werden. Sie ist als Sammlung möglicher Aspekte zu verstehen, die in der je konkreten Situation bedeutsam und wichtig sein können.

Die formalen Schritte des Verfahrens
Es macht einen Sinn, sich spätestens zu Beginn des 4. Schuljahres über die konkreten Bestimmungen für das Übergangsverfahren im jeweiligen Bundesland zu informieren:
- Werden für den Zugang zu bestimmten Schulformen bestimmte Noten vorausgesetzt?
- Hat das Halbjahreszeugnis eine besondere Bedeutung?

- Gibt es Vorschriften für die Elternberatung, z. B. Pflichtinformationen über die weiterführenden Schulen, Einzelgespräche o. Ä.?
- Muss ein Grundschulgutachten oder eine Empfehlung seitens der Grundschule erstellt werden? Wenn ja, wann?
- Welche Vorschriften greifen, wenn die Grundschulempfehlung und die Elternentscheidung nicht übereinstimmen?
- Auf welche Termine müssen Eltern hingewiesen werden?
- Gibt es Informationen, die nicht durch die geltenden Erlasse geregelt, aber regional wichtig sind, z. B. Anmeldetermine von Privatschulen?
- Gibt es eine Zusammenarbeit mit einer oder mehreren weiterführenden Schulen? Wenn ja, gibt es für diese Kooperation festgelegte Terminpläne, z. B. für Unterrichtsbesuche und Lehrergespräche?

Elterninformation Elterninformation Elterninformation

Sonnenblumenschule Langen Grundschule des Kreises Offenbach Langen, den 28.11.00

Elternabende zum Übergang von Klasse 4 nach Klasse 5

An alle Eltern der 4. Klassen

Liebe Eltern,

im Sommer verlässt Ihr Kind unserer Schule. Damit Sie mit Ihrem Kind eine gute Entscheidung bezüglich der weiterführenden Schulen treffen können, möchten wir sie umfassend beraten und über wichtige Termine informieren. Wir laden Sie deshalb zunächst zu zwei Elternabenden ein:

Donnerstag, 14. Dezember 2000 20.00 Uhr Aula der Sonnenblumenschule

Frau Clausing und Herr Eilers informieren über Bildungsgänge und Termine: Welche Schulen gibt es für Klasse 5?

Mittwoch, 17. Januar 2001 20.00 Uhr Aula der Sonnenblumenschule

Die Langener Schulen stellen sich vor (Adolf-Reichwein-Schule, Albert-Einstein-Schule, Dreieich-Schule).

Beide Elternabende sind sehr wichtig. Über eine zahlreiche Beteiligung würde ich mich sehr freuen.

Mit freundlichen Grüßen

J. Eilers

J. Eilers, Schulleiter

Ergebnis dieser Informationsphase könnte ein Zeitplan sein, der sinnvollerweise von einer kleinen Gruppe von Lehrkräften für die Schule oder, wenn vorhanden, für den Schulverbund erstellt wird (→ S. 123ff.). Ein solcher Zeitplan kann in reduzierter Form auch für die Elternarbeit bedeutsam werden (s. S. 92, 94ff.)

Kenntnisse über die weiterführenden Schulen vor Ort

Wenn in einem Bundesland (wie Bayern und Baden-Württemberg) nur die Entscheidung zwischen Hauptschule, Realschule und Gymnasium möglich ist und/oder in ländlichen Regionen nur wenige Abnehmerschule zur Auswahl stehen, mag die Information über die weiterführenden Schulen vor Ort relativ einfach sein, in den meisten Bundesländern und vor allem in Ballungsgebieten erfordert jedoch die Vielfalt der möglichen weiterführenden Schulen genauere Kenntnisse. Dabei geht es keineswegs nur um die Schulform und die Fächerkombination, z. B. die erste Fremdsprache, es geht inzwischen auch notwendigerweise um das pädagogische Konzept und die konkrete Arbeit in den jeweiligen Schulen. Und während die formalen Elemente (Schulform, Fächerkombination, Abschlüsse, ...) in der Regel bekannt sind oder leicht in Erfahrung zu bringen sind (viele weiterführende Schulen verfügen über Schulprospekte, die Auskunft über Schulorganisation, Fächerwahl, mögliche Abschlüsse u. Ä. m. geben, → S. 99), ist es sehr viel schwieriger, an Informationen über die konkrete pädagogische Arbeit zu kommen. Selbst in einem Schulverbund, in dem regelmäßige Informationstreffen stattfanden, kommt es vor, dass wechselseitig keine genaueren Kenntnisse über die pädagogische Arbeit vorlagen und es bei der Diskussion um Selbstständigkeit oder Disziplin zu großen Missverständnissen kam, weil Grundschullehrerinnen und Lehrer der weiterführenden Schule durchaus Unterschiedliches unter dem gleichen Begriff verstanden. Möglichkeiten für die Informationsbeschaffung könnten sein:

- das pädagogische Konzept der jeweiligen Schule,
- Schulbesuche und Gespräche mit einzelnen Kollegen weiterführender Schulen,
- Hospitationen (möglichst in unterschiedlichen Fächern bzw. bei verschiedenen Kollegen, setzt hohen Organisationsaufwand voraus, → S. 137),
- Schulerfahrungen der eigenen Kinder,
- Gespräche mit Eltern und ehemaligen Schülern, über Erfahrungen in und mit bestimmten Schulen,
- ...

Eignung

Wenn es darum geht zu entscheiden, ob ein Kind für den Besuch einer bestimmten Schule geeignet ist oder – pädagogisch besser gefragt – ob eine Schule für ein bestimmtes Kind geeignet ist, genügt es auf keinen Fall, die Noten zugrunde zu legen, auch wenn das bei einzelnen Schulen (z. B. Privatschulen) oder in einzelnen Bundesländern so geregelt ist. Diese Regelungen mögen das Verfahren erleichtern, die Entscheidung jedoch nicht. Das hängt einerseits damit zusammen, dass Noten – die „Fragwürdigkeit der Zensurengebung" ist spätestens seit den Untersuchungen von *Ingenkamp* bekannt – äußerst begrenzt in ihrer Aussagefähigkeit sind: Weder stimmen einzelne Lehrer innerhalb der Grundschule, noch zwischen Grundschulen und weiterführenden Schulen bei der Notengebung überein, noch sind die Bedingungen miterfasst, unter denen eine durch Noten charakterisierte Leistung zustande kam. Aus diesem Grund stimmen alle Aussagen in der Diskussion darin über-

ein, dass die Schulwahlentscheidung auf eine sehr viel breitere und differenziertere Grundlage gestellt werden muss. Als Zusammenfassung der entsprechenden Argumente zur mangelnden Prognosesicherheit kann auf Beiträge von *Rosemarie Portmann* (1989, 1992) verwiesen werden.
Als Anregung für die konkrete Arbeit kann eine Zusammenstellung möglicher Kriterien dienen, die *Elisabeth Scheid-Tauchnitz* als Förderstufenleiterin für die Arbeit im eigenen Schulverbund auf der Grundlage von Materialien der „Aktion Humane Schule" zusammengestellt hat (s. Material, S. 95).

Eine solche Vorlage kann sicher nicht einfach abgehakt, sondern muss im Kontext der jeweiligen Situation interpretiert und ggf. ergänzt werden:
- In welcher der aufnehmenden Schulen ist eher mit Zeitdruck zu rechnen, sodass die Fähigkeit, „in angemessener Zeit" eine Aufgabe fertig stellen zu können, besonders wichtig wird?
- In welcher Schule ist mehrheitlich mit frontalem Unterricht zu rechnen, sodass für die Kinder längere Aufmerksamkeitsspannung unabdingbar ist?
- Welche Schule lässt eher erwarten, dass Kinder eigene Themen wählen und eigenen Interessen nachgehen können bzw. in welchen Schulen wird die Fähigkeit, sich auch auf „nicht interessante" Themen und Aufgaben zu konzentrieren, besonders wichtig?
- Gibt es helfende Bedingungen für ein Kind, die einen Erfolg trotz einzelner Bedenken ermöglichen könnten, z. B. indem es mit einer Gruppe von befreundeten Kindern gemeinsam eine Schule besucht oder weil ein Kind eine bestimmte Schule unbedingt besuchen möchte, weil die älteren Geschwister davon erzählt haben?
- ...

Hat man die Liste auf diesem Wege den eigenen Bedingungen angepasst, dann kann eine solche Aufstellung in dreifacher Weise hilfreich sein:
- Mithilfe einer solchen Übersicht kann die Lehrerin im 4. Schuljahr die Kinder gezielter beobachten und so allmählich zu einer eigenen Position kommen.
- Mithilfe der Liste kann bei Elterngesprächen eine Grundlage der Verständigung geschaffen werden.
- Mithilfe der Liste konnten sich Grundschullehrerinnen und Lehrer der weiterführenden Schulen in Kooperationsgruppen über ihre Einschätzungen verständigen.

Information und Beratung für Eltern
Im Kontext von Information und Beratung kann man deutlich unterscheiden zwischen allgemeinen Informationen, die sich in der Regel an eine größere Gruppe von Eltern richten und ihnen die Strukturen des Schulsystems und die Besonderheiten einzelner Schulen nahe bringen wollen und der Beratung der Erziehungsberechtigten einzelner Kinder über die konkreten Möglichkeiten und Schwierigkeiten, die sich für dieses Kind ergeben könnten.
Für die Vermittlung allgemeiner Informationen, die sich an viele Eltern gleichzeitig richten, bieten sich zwei Formen an:
- die mündliche Darstellung auf Informationsveranstaltungen und
- die schriftliche Information durch Briefe oder Broschüren.

Kriterien für die Schulwahl

Um die Leistungsfähigkeit eines Kindes richtig einzuschätzen, sollten folgende Kriterien bei einer Schulwahl berücksichtigt werden.

Einstellung eines Kindes:
- Wille und Anstrengungsbereitschaft eines Kindes
- Fähigkeit, sich einer Sache zu widmen, ohne dass besondere Interessen angesprochen werden (Konzentrationsfähigkeit)
- Fähigkeit, eine Sache nicht vorschnell aufzugeben, wenn sich die Erwartungen nicht erfüllen oder Schwierigkeiten auftreten
- Fähigkeit, dem Unterricht mindestens 20 Minuten lang zu folgen

Fähigkeiten eines Kindes:
- Fähigkeit, eine Aufgabe in einer vorgegebenen Zeit zu lösen, z. B. bei einer Klassenarbeit (angemessenes Arbeitstempo)
- ausreichender, verfügbarer Wortschatz
- Fähigkeit selbstständigen Denkens
- Fähigkeit, Tatsachen und Gedanken zu ordnen, sinnvoll zu gliedern und in Beziehung zu setzen (Verständnis von Zusammenhängen)
- Fähigkeit, Lernstoff nicht nur formal aufzunehmen und wiederzugeben, sondern eigene Problemlösungen zu finden (Transferfähigkeit)
- Fähigkeit, persönliche Erlebnisse und gelesene Geschichten zeitlich einzuordnen (Strukturierung nach Zeitfolge und Kausalität)

Belastbarkeit des Kindes:
- Diese Bedingung ist besonders zu beachten, denn der Wechsel auf die weiterführende Schule und ein weiterer Schulweg bedingen u. U. eine körperliche Erschöpfung, die sich nachteilig auf die Lerndauer und die Lernkonzentration auswirkt.

Umstände, die das Lernen beeinflussen:
- Anteilnahme der Eltern am schulischen Geschehen mit Anerkennung bei erzieltem Leistungserfolg
- Zustimmung der Familie zum Lernen des Kindes, auch wenn damit Rücksichtnahme und Verzicht auf Freizeitunternehmungen verbunden sind
- Verständnis und Hilfsbereitschaft bei Lernschwierigkeiten (z. B. nach Krankheit)
- Bereitschaft zum Kontakt mit den Lehrkräften
- Zugänglichkeit zu Nachschlagewerken daheim oder einer Bücherei (Interessenlage des Kindes)
- ruhiger, beleuchteter Arbeitsplatz
- ausreichender Schlaf
- Zeit für Interessen und Hobby (z. B. Haustiere, Basteln, Sport, Musik, usw.)

In vielen Bundesländern sind im Zusammenhang mit dem Übergang Informationsveranstaltungen vorgeschrieben, die in der Regel im ersten Halbjahr des 4. Schuljahres durchzuführen sind. Zu diesen Veranstaltungen wird meist von der Grundschule oder einem Verbund von Grundschulen eingeladen mit dem Ziel, dass Vertreter weiterführender Schulen den Eltern der Noch-Viertklässler ihre jeweilige Schule vorstellen.
Hier einige Beobachtungen eines solchen Informationsabends, an dem ich teilgenommen habe:
Die Informationsveranstaltung findet Ende Januar im Foyer einer integrierten Gesamtschule statt. Eingeladen hat die Grundschule, die auf dem angrenzenden Gelände neben der Gesamtschule arbeitet. Zur Teilnahme eingeladen sind fünf Grundschulen und drei weiterführende Schulen (ein Privatgymnasium, ein staatliches Gymnasium und die IGS). Anwesend sind ca. 60 Eltern, einzelne Kinder, die Leiterin der einladenden Schule sowie je ein Vertreter der drei weiterführenden Schulen. Die Leiterin der Grundschule begrüßt die Anwesenden und stellt die drei Schulleiter vor. Sie nennt den Übergang „einen wichtigen Schritt", weil die Kinder in der neuen Schule neue Mitschüler erhalten, auf neuen Lernstoff treffen und mit anderen Anforderungen konfrontiert werden. Sie verweist auf das Hessische Schulgesetz, das die Entscheidung den Eltern überlässt, zugleich aber Eignung voraussetzt. „Zwischen diesen Polen müssen wir uns bewegen." Wenn es bei dieser Entscheidung zu Schwierigkeiten kommt, empfiehlt sie, das Gespräch mit den Lehrern zu suchen.
Als Erster stellt der Leiter des staatlichen Gymnasiums seine Schule vor: Man kann Abitur machen, „ohne wechseln zu müssen", ca. 860 Schüler, im 5./6. Schuljahr fünf bis sechs Klassen, später vier Klassen parallel, Oberstufe drei bis vier Klassen. Da die Anmeldung nach Elternwunsch erfolgt, sind in den Anfangsklassen viele Schülerinnen und Schüler. Die Kinder sind anfangs in der Klasse 5 noch gut, weil vieles aus der Grundschule wiederholt wird. In der Klasse 7 mit der zweiten Fremdsprache wird das anders: „Es ist eine Fiktion, dass alle geeignet sind." In der 8. Klasse liegt die Klassenstärke bei 20, „einige sind halt bis dahin auf der Strecke geblieben". Er erklärt dann die Fächerfolge. Außerdem betont er die gute räumliche Ausstattung sowie das musische Angebot. Es gibt viele freiwillige Veranstaltungen. Es werden mehrfach Klassenfahrten durchgeführt. Er verweist noch auf die Cafeteria und den Tag der offenen Tür im Juni, damit die Kinder nicht „ein ganzes halbes Jahr Bauchweh haben, weil sie in so eine große Schule müssen".
Als Nächstes stellt der Schulleiter des Privatgymnasiums seine Schule vor. Vieles ist genauso wie beim staatlichen Gymnasium, aber Träger ist die Evangelische Kirche. Es geht um guten, gründlichen Unterricht und um Bezüge zum kirchlichen Leben, es gibt eine eigene Andachts- und Gottesdienstkultur. „Wir fühlen uns einem christlichen Menschenbild verbunden und versuchen das auch an die Schüler heranzutragen." Es folgen Informationen über die möglichen Sprachenfolgen und das Angebot in Musik und Werken. Auch der naturwissenschaftliche Bereich ist sehr gut ausgestattet, es gibt eine sehr engagierte Elternschaft. „Die meisten Schüler streben das Abitur an und das streben wir auch an." Außerdem gibt es Klassenfahrten mit großer Tradition, Partnerschulen im Ausland, eine Bibliothek, Fachräume in angemessener und reichhaltiger Form, eine Cafeteria und ein Schwimmbad.
Im Anschluss stellt der Leiter der IGS seine Schule vor. „Wenn Schulleiterinnen und Schulleiter über ihre Schule reden, kommen sie ins Schwärmen." Er betont, „das Spannendste

ist, die Entwicklung von Kindern mitzuverfolgen und um alle Kinder zu ringen". Die Schule soll alle gleichermaßen zwischen dem 5. und 10. Schuljahr fördern. Anhand einer Folie erklärt die aktuelle Situation und nennt die Leitgedanken, auf die sich die Lehrer geeinigt haben: Kreativität und selbstständiges Lernen. Dabei nennt er „Selbstständigkeit" als wichtigstes Fach, erklärt dann die Abschlussmöglichkeiten. Auf einer weiteren Folie wird der Stundenplan des 4. und 5. Schuljahres verglichen und erklärt, dass die IGS versucht, durch Teambildung die Anzahl der Lehrpersonen gering zu halten und einen überschaubaren Rahmen für die 5. Klassen herzustellen. Mithilfe einer weiteren Folie wird der Aufbau des Unterrichtsangebots dargestellt. Es wird für maximal 25 Kinder pro Klasse garantiert, soziales Lernen und Pflichten für die Gemeinschaft werden betont, die Schule fühlt sich „der Region verpflichtet".
Nach einer guten Stunde sind die Vorträge beendet. Der Leiter der Grundschule gibt noch einmal über Folie den weiteren Terminplan bekannt und verweist auf die verschiedenen Besichtigungs- und Anmeldetermine.
Bei der anschließenden Frage-Antwort-Runde gibt es viele Fragen an den Leiter des Privatgymnasiums. Vor allem geht es um die Klassenstärke und die Zahl, wie viele Kinder angenommen werden. Der Schulleiter sagt, dass in diesem Jahr nur drei Klassen gebildet werden können und das pro Klasse nicht mehr als 25 Kinder aufgenommen werden. Das bedeutet, dass insgesamt 75 Kinder aufgenommen werden.
Der Schulleiter des Privatgymnasiums appelliert an die Eltern, die Grundschulempfehlung zu beachten. Der Schulleiter des staatlichen Gymnasiums ergänzt: Das Kind braucht eine ruhigen Arbeitsraum, „die Eltern müssen das Kind unterstützen, mal Vokabeln abhören, Übungsdiktate durchführen, Matheaufgaben abfragen" oder Ähnliches. Wenn das nicht so ist, „dann sollten Sie Ihr Kind gleich auf die Gesamtschule schicken." Es folgen Fragen an den Leiter des Privatgymnasiums bezüglich der Auswahlkriterien. Seine Anwort: Aufgrund des pädagogischen Konzeptes und der Räumlichkeiten sollen und müssen die Klassen klein bleiben. „Die Kriterien sind umstritten und wir sprechen ständig darüber. Wir sind ein Gymnasium und bei allem Wissen um die Problematik muss deshalb das Leistungskriterium entscheiden und das heißt in den Hauptfächern gut oder besser. Bisher war es immer möglich mit dem ‚glatten Schnitt' (alles Note 2 oder besser) die Auswahl zu begründen. Ich gehe auch davon aus, dass das seit langem bekannt ist und wenn der Grundschullehrer 3 sagt, dann meint er das auch!"

Das Protokoll der Veranstaltung zeigt viele typische Momente:

- Informationsveranstaltungen dieser Art dienen eher der Erfüllung des Erlasses als der Entscheidungsfindung für den weiteren Schulweg des Kindes. Das hängt sicher damit zusammen, dass viele der Informationen bereits bekannt sind.
- Die Vielfalt der Informationen kann sehr ermüdend wirken und kann oft, selbst mit der Unterstützung durch Folien, in der Kürze der Zeit nicht wirklich verstanden werden. Gerade für Eltern mit nicht-deutscher Muttersprache oder mit einer traditionell größeren Distanz zu höherer Bildung können solche Veranstaltungen eher verwirren als klären.
- Die gleichzeitige Vorstellung unterschiedlicher Schulen führt fast zwangsläufig dazu, dass jeder Vortragende seine eigene Schule anpreist und die positiven Seiten betont.
- Dass einige Schulen sich ihre Schüler auswählen können und andere nicht, führt nicht nur zu dem vieldiskutierten Creaming-Effekt (→ S. 31), sondern auch zu einem schwer

revidierbaren Vorurteil gegenüber der Gesamtschule, die alle Schüler – auch die in anderen Schulen gescheiterten – aufnehmen muss. Durch die Privatschule, die sich die Kinder auswählen kann, entsteht ein Riesendruck auf Grundschullehrerinnen, Eltern und Kinder.

Nun könnte man aufgrund solcher Erfahrungen überlegen, ob solche Veranstaltungen überhaupt sinnvoll sind. Da sie aber in einigen Bundesländern vorgeschrieben sind, scheint es mir wichtiger, darüber nachzudenken, wie man die Informationsvermittlung effektiver gestalten könnte:

- Das Informationsmaterial
  Viele Schulen haben inzwischen Schulprospekte entwickelt, in denen die Organisation, die Fächerkombinationen und die möglichen Abschlüsse genauer beschrieben werden. Solche schriftlichen Informationen sollten zumindest ergänzend zu Verfügung gestellt werden, damit die Eltern in Ruhe zu Hause vergleichen können. Vor allem, wenn solche Informationen mit klaren Bildern und Grafiken veranschaulicht werden, scheinen sie auch geeignet, um an diesen Darstellungen mit ausländischen Eltern ins Gespräch zu kommen. Falls keine geeigneten Materialien vorhanden sind und die Grundschule einen hohen Anteil von Kindern nicht-deutscher Muttersprache unterrichtet, lohnt es sich, wenn sich einige Lehrerinnen der Grundschule der Mühe unterziehen, ein solches Material selbst herzustellen (Beispiel, S. 99).
- Der Klassenelternabend / Schulelternabend
  In der kleinen, sehr viel vertrauteren Umgebung eines Klassen- bzw. Schulelternabends kann einerseits den Eltern viel persönlicher geholfen werden, die Informationen über die weiterführenden Schulen zu verstehen, weil nicht die Werbeabsicht im Vordergrund stehen muss, sondern vergleichende weiterführende Fragen erörtert werden können. Außerdem könnten bei dieser Gelegenheit Fragen zusammengetragen werden, die die Eltern bei einer großen Informationsveranstaltung oder beim Tag der offenen Tür an die Lehrer der weiterführenden Schulen richten könnten (s. Einladung, S. 92).

Die „Aktion Humane Schule" hat hierzu Hinweise zusammengestellt, die im Rahmen eines solchen Elternabend mit den Eltern besprochen oder ihnen in die Hand gegeben werden könnten (s. S. 100).
Auch heutzutage bietet der Besuch des Gymnasiums keine Gewahr für eine stromlinienförmige Bildungskarriere. Heute und in Zukunft ist wichtiger als die Schulart, ob die besuchte Schule eine „gute Schule" für das jeweilige Kind ist, was sich mithilfe eines Überprüfungskatalogs feststellen lässt (s. S. 101).

Diese Materialien der „Aktion Humane Schule" sind als Hilfe und Anregung gedacht. Vielleicht wird man sinnvollerweise nicht alle Texte am gleichen Abend einsetzen. Vielleicht wird man die Fragen an die Schulen nicht vorgeben, sondern aus dem Gespräch mit den Eltern entwickeln und dann den Eltern die gemeinsam formulierten Fragen kopiert in die Hand geben. Hat man sich auf einem Elternabend oder mehreren aber bereits in ähnlicher Form über die anstehenden Fragen verständigt, wird man im Einzelgespräch über die sinnvolle Schulwahlentscheidung sehr viel genauer auf einzelne Punkte und deren Bedeutung für das Kind eingehen können.

Weiterführende Schulen in Langen und Umgebung

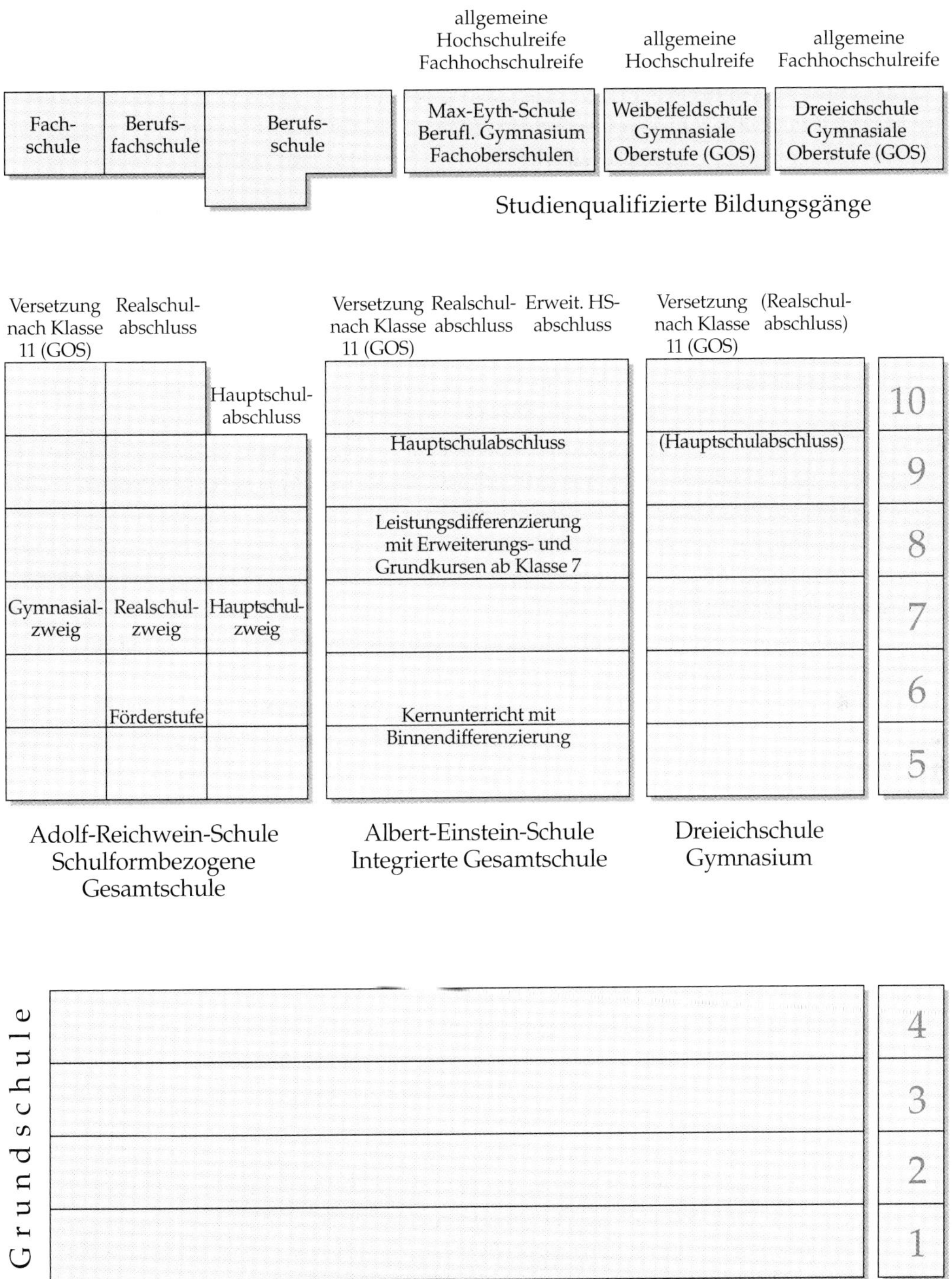

Baustein des Schülerprogramms der Albert-Einstein-Schule, Langen, IGS mit Ganztagsangebot, Eingangsstufe – Klassen 5/6

Acht Elterntipps für die Übergangsentscheidung

1. Ihr Kind ist zwar ein junger, aber dennoch ernst zu nehmender Mensch. Kinder sind nicht nur Schüler, sondern haben auch ein Recht auf ihr Kindsein und auf außerschulische Interessen. Kinder brauchen das Spiel und die Bewegung, brauchen neben ihren festen Terminen viel freie, unverplante Zeit, brauchen neben Pflichten genauso selbstbestimmte Freiräume.
2. Betrachten Sie unter diesen Gesichtspunkten Ihr Kind und nehmen sie es in seiner ganzen Persönlichkeit – nicht nur in seinen Noten – als Maßstab für die anstehende Wahl der Schulart (oder Schule).
3. Kinder brauchen es, so akzeptiert und geliebt zu werden, wie sie sind. Darum versuchen Sie bitte nicht, eine Schulart auszuwählen, die Ihnen am liebsten wäre, und Ihr Kind daran anzupassen. Denn weder wird es dabei glücklich, noch werden sich ihre Hoffnungen und Erwartungen erfüllen.
4. Berücksichtigen Sie auch, wie gern Ihr Kind für die Schule arbeitet und wie selbstständig es dabei ist. Denn: „Man kann den Hund nicht zum Jagen tragen", sagt ein altes Sprichwort. Wenn ständige Aufforderungen oder gar Zwang nötig scheinen, geht die für den langfristigen Schulerfolg so wichtige Lernfreude verloren.
5. Entscheiden Sie sich für die Schulart, in der Ihr Kind – mit größter Wahrscheinlichkeit – erfolgreich sein kann. Erfolge spornen an; das ständige Ankämpfen gegen den Misserfolg aber zermürbt und kann letztlich krank machen. Das gilt übrigens auch für ständiges Unterfordern.
6. Nehmen Sie Ihr Kind und seine Argumente bei der Wahl der Schulart ernst, aber stehen Sie auch zu Ihrer Verantwortung als Eltern. Vor allem, wenn es sich von Argumenten leiten lässt, die nur kurzfristig bedeutsam sind. Mit Ihrer Hilfe lässt sich die durchaus schmerzhafte Trennung von Schulfreunden bald überwinden, neue Freunde werden sich finden. Aber Über- und Unterforderung in der Schule haben langfristige und oft schwer wiegende Folgen.
7. Nutzen Sie jede Gelegenheit zur Beratung in der Schule. Sprechen Sie mit allen Lehrkräften; je mehr Sie über Ihr Kind in der Schule erfahren, desto besser. Dabei sollte es nicht nur um Noten, sondern eher darum gehen, wie sich Ihr Kind fühlt, wie es ihm geht, welche Rolle es in der Klassengemeinschaft spielt. Bedenken Sie, dass sich Ihr Kind in der Schule ganz anders verhalten kann als zu Hause.
8. Die richtige Wahl der weiterführenden Schule ist für Ihr Kind zwar wichtig, aber sie entscheidet nicht allein über seine Zukunft. Die Biografien vieler berühmter Menschen zeigen: Es gibt keinen eindeutigen Zusammenhang zwischen dem Erfolg oder Misserfolg in der Schule und dem Erfolg oder Misserfolg im späteren Leben. Der Übertritt ist nur eine erste Weichenstellung, der noch viele folgen werden.

Überprüfungskatalog für die auszuwählende Schule:

Der hier vorgeschlagene Überprüfungskatalog für die Wahl der weiterführenden Schule kann weder end- noch allgemein gültig sein, denn verschiedenen Menschen sind verschiedene Dinge wichtig – er ist nur ein Beispiel:

- Ist der Schulweg akzeptabel oder problematisch (Länge, Gefahrenpunkte)?
- Ist die Lage der Schule akzeptabel?
- Wie ist die bauliche Anlage der Schule (evtl. behindertengerecht, Biotop, Kleintierhaltung, Schulhofgestaltung, kahle oder bemalte Wände, Innenarchitektur zum Wohlfühlen, usw.)?
- Wie ist die materielle Ausstattung der Schule (Fachräume, Medien)?
- Welche unterrichtlichen Angebote werden gemacht (Sprachen, Fächerprofil)?
- Welche außerunterrichtlichen Angebote gibt es (Feste, Feiern, Fahrten und deren Kosten)?
- Welche Identifikationsmöglichkeiten bietet die Schule ihren Schülern (Sport, Wettbewerbe, Schulhausgestaltung, Feste, Chor, Orchester, Schülertheater, usw.)?
- Welche Rolle spielt die SMV (Schülermitverwaltung oder -mitverantwortung) im Schulleben? Darf sie nur die Schuldisko organisieren oder kann sie wirklich mitgestalten?
- Sind Elternarbeit und Elternmitwirkung erwünscht (Elternsprechzimmer, Sprechstunden und -tage, Rolle des Elternbeirates/der Schulkonferenz)?
- Gibt es in der Schule Beratungsangebote (Beratungslehrer, Schulpsychologe, Schulsozialarbeiter)?
- Welches pädagogische Konzept verfolgt die Schule (Halbtagsschule, Ganztagsschule, Förderunterricht, Hausaufgabenbetreuung; Freiarbeit, Projekte, reformpädagogische Ansätze wie z. B. Montessori-Pädagogik o. a.)?

S. 100 und 101 entnommen und leicht verändert aus: Baustein-Info-Blätter, Baustein Nr. 11, Aktion Humane Schule, 1995; aktuelle Informationen über Bezugsmöglichkeiten und Neuerscheinungen: Bundesgeschäftsstelle Aktion Humane Schule, Merheimer Straße 484, 50735 Köln

Die Beratung für Eltern (und Kinder) nimmt im 4. Schuljahr einen besonderen Stellenwert ein. Deshalb lohnt es sich, gleich zu Beginn des 4. Schuljahres die Eltern zu informieren, wie und wann eine solche Beratung möglich ist, z. B.:

- durch Sprechstunden, die regelmäßig zu festen Zeiten in der Schule angeboten werden;
- durch telefonische Sprechstunden, wobei es hierbei sinnvoll ist, mit den Eltern zu vereinbaren, wann sie welche Lehrerin anrufen können;
- durch Terminabsprachen, wenn die Eltern oder die Lehrerin Einzelgespräche wünschen;
- durch Sprechtage, zu denen die Lehrerin einlädt und für die den Eltern feste Termine vorgeschlagen werden.

In Bezug auf die Form der Beratung wird in der pädagogischen Literatur heute unterschieden zwischen einer Beratung *von* Eltern, bei der die beratende Lehrerin in der Informationen und Hinweise gebenden Rolle agiert, die Eltern eher in der die Beratung aufnehmenden Rolle, und einer Beratung *mit* Eltern, in der auf eher gleichberechtigter Basis wechselseitig Informationen ausgetauscht und gemeinsam auf ihre Bedeutung für die anstehende Entscheidung hin durchdacht werden. Letzteres wird nicht in jedem Fall gelingen, müsste aber zumindest als Ziel die Gestaltung von Elterngesprächen bestimmen. Wichtig ist in jedem Fall, dass versucht wird, ergebnisoffen zu beraten, dass heißt, nicht eine fertige, nicht revidierbare Entscheidung zu verkünden, sondern eine Atmosphäre zu schaffen, in der die eigenen und die Einschätzungen der Eltern gleichermaßen zum Ausdruck gebracht werden können und dann gemeinsam über die vorhandenen Möglichkeiten geredet werden kann.
Ob und wann das betroffene Kind in diese Gespräche einbezogen wird, muss im Einzelfall entschieden werden. Je stärker eine vertrauensvolle Zusammenarbeit mit den Eltern und eine Kultur des Miteinander-Umgehens auch in Eltern-Kindgesprächen bereits vorhanden ist, umso leichter wird es sein, im 4. Schuljahr Beratungsgespräche mit Eltern auch als Eltern-Kind-Gespräche durchzuführen.
Wie viel Vorarbeit das in den Schuljahren 1 bis 3 voraussetzt, hat *Brigitte Beldermann* anschaulich beschrieben. Sie spricht von der Gelassenheit, zu der sie inzwischen aufgrund ihrer Erfahrungen fähig ist, auch wenn es zu verblüffenden Einschätzungen und Schulwahlentscheidungen seitens einzelner Eltern kommt.
Beratung und Gespräche sind aber auch für die Kinder wichtig. Häufig gibt es solche Gespräche nur zwischen „Tür und Angel", wenn die Lehrerin zufällig auf die Ängste und Erwartungen eines Kindes aufmerksam wird. Eventuell könnte die Lehrerin im 4. Schuljahr so etwas wie eine Sprechstunde für die Kinder oder für jedes Kind in größeren Abständen einen eigenen Termin anbieten. Sinnvoll kann auch sein, für die ersten Wochen nach dem Übergang für Gespräch und Beratung zur Verfügung zu stehen.
„Dabei müssen die aktuellen und konkreten Sorgen und Ungewißheiten der Kinder ernstgenommen werden, und zwar nicht im Rahmen des Unterrichts, sondern in individuellen Gesprächen mit verständnisbereiten Erwachsenen. Das bedeutet, daß weniger auf das nicht selten oberflächliche Kennenlernen der neuen Schule durch Besuche, Spiele, Feste, Ausflüge und Hospitationen gesetzt wird, als vielmehr auf Beratungen und Gespräche, die den Kindern in der Zeit unmittelbar nach dem Übergang in den weiterführenden Schulen angeboten werden; Beratungen und Gespräche, die Kinder dann annehmen können, wenn sie selbst das Bedürfnis dafür verspüren." (Beck/Claussen, S. 118)

Grundschulempfehlung bzw. Grundschulgutachten

In fast allen Bundesländern muss eine Grundschulempfehlung ausgesprochen oder, zumindest wenn die Elternentscheidung vom Lehrerinnenurteil abweicht, ein Grundschulgutachten erstellt werden. Diese Empfehlung oder dieses Gutachten wird sicher erleichtert, wenn über einen längeren Zeitraum möglichst genaue Beobachtungen vorhanden sind, und diese Beobachtungen häufig in intensiven Besprechung mit den Eltern oder mit anderen Lehrkräften erörtert wurden. Hilfreich sind auch häufige Notizen über einzelne Beobachtungen, aber auch Gespräche mit dem Kind und den Eltern oder ein Pädagogisches Tagebuch. Die Fülle des Materials, die auf diesem Wege entsteht, gibt die Möglichkeit, einzelne Aussagen zu überprüfen und/oder zu begründen und zu veranschaulichen. In der Regel wird ein Gutachten drei Aspekte enthalten:
- Aussagen über die bisherige Lernentwicklung,
- Aussagen über den aktuellen Leistungstand,
- Aussagen über die zu erwartende Lernentwicklung.

Grundschullehrerinnen sind in aller Regel gut in der Lage, über die beiden ersten Punkte Auskunft zu geben, während alle bisherigen Untersuchungen die Schwierigkeiten der Prognose betonen. Aus diesem Grund empfiehlt es sich, bei der Empfehlung oder dem Gutachten die Lernentwicklung und den Leistungsstand möglichst genau zu beschreiben und dabei auch die Bedingungen, unter denen die Lernentwicklung und die aktuellen Leistungen möglich wurden, zu beachten. Bei den Prognosen lässt sich dann eher mit Wenn-dann-Beziehungen arbeiten („Wenn diese Bedingungen gegeben sind, könnte man erwarten, daß …", vgl. „Entwicklungsberichte statt Übergangsgutachten schreiben", Portmann 1992).

Evaluation

Dass es keine Prognosesicherheit gibt, ist mehrfach betont worden (→ S. 32 und S. 93f.). Hinzu kommt als weitere Schwierigkeit, dass Veränderungen in den weiterführenden Schulen (andere Lehrkräfte, anderes Schulkonzept, …) Jahr für Jahr zu veränderten Bedingungen für den Übergang einzelner Schüler führen können. Gerade deshalb macht es einen Sinn, den Versuch einer Evaluation der eigenen Mitwirkung an der Schulwahlentscheidung zu unternehmen. Dazu bieten sich vor allem Gespräche mit Kindern und Eltern an, die im 5. Schuljahr oder nach dem 6. Schuljahre durchgeführt werden.
Gudrun Bender-Friedrich berichtet, dass die Schülerinnen und Schüler, besonders aber die Mütter auch nach dem Wechsel häufig zu ihr kamen und wenig Erfreuliches berichteten: „Die Bereitstellung umfassender Lernangebote, die den Kindern jederzeit zugänglich sind und die ihnen differenzierendes Lernen ermöglichen, erleben meine ‚Ehemaligen' nur in der 5. Klasse einer integrierten Gesamtschule. An anderen weiterführenden Schulen sitzen sie wie eh und je in Reih und Glied der Tische und Stühle gedrängt und überwiegend frontal zum Lehrerpult ausgerichtet. Es ist klar, daß hier Unterrichten anders abläuft. Dabei sollten doch auch noch in der 5. Klasse Anschaulichkeit des Lernstoffes, Realitätsbezug, Angebote zu entdeckendem, aktivem Tun zu pädagogischen Notwendigkeiten im Unterricht zählen. Die Klagen der jetzigen Gymnasiasten beziehen sich allerdings häufig auf einen allgemeinen Mangel an Verständnis für ihre Eingewöhnungsnöte. Eine zu abstrakte, mit Fremdwörtern gespickte Sprache verunsichert und bremst die eigene Sprechbereitschaft; Anmerkungen bei Klassenarbeiten und Heftkontrollen werden allzu sorglos

(sarkastisch) formuliert und deprimieren, statt Mut zu machen. Angstgefühle, geringes Selbstvertrauen schleichen sich ein und verringern die Anstrengungsbereitschaft … Die Menge der Hausaufgaben ist nicht annähernd in der für die 5. Klasse vorgesehenen Zeit von circa einer Stunde zu bewältigen. Waren in der Grundschule auf Elternabenden ausführliche Diskussionen üblich, so scheint das vielerorts ab der 5. Klasse nicht mehr möglich. Eltern halten sich – speziell am Gymnasium – mit Kritik zurück. Lernschwierigkeiten der Kinder werden nicht eingestanden, sondern durch ein erhöhtes elterliches Mitwirken an den Hausaufgaben auszugleichen versucht – und dies auch bei Schülern und Schülerinnen, die in ihrer Grundschulzeit in meiner Klasse als leistungsstark in Erscheinung getreten sind. Wo Lernkrisen zu meistern sind, sind Eltern und Schüler oft auf sich selbst gestellt. Der Lehrer als Pädagoge verschwindet mehr und mehr, übrig bleibt der Dozent." (S. 121/122)

Macht man solche Erfahrungen, so wird man zwar sicher nicht seine Empfehlungspraxis ändern, aber es kann sinnvoll sein, diese Informationen im nächsten Durchgang in die Beratungen einzubeziehen und Eltern und Kindern Hinweise zu geben, was in diesem oder jenem Gymnasium auf sie zukommen kann. Vielleicht macht es auch Sinn, solche Erfahrungen in einer pädagogischen Konferenz oder in einer Gruppe von Lehrerinnen der eigenen Schule zu diskutieren. Die Aussagen von Grundschullehrerinnen und Lehrern der weiterführenden Schulen (→ S. 40ff.) und die Forschungsergebnisse von *Büchner* und *Koch* zum Lehrerinnen-Bild und zum Unterrichtsstil (→ S. 43ff.) könnten dabei auch als Material dienen.
Eine weitere Möglichkeit der Evaluation sind vor allem Gespräche mit Kollegen bestimmter weiterführender Schule, mit denen eine Zusammenarbeit besteht. So ist es beispielsweise in manchen Bezirken üblich, dass sich die Lehrerinnen der ehemaligen 4. Klassen und die Lehrer der 5. Klassen im November treffen, um noch einmal über die einzelnen Kinder, die gerade den Übergang hinter sich haben, und die Erfahrungen mit ihnen zu sprechen (→ S. 127).

Unterricht und Schulleben in der Abschlussklasse der Grundschule

Wenn man bereit ist hinzunehmen, dass die Grundschule vor allem als Vor-Schule auf die weiterführenden Schulen vorbereiten soll, dann wird man auch akzeptieren, dass die pädagogische Aufgabe im 4. Schuljahr vor allem in einer anpassenden Vorbereitung besteht und eine Art Aufteilung der Klasse in die Gruppen, die anschließend eine entsprechende Schule besuchen sollen, dieser Logik entspricht. Ein vorweggenommene Selektion gemäß der Dreigliedrigkeit des Schulsystems wäre die Folge.
Geht man jedoch davon aus, dass das 4. Schuljahr ein Viertel der politisch beschlossenen und pädagogisch als äußerst gering einzuschätzenden gemeinsamen Grundschulzeit aller Kinder ist und jedes Kind das Recht hat, in diesem Jahr seine individuellen und sozialen Lernprozesse in aller Ruhe und Stringenz weiterzuentwickeln, dann lässt sich die Selektion zwar nicht vermeiden, man gewinnt jedoch eine Position, von der aus Prioritäten und Perspektiven für die Gestaltung der Lernvorgänge und des sozialen Miteinanders gewonnen werden können: Es wird dann nicht darum gehen, die Selektion zu vertuschen

oder zu verdrängen, sondern darum, im Bewusstsein, dass man selektieren muss, gezielt den negativen Wirkungen entgegenzuarbeiten. Damit können vielfältige Einzelprobleme in ihrem Zusammenhang erkannt und gezielt angegangen werden.

Leistungen fördern und bewerten

Leistungen aus allen Gebieten zu fördern, wahrzunehmen und so zu beurteilen, dass jedes Kind Leistungsbereitschaft und Kompetenz entwickeln kann (vgl. Die GRUNDSCHULZEITSCHRIFT, Themenheft: Leistungen fördern und bewerten, 135/2000), wird im 4. Schuljahr noch schwieriger, als es in den ersten drei Schuljahren schon war. Hilfreich ist, wenn Kinder gelernt haben, ihre Leistung einzuschätzen (Möglichkeiten die Selbsteinschätzung zu fördern, s. Kröninger, S. 26/27). Wenn z. B. im 4. Schuljahr Klassenarbeiten geschrieben werden, die besonderen Druck auslösen, weil die Kinder wissen, dass die entsprechenden Noten wichtig für die Schulwahlentscheidung bzw. die Schulzuweisungsentscheidung sind, kann man gezielt überlegen, wie man alle Kinder dazu befähigen kann, die Arbeiten ohne zu große Angst anzugehen und möglichst genau ihr eigenes Können zu zeigen. Wie man hier eine möglichst entspannte Atmosphäre schaffen kann, wird je nach den gemeinsam entwickelten Umgangsformen sehr unterschiedlich sein. In einem 4. Schuljahr, das seit drei Jahren Erfahrung mit Yoga und Entspannungsübungen hatte, fragten z. B. die Kinder die Lehrerin, ob sie vor der Klassenarbeit nicht Yoga machen könnten, ein Vorgehen, das sich als sehr effektiv erwies. Ausschlaggebend ist also die allgemeine Arbeitsatmosphäre und Lernkultur in der Klasse. Je mehr alle Kinder erfahren haben und wissen, dass

- niemand ausgegrenzt wird,
- Fehler nur Schritte auf dem eigenen Lernweg sind,
- man, um anerkannt zu werden, nicht besser sein muss als andere und – gegenseitige Akzeptanz wichtiger Bestandteil des gemeinsamen Lebens ist,

umso eher wird man mit den Kindern auch offen über das Problem des „Arbeitschreibens“ reden können.

Denkbar ist z. B., dass man zunächst eine Norm-Arbeit spielerisch erprobt und daran über die Erfahrungen spricht: Was macht man, wenn man vor Aufregung beim Diktat nicht mehr zuhören konnte? Was macht man, wenn man bei einer Mathematikaufgabe plötzlich das Gefühl hat, gar nichts mehr zu verstehen?
In der Regel sind es sowohl die schwächeren Schüler als auch die besten Schüler, die solche Probleme haben, die einen, weil sie nicht an sich selbst glauben und vor lauter Angst und Nervosität blockieren, die anderen, weil sie fürchten, den hochgesteckten Erwartungen nicht zu genügen. Beide Gruppen, sind damit in der Gefahr, aufgrund der Prüfungssituation nicht ihre wirkliche Leistungsfähigkeit zeigen zu können. Es kann aber auch sinnvoll sein, mit den Kindern über das Problem und über mögliche Strategien offen zu sprechen (vgl. auch das Beispiel von Gerhild Kirchner, → S. 106ff.). Manchmal hilft es auch, wenn man den Kindern offen sagt, wie die späteren Noten zustande kommen und wie die Noten der schriftlichen Arbeiten korrigiert oder durch andere Leistungen kompensiert werden können. Unter Umständen kann man auch mehr als nur die vorgeschriebene Zahl der Klassenarbeiten schreiben und zum Schluss die für das Kind oder die Klasse günstigsten in die Notengebung einbeziehen.

Einige Anregungen für Gespräche mit der Kindergruppe oder einzelne Kinder könnten aus den Texten „13 Sicherheitsgurte für Klassenarbeiten" (→ Das 5. Schuljahr, S. 177) entnommen werden. Dabei macht es sicher nicht viel Sinn, solche langen Listen Kindern im 4. Schuljahr in die Hand zu geben, sie könnten sie eher verwirren und weiter unter Druck setzen. Aber die dort aufgezählten Tipps könnten die Grundlage bilden, um

- mit allen gemeinsam oder in kleinen Gruppen darüber zu sprechen (wobei die Tipps durch die Lehrerin eingebracht oder mit den Kindern entwickelt werden können);
- die Gruppe der Kinder entscheiden zu lassen, was sie für besonders wichtig und interessant halten, und diese wenigen Tipps als Plakat in die Klasse zu hängen;
- einzelne Kinder nach eigenen Prioritäten ein bis drei Tipps auswählen zu lassen, die sie sich aufschreiben;
- einen Austausch über die Erfahrungen mit den Regeln in Gang zu setzen;
- neue Slogans zu entwickeln;
- sich individuelle Ziele zu setzen.

Selbstvertrauen stärken

Ein zentrales Problem scheint es in jedem Fall zu sein, das Selbstvertrauen der Kinder zu stärken und ihnen so zu ermöglichen, vor neuen Aufgaben nicht sofort zu verzagen, sondern sie ohne Angst anzupacken. In diesem Kontext sei auf das Lernen in Projekten verwiesen, denn im Rahmen von Projekten können Kinder auch durch qualitativ unterschiedliche Leistungen einen wichtigen Beitrag zum Gesamtprojekt leisten, z. B. bei einer Theateraufführung.

Dass es auch möglich ist, die Frage des Selbstvertrauens mit den Kindern zu thematisieren und zu untersuchen, zeigt der Beitrag von Gerhild Kirchner: „'Doof gebor'n wird keines!' Kindern helfen, sich wert zu schätzen", der hier verkürzt referiert wird.

Gerhild Kirchner hatte die Erfahrung gemacht, dass Schülerinnen und Schüler mit ungünstigem Lernverhalten und schlechten Noten sich nicht nur im Leistungsbereich negativ beurteilten, sondern auch moralisch abwerteten. Im Anschluss an eine Mathematikarbeit gab sie den Kindern einen Text (s. S. 107).

Die Gedanken ihrer Schülerinnen und Schüler zum Text und zur eigenen Situation bei der Klassenarbeit erkundete Gerhild Kirchner dann mithilfe eines Fragebogens. Aussagen zu den Einzelfragen des Fragebogens stellte sie zu einem Arbeitsblatt zusammen, an dem gemeinsam weitergearbeitet wurde. Im Vergleich der Aussagen fanden die „Guten" das Arbeitsverhalten der „Schlechten" schnell heraus: „Sie geben zu schnell auf, haben zu viele andere Gedanken, konzentrieren sich nicht auf die Aufgabe. Sie glauben nicht an sich selbst und machen sich selbst schlecht." *Gerhild Kirchner* ließ die Kinder dann Hausaufsätze schreiben zum Thema „Was ich denke, wenn wir ein Diktat schreiben". Bei diesen Texten zeigt sich wiederum der Unterschied im Selbstvertrauen. Außerdem fanden die Kinder an den Texten heraus, dass bei einigen Kindern die Eltern sehr viel mehr als Hilfe und Unterstützung mitwirkten als bei anderen. Im Rollenspiel mit einem „alter ego" – ein Kind denkt laut über das Diktatschreiben nach, hinter ihm steht ein anderes und sagt ihm, was ihm am besten nützen würde – wurde versucht, Angstabbau und positive Bekräftigung einzuüben. Es folgten viele Gespräche mit der ganzen Klasse oder in kleinen Gruppen, die dann zu Aussagen führten, die auch die häusliche und schulische Situation in die Über-

Drei Kinder und eine Rechenaufgabe

Schulgeschichte.

„Ist eine Aufgabe für drei Kinder ein und dieselbe Aufgabe oder dreimal eine andere Aufgabe?"

Drei Brüder sitzen auf einer Mauer. Der erste ist halb so alt wie der zweite, und der zweite ist halb so alte wie der dritte. Der dritte sagt: In acht Jahren bin ich doppelt so alt wie heute. Wie alt sind sie Brüder?

Hans: Ich gucke zuerst, wo der Trick ist. Der verrät nämlich, worauf es ankommt. In 8 Jahren bin ich doppelt so alt, klar, das ist es! Dann ist der Junge jetzt acht! Mensch das ist leicht! Der nächste ist vier und der kleine zwei … Schnell die nächste Aufgabe. Macht das wieder Spaß heute!

Fritz: Aha! Doppeltrechnen, das hab ich gern, ich probier einfach mal aus: Der kleine ist drei, der nächste sechs, der dritte 12. In acht Jahren ist er 20. Aber das ist nicht das Doppelte von 12. Die 12 ist zuviel. Ich muß kleiner anfangen: 2, das Doppelte ist 4, davon das Doppelte ist acht – in 8 Jahren ist der doppelt! Hab' ich ein Glück! Das stimmt ja! Wenn ich noch länger ausprobiert hätte, wäre … Schnell die nächste …

Axel: Ich will es nochmal lesen, meine Mutter sagt immer, das ist das Wichtigste, daß du alles genau von vorne liest. Der erste ist halb so alt. – Ich möchte bloß wissen, wie alt der ist, ich kann solche Aufgabe ja doch nicht, ich will nochmal anfangen – der erste ist halb so alt wie der zweite … Wie kann ich denn wissen, wie alt der zweite ist? Ich schaffe die Aufgabe bestimmt nicht, ich kann mich auf was gefasst machen, wenn ich eine Fünf bringe, hat meine Mutter gesagt … halb so alt wie der dritte, ich möchte mal wissen, wie ich diese blöde Textaufgabe machen soll … Ich will nochmal von vorne lesen: Drei Brüder … Was jetzt soll ich die Arbeit schon abgeben? Die sind wohl verrückt …

Irmela Wendt

(aus: Leserunde 3, auch in: Die Grundschulzeitschrift, Heft 59/1992, S. 24)

legungen einbezogen. Dadurch entstand zunehmend eine eher unterstützende Atmosphäre. Ein weiterer Schritt, das Selbstvertrauen zu stärken, war die Sammlung von Fähigkeiten unter der Überschrift „Was ich alles kann", dabei wurden 130(!) verschiedene Fähigkeiten zusammengetragen von Abtrocknen, Kühemelken, lange Wartenkönnen, Lesen, Puddingkochen und Toreschießen, bis zum Witze-Erzählen und Zeichnen. Nur zehn der Fähigkeiten ließen sich eindeutig der Schule zuordnen, 56 dagegen der Freizeit und 64 beiden Bereichen.

Gerhild Kirchner schließt ihren Bericht mit der Feststellung: „Die Unterrichtseinheit hat den Kindern meiner 4. Klasse viele Anstöße gegeben, über Noten und Zeugnisse nachzudenken, unterschiedliche Schulleistungen und die Konsequenzen, die sich daraus für den weiteren Lebensweg ergeben können, besser zu verstehen und manches Vorurteil abzubauen."

Eine derartiges Bewusstmachen von Unterschieden, die in der Klasse vorhanden sind, wird nur dann sinnvoll sein, wenn ein Klima in der Klasse herrscht, welches Diskriminierung vermeidet und Sicherheit für jedes Kinder bietet. Ansonsten sind eher indirekte Wege vorzuziehen, um jedem Kind Selbstvertrauen zu ermöglichen, z. B. durch selbstständiges Handeln im Rahmen von Projekten, durch Anerkennen von besonderen Leistungen bzw. Fähigkeiten auch im nicht direkt schulischen Bereich, durch ständiges Aufzeigen der eigenen Leistung anstelle des Hervorkehrens des noch nicht Geleisteten (z. B. bei Fehlern). „Kinder stark machen", heißt ein Slogan zur Drogenprävention, er könnte auch für die Arbeit im Grundschulunterricht allgemein und speziell im 4. Schuljahr gelten.

Betonung des gemeinsamen Lebens

Eine weitere Möglichkeit, den negativen Folgen, die der Zwang zur Selektion mit sich bringt, zu begegnen, ist die bewusste Betonung des gemeinsamen Lebens. Hierzu gehört eine erhöhte Sensibilität, wenn es um diskriminierende Bemerkungen geht: „Ich gehe aufs Gymi! Und du?" Oder: „Das ist nichts für Hauptschüler!" Nur zu oft tauchen solche Spitzen gerade dann auf, wenn die Kinder durch eine Klassenarbeit oder einen Termin zur Schulwahlentscheidung unter besonderem Druck stehen. Hier müsste die Lehrerin sofort reagieren:

- direkt, durch eine entsprechend Bemerkung oder ein Gespräch mit mehreren Kindern oder der ganzen Klasse, oder
- indirekt, indem sie ein positives Erlebnis (Lied singen/Musik anhören, gemeinsame Spiele/Interaktionsspiele, Vorlesen, Erzählen, ...) einplant, durch das das positive Miteinander wieder bewusst erlebt werden kann.

In diesem Kontext macht es Sinn, im 4. Schuljahr solche gemeinsamen Erlebnisse auch gezielt in der Jahres-Arbeitsplanung zu berücksichtigen. So hat eine Lehrerin, deren Klasse von vielen Kindern mit nicht-deutschem Pass besucht wurde, im 4. Schuljahr regelmäßig gemeinsame Frühstücksfeiern durchgeführt, die von einer kleinen Kindergruppe (und deren Müttern) vorbereitet wurde (weitere Ideen bei Blanck, Rödler, Kröninger). Aber auch Rituale können hier helfen, wie das tägliche Vorlesen, bei dem Lehrerin und Kinder gemeinsam anspruchsvolle Texte aus der Kinderliteratur erleben und sich im Gespräch darüber austauschen (vgl. auch Die GRUNDSCHULZEITSCHRIFT, Themenheft: Vorlesen, 150/2001).

Freiräume für das Leben in der Kindergruppe
Bedeutsam ist sicher auch, dass die Lehrerin den Kindern Freiräume für das selbstbestimmte Leben in der Gruppe der Gleichaltrigen ermöglicht und dabei damit rechnet und es zulässt, dass die Kinder sich zunehmend unabhängig machen und die Lehrerin stärker ausgrenzen. Hierzu ein Beispiel aus einem Forschungsprojekt:

„Zu Beginn des 4. Schuljahres treffen sich die Kinder in ihrem neuen Klassenraum. Er liegt unter dem Dach und es ist heute sehr heiß. Die Lehrerin versucht, im Kreisgespräch viele Dinge zu regeln. Sie will u. a. erklären, an welchem Thema die Kinder in den nächsten Wochen arbeiten sollen. Aber ständig wird irgendwo gegickelt. Sie holt Singh und Said neben sich. Singh: ‚Eh, ich hab ja gar nicht mit Lukas geredet!' Lukas und Singh sitzen sich nun gegenüber. Lukas lacht, Singh lacht. Markus macht mit. Die Lehrerin: ‚Wer es nicht schafft, geht mal raus.' Erst gehen einige, dann immer mehr, zuletzt sind alle Jungen draußen, alle Mädchen sitzen auf ihren Stühlen im Kreis. Nach circa zwei Minuten kommen alle Jungen wieder rein, Benjamin voran. Als Sprecher der Gruppe sagt er: ‚Wir wollen versuchen, uns zu beherrschen!'"

Nicht alle Konflikte, die im 4. Schuljahr auftauchen, sind auf die Übergangsprobleme zurückzuführen. Auch die stärkere Organisation der Kinder untereinander kann im 4. Schuljahr dazu führen, dass häufigere und heftigere Konflikte zwischen Kindergruppen und der Lehrerin entstehen. Diese will ihren Unterrichtsplan verwirklichen und zugleich die Regeln für alle durchsetzen. Im zitierten Beispiel will sie mit ihrer Arbeit im Kreis fortfahren, fühlt sich durch Singh und Lukas gestört und fordert „Wer es nicht schafft, geht mal raus", eine in der Klasse seit drei Jahren erfolgreich praktizierte Regel. Aber diesmal gehen nicht nur die beiden Jungen, die angesprochen sind, es gehen alle Jungen. Davon ist wohl die Lehrerin selbst zunächst verblüfft, aber sie bleibt, ihrer eigenen Regel treu, sitzen und wartet. Hier zeigt sich nun sehr deutlich, dass es nicht mehr einzelne Kinder sind, die die Gleichheit gegenüber den Erwachsenen erproben oder durchsetzen. Die Kinder sind sich der Reaktionen der anderen Kinder derart sicher, dass sie gemeinsam reagieren können, ohne sich abzusprechen. Sie definieren sich als Gruppe und sind fähig, gemeinsam zu handeln, auch gegenüber den Erwachsenen (Beck/Scholz, S. 180ff.).
In diesem Kontext ist es auch wichtig, dass die Kinder im 4. Schuljahr verstärkt üben, ihre Interessen gegenüber den Lehrerinnen zu vertreten. Die Klassensprecherin oder der Klassensprecher erhalten hier eine besondere Funktion: Je eher Kinder aus der Grundschule bereits wissen, dass ihre Interessen durch die Klassensprecher gegenüber den Lehrern vertreten werden können, umso eher haben sie auch im 5. Schuljahr die Chance, sich Gehör zu verschaffen, denn die individuelle Lösung „Ich gehe zum Lehrer und sag es ihm", funktioniert in der Regel in den weiterführenden Schulen nicht mehr. Auch andere Formen der Interessensvertretung, wie der Klassenrat, können im 4. Schuljahr verstärkt wichtig sein (vgl. S. 182ff.).

Lernen in Projekten
Unter den oben genannten Prämissen gewinnt das Lernen in Projekten für das 4. Schuljahr besondere Bedeutung: Zum einen haben die Kinder in den vergangenen drei Schuljahren eine Fülle von Fähigkeiten und Fertigkeiten gewonnen, die sie nun in komplexe-

re Projekte einbringen und durch die sie neues Wissen und neue Fähigkeiten, vor allem im Bereich des selbstständigen und kooperativen Lernens, entwickeln können. Zum anderen bietet gerade das Lernen in Projekten eine besondere Möglichkeit, den negativen Wirkungen der Selektion entgegenzuarbeiten, wenn alle ein gemeinsames Interesse verfolgen und dazu ihre unterschiedlichen Beiträge leisten. Insofern macht es Sinn, gerade im 4. Schuljahr verstärkt Projekte einzuplanen. Das kann einerseits durch gemeinsame Vorhaben wie ein Theaterprojekt, ein Landschulheimaufenthalt oder das Bemalen einer Wand geschehen, andererseits aber auch durch größere Unterrichtseinheiten, in deren Planung und Durchführung die Kinder einbezogen werden und die vielfältige Möglichkeiten der selbstständigen Arbeit beinhalten. Insofern lohnt es sich, den Lehrplan des 4. Schuljahres daraufhin zu überprüfen, welche Ziele oder Themen sich im Rahmen eines Projektes verwirklichen lassen, weil die Kinder

- eigene Fragen formulieren können,
- überlegen können, wie man diesen Fragen nachgehen könnte,
- Arbeitspläne entwickeln und selbstständig und in gemeinsamer Arbeit durchführen können,
- gemeinsam ein Ergebnis zusammentragen und anderen zugänglich machen können (weitere Beispiele finden sich auch bei Blanck, Kröninger, Rödler).

In diesem Zusammenhang erscheint auch die Idee interessant, über die *Herbert Kröll* berichtet: Eine Haupt- und Realschule (mit Förderstufe) lädt zu ihrer Projektwoche auch die Schülerinnen und Schüler der 4. Klassen der umliegenden Grundschulen ein und bietet schulübergreifende Arbeitsgemeinschaften für die Klassen 4–6 an (→ S. 138).

Der Übergang als Unterrichtsthema

Ein mögliches Thema für ein Projekt könnte auch der Übergang in die weiterführenden Schulen sein, wenn das Thema unter Beteiligung der Kinder bei der Planung und Durchführung bearbeitet wird und ein gemeinsames Ergebnis (Abschiedsbuch, Ausstellung, Ton-Bild-Schau, o. Ä.) erbringt (Beispiele: s. Blanck, Kröninger, Rödler).

Eine Unterrichtseinheit „Schulwechsel" kann dazu beitragen, die Kinder besser auf den Übergang vorzubereiten. Denn im Rahmen einer solchen Einheit können vielfältige Aktivitäten Platz greifen, mit deren Hilfe sich die Kinder selbstständig und kooperativ mit dem anstehenden Übergang auseinander setzen. Dabei sind unterschiedliche Formen der Themenbearbeitung denkbar:

- Bearbeitung in Form eines Projektes (Thema für einen längeren Zeitraum, aktive Beteiligung der Kinder bei der Planung und Durchführung),
- Bearbeitung in Form einer Unterrichtseinheit (Planung und Auswahl der Materialien liegt weitgehend in der Hand der Lehrerin, die selbstständige Aktivität der Kinder kommt vor allem bei der Bearbeitung einzelner Aufgaben zum Tragen),
- Bearbeitung durch eine Vielfalt kleinerer Aufgaben und Vorhaben, die immer mal wieder im Laufe des Schuljahres in die Arbeit eingestreut werden.

Bei einem Projekt oder einer größeren Unterrichtseinheit kann die Erkundung einer oder mehrerer weiterführender Schulen eingeplant werden. Ob und in welcher Form eine solche Erkundung sinnvoll ist, hängt zunächst vom Ziel ab: Sollen die Kinder ihre nächste

Schule kennen lernen oder etwas über das Schulsystem und die verschiedenen Schulformen verstehen? Aber auch die konkrete Fallstruktur ist ausschlaggebend: Gibt es nur eine Orientierungsstufe, auf die alle Kinder wechseln oder nur eine Hauptschule, eine Realschule und ein Gymnasium, zwischen denen die Schulwahlentscheidung getroffen werden muss, so lässt sich eine Schulerkundung sicher gut organisieren und mit genügend Zeitaufwand und Intensität bewältigen. Stehen aber neben integrativen Schulen (IGS, Förderstufe) auch mehrere Schulen für die einzelnen Schulformen des dreigliedrigen Schulsystems zur Wahl, so muss man entscheiden, ob eine Erkundung sinnvoll ist oder wie man sie durch Beschränkung auf wenige Beispiele handhabbar machen kann.
Die nachfolgend zusammengetragenen Ideen und Vorschläge für eine Unterrichtseinheit oder ein Projekt „Übergang" können gemäß der eigenen pädagogisch-didaktischen Entscheidung als Steinbruch verwendet werden. Mögliche Teile eines solchen Vorhabens könnten sein:

– Wünsche und Erwartungen formulieren
In unterschiedlicher Weise (Kreisgespräch, einzelne Wünsche und Erwartungen auf Karten schreiben, an der Pinnwand sammeln und nach einiger Zeit besprechen, Traumgeschichten schreiben, Schulwechsel-Gedichte schreiben, s. unten, Collagen herstellen, aus Zeitschriften ausgeschnittenen Bilder in Umrissen einkleben: Welche Bilder passen zu einem Grundschulkind, zu einem Sekundarstufenkind? Können die anderen erkennen, was

SCHwer wird es in der neuen Schule.
Unterricht habe ich bestimmt länger.
Lernen muss ich mehr als jetzt.
Wo wird mein Klassenzimmer wohl sein?
Elo oder Lio, auf eine von beiden gehe ich.
Chemie werde ich hoffentlich bekommen.
Hoffentlich finde ich schnell neue Freunde.
Sehr viel Hausaufgaben werde ich bekommen.
Einen weiten Weg werde ich haben.
Lehrer werde ich für jedes Fach einen anderen haben. Theresa

SCHon weiß ich, auf welche Schule ich gehe.
Und meine Schwester sehe ich auch.
Lehrer der Schule kenne ich schon.
Wie finde ich mich dort zurecht?
Endlich lerne ich neue Kinder kennen.
Chemie will ich lernen.
Hoffentlich komme ich mit Kinder, die ich kenne, in eine Klasse.
Spaß habe ich auch am Wechsel.
Ein bisschen habe ich Angst vor der Schule.
Leider habe ich dann einen längeren Schulweg. Lars

(4. Klasse, Rehbergschule Roßdorf bei Darmstadt)

gemeint war, woran?) lassen sich die eigenen Vorstellungen zur Sprache bringen und dokumentieren. Vielleicht kann man auf diese Aussagen am Ende des Projektes noch einmal eingehen um zu überprüfen, ob sich etwas in den Erwartungen verändert hat.

Eines der Angebote an die Kinder könnte es sein, Schulwechselgedichte zu schreiben, wie es *Brigitte Beldermann* beschreibt. Sie hat die Kinder ihres 4. Schuljahres angeregt, die Buchstaben des Wortes Schulwechsel senkrecht auf ein Blatt zu schreiben und sich zu jedem Buchstaben einen Satz zu überlegen. Um die Aufgabe nicht unnötig zu erschweren (es wäre z. B. zweimal notwendig geworden, für den Buchstabe C einen passenden Satz zu finden), wurde das „Sch" am Anfang als ein Buchstabe verstanden.

Die Gedichte können zeigen, welche Kinder eher ängstlich, welche eher zuversichtlich gestimmt sind und können damit auch für die Lehrerin hilfreich sein, durch gezielte Angebote individuelle Lernprozesse zu befördern, z. B. indem gerade bei ängstlichen Kindern versucht wird, deren Selbstvertrauen zu stärken (→ S. 106). Die Idee lässt sich auch auf andere Begriffe anwenden, z. B. auf die Begriffe Grundschule, Hauptschule, Realschule, Gymnasium, Gesamtschule oder die konkreten Namen bestimmter Schulen.

– Informationen beschaffen
Um an Informationen über die wichtigsten weiterführenden Schulen in der Umgebung zu gelangen, können die Schülerinnen und Schüler an Schulen schreiben und um Schulprospekte bitten oder diese an den Schulen abholen, wenn eine weiterführende Schule zufällig gut erreichbar ist. Ob die Prospekte dann direkt in kleinen Gruppen bearbeitet werden können, hängt von den Prospekten selbst ab und von der Fähigkeit der Kinder, in Gruppen selbstständig komplexere Texte zu bearbeiten. Informationen lassen sich aber auch beschaffen über die Befragung von Geschwistern oder älteren Schülerinnen und Schülern, die dazu auch in die Schule eingeladen werden können (→ s. nächster Abschnitt: „Experten befragen"). Die daraus gewonnenen Informationen können gut mithilfe einer Wandzeitung dokumentiert werden. Einerseits damit sie laufend ergänzt und verändert werden können und andererseits, damit alle Kinder über einen längeren Zeitraum Gelegenheit haben, sich mit diesen Informationen zu beschäftigen.

– Experten befragen
Oft reichen die nackten Informationen nicht aus, weil die Interessen der Kinder nicht so sehr auf feine Unterschiede der Schulorganisation gerichtet sind, sondern eher auf die Spielmöglichkeiten auf dem Schulhof, den Umgang zwischen jüngeren und älteren Schüler oder eine Charakterisierung der Lehrer betreffen. Ehemalige Schülerinnen und Schüler der Schule könnten um Beiträge für die Schülerzeitung gebeten werden (s. S. 113). Oft sind gerade ältere Schüler als Experten einzustufen, wobei es sich meist empfiehlt, Schülerinnen und Schüler der 7.–10. Klasse anzusprechen, weil diese bereits eher wieder Distanz zum 5. Schuljahr haben und dadurch klarer Auskunft geben können. Diese älteren Schüler können in die Grundschule eingeladen werden, was ihre Expertenrolle betont. Bei Befragungen in den weiterführenden Schulen könnte eine solche Befragung auch zur Pflichtaufgabe geraten, z. B. wenn die Jugendlichen von den Lehrern unvorbereitet mit dieser Aufgabe betraut werden. *Hans Dieter Bunk* berichtet von einer solchen Befragung, bei der die Aus-

Wie geht es weiter nach 4 und 6? –

... ehemalige Schüler/innen berichten

Hi, Schüler der Adolf-Reichwein-Schule

Wir, Sonia, Jasmin, Sirilak und Nathalie waren bis zur 6. Klasse in der Adolf-Reichwein-Schule. Nach der 6. Klasse wollten wir eigentlich auf das Gymnasium gehen, weil wir gute Noten hatten. In der Mitte der 6. Klasse durften wir eine Probewoche auf dem Gymnasium der Weingartenschule machen. Nach dieser Probewoche sollten Sonia, Jasmin und Nathalie auf das Gymnasium und Sirilak auf die Realschule gehen. Das haben wir dann auch so gemacht. Als wir am ersten Schultag in die Schule kamen, mussten wir zuerst an einer Tafel lesen, in welcher Klasse wir sind. Danach sind wir in unsere Klassen gegangen. Wir kamen uns ziemlich fremd in der neuen Klasse vor, weil die Klasse schon seit zwei Jahren zusammen war, und wir als Einzige neu dazukamen.
In der Pause stellen wir dann fest, was es an dieser Schule alles gibt. Außerdem gibt es für viele Fächer einen anderen Raum, z. B. für Physik, Biologie oder Kunst. Es gibt auch einen extra Raum, in dem man Arbeiten schreibt.
Weil es Sonia und Nathalie auf dem Gymnasium wegen den vielen und schweren Hausaufgaben und des schnellen Themenwechsels zu schwer wurde, wechselten sie auf die Realschule. Der Wechsel vom Gymnasium auf die Realschule dauerte nur zwei Tage. Am Ende des Schuljahres waren wir mit unserem Zeugnis ganz zufrieden.

Aus der Schulzeitung der Adolf Reichwein Schule in Frankfurt am Main

wahl der „Experten" durch die Klassenlehrerin des 4. Schuljahres und einen Klassenlehrer der weiterführenden Schule durchgeführt wurde:
„Diese Auswahl wurde nicht der Beliebigkeit überlassen, weil für diese Form der sachlichen Befragung Schüler benötigt wurden,
- die kein gespanntes Verhältnis zur früheren Schule haben,
- die mit der neuen Schule keine Privatfehde austragen wollen,
- die sich gut verbalisieren können,
- die sowohl kritisch als auch redlich urteilen können,
- die das Hearing ernst nehmen und seinen Sinn für die jüngeren Schüler einsehen."

(Bunk, S. 27)

Experten zu befragen kann sich aber auch auf Erwachsene beziehen, z. B. auf Eltern, die selbst Lehrer sind oder Erfahrungen mit älteren Kindern in einer Schule gemacht haben oder auf Lehrer weiterführender Schulen. In jedem Fall ist es bei solchen Befragungen wichtig, dass alle Kinder vorher konkrete Fragen notieren, die sie eventuell stellen wollen.

– Schulerkundung durchführen

Bei einer solchen Erkundung lassen sich vier Arbeitsschritte unterscheiden, bei denen teilweise auch die bereits dargestellten Aktivitäten wichtig sind:

1. Ideensammlung

Was wollen wir bei einem Besuch in einer oder mehreren weiterführenden Schulen herausfinden? (Dies setzt das Bewusstmachen eigener Erwartungen und die Verarbeitung von Informationen voraus.)

2. Vorbereitung des Besuches

Verteilung der Aufgaben auf mehrere Kindergruppen, z. B. Briefe an die Schulleitung, Fragen an die Lehrer und an ältere Schüler zusammenstellen, Schulwege untersuchen, …

3. Durchführung des Besuchs

Als günstig hat sich erwiesen, die Klasse in kleinere Gruppen aufzuteilen, die jeweils von einer Gruppe älterer Schüler betreut werden. Aufgabe der älteren Schüler könnte es sein, den jüngeren Kindern die Schule zu zeigen und auf ihre Fragen zu antworten. Führungen durch ältere Schüler sind hilfreich, unter der Bedingung, dass die Älteren gelernt haben, sich auf die Jüngeren einzustellen, dann sind sie meist besser in der Lage, Hinweise zu geben, als Lehrer, die unter Umständen am Interesse der Viertklässler vorbei zu stark auf bestimmte schulorganisatorische Aspekte eingehen. Bei Führungen durch Lehrer muss die Grundschullehrerin darauf achten, dass die Kinder ihre eigenen Fragen und Interessen ins Spiel bringen können. Wenn mehr als eine Schule erkundet werden soll, kann man überlegen, ob jeweils nur eine Gruppe eine Schule besucht, der Rest der Klasse eine andere.

Auf ein Problem soll hier noch hingewiesen werden: Gerade, wenn die besuchte Schule sehr groß und unübersichtlich ist, führt ein Besuch manchmal nicht dazu, Ängste abzubauen, sondern kann sie sogar verstärken. Die Kinder könnten die Angst entwickeln, sich im neuen Schulhaus nicht zurechtzufinden: Eine Angst, die in Wirklichkeit unnötig ist, weil die Orientierung in der Regel relativ schnell gelingt, vor allem wenn vonseiten der weiterführenden Schule durch Führungen und Rallyes zur schnellen Orientierung verholfen wird. Auf dieses Problem sollte man die Kinder (und auch die durch die weiterführende Schule begleitenden Schüler oder Lehrer) hinweisen. Ergänzend zur Schulführung könnte man auch an Teilnahme im Unterricht des 5. Schuljahres denken, wobei nach allen Erfahrungen vor allem der Englischunterricht als neues Fach für die Viertklässler interessant ist.

4. Auswertung des Besuchs

Zunächst werden die verschiedenen Gruppen sich wechselseitig erzählen, welche Erfahrungen sie gemacht und welche Informationen sie zusammengetragen haben. Was mit diesen Ergebnissen weiter geschieht, muss dann gemeinsam entschieden werden. Es könnte sein, dass das Interesse der Kinder sich nach der Erkundung anderen Teilthemen zuwendet.

Falls eine Erkundung der weiterführenden Schulen nicht infrage kommt, könnte man, wie *Greiling* und *Ramseger* berichten, „fünftes Schuljahr üben":

„Elf Wochen vor dem Ende des vierten Schuljahres lösten wir die Gruppentische auf, richteten die Bänke zur Tafel aus, beschafften uns ein Lehrerpult (die Schüler bestanden darauf, daß die Lehrerinnen zukünftig dort ihren Standort haben sollten) und begannen erstmalig mit Fachunterricht im 45-Minuten-Takt.

Die Kinder erhielten einen richtigen Stundenplan, der allerdings noch kleine helfende Hinweise enthielt: ‚Heute vor dem Schlafengehen den Stundenplan studieren! Was Du brauchst, zurechtlegen!' oder: ‚Freitag Turnzeug mitbringen!' Die Erwachsenen machten sich in den Pausen rar und taten so, als müssten sie unbedingt ins Lehrerzimmer. Sie wechselten sich brav von Stunde zu Stunde ab und brachen konsequent den Unterricht ab, wenn der Kurzzeitwecker klingelte und die nächste Kollegin vor der Tür stand. Und sie ließen erstmalig Klassenarbeiten schreiben, die sie nicht – ... – nach dem Leistungsvermögen der Kinder differenzierten, sondern von allen Kindern der Klasse dieselbe Arbeit forderten. Nur montags und freitags gönnten wir uns noch ein paar Stunde ‚Freier Arbeit', um weiterhin individuelle Lerndefizite aufarbeiten und begonnene Produkte aus verschiedenen Projekten fertigstellen zu können.
Das Verhalten der Kinder änderte sich deutlich. Sie machten zwar lebhaft und interessiert mit, zeigten ein ausdauerndes Arbeitstempo und kontinuierliche Aufmerksamkeit bis zur sechsten Stunde; aber sie stürmten auch wie Achtklässler in die Pause, tobten sich mit auffallend großer Lautstärke aus und nahmen in der ersten Woche die vielfältigen Spielangebote, die weiterhin im Klassenzimmer zu ihrer Verfügung standen, überhaupt nicht wahr.
Vor Beginn des Unterrichts hingen sie untätig herum, und wenn einige schneller fertig waren als die Mitschüler, warteten sie passiv auf das Stundenende oder auf neue Anweisungen seitens der Mitarbeiter. Sie gerieten häufig in Streit, und ihre Pausenspiele ließen die gewohnte Phantasie vermissen. Sie lernten zwar neue Verhaltensweisen, aber sie regredierten erheblich.
Zu unserer Verwunderung gefiel es ihnen großartig! Während sich die Kolleginnen im Fachlehrersystem ausgesprochen unwohl fühlten und die Gelegenheit zu persönlicheren Gesprächen mit den Kindern vermissten, kommentierten diese nun Donnerstag die Feststellung, dass Freitag Freie Arbeit stattfinden würde, fast bedauernd: ‚Morgen ist keine Schule!'
Wir haben ihnen die Freude an der neuen Unterrichtsform nicht genommen. Schon in der ersten Nachbesprechung haben die Kinder gravierende Nachteile selbst erkannt: Die, die vorne saßen, beschwerten sich genauso, beim Melden nie dranzukommen, wie diejenigen, die in der Mitte oder hinten gesessen hatten – offenkundig kommen im Frontalunterricht alle Kinder wenig zum Zuge.
Und alle erkannten, wie dumm derjenige dran ist, der bei einer festen Sitzordnung einen schlechten Platz erwischt hat. Aber sie waren davon überzeugt, daß sie auch so eine Menge gelernt hatten, nur eben anders. Die Veränderung der Beziehungen zwischen den Kindern und uns fanden sie weniger schlimm als die Erwachsenen: Sie begannen, sich von uns abzunabeln! Nur beim Mittagessen blieben sie länger sitzen und hatten sich und uns unendlich viel zu erzählen. Im übrigen wollten sie bis zum Schuljahresende in dieser Form weiterarbeiten."

(Greiling/Ramseger, S. 39 f.)

– Über eigene Berufswünsche nachdenken

Beim Übergang in die weiterführenden Schulen werden auch Weichen für spätere Berufsmöglichkeiten gestellt. Das ist vielen Kindern nicht klar, könnte aber thematisiert werden.

Bei der Produktion von Texten zu Themen wie „Was ich einmal werden will" oder „Mein Traumberuf" können Kinder ihre Wünsche und Vorstellungen zur Sprache bringen und sich dadurch gedanklich mit ihrer eigenen Zukunft auseinander setzen. Dabei ist es keineswegs notwendig, im Einzelfall aber vielleicht möglich, mit den Kindern über den Zusammenhang Schulwahl und Beruf zu sprechen.
Übrigens: Sich mit der Zukunft auseinander zu setzen gelingt umso besser, je stärker man sich seiner Vergangenheit bewusst ist. Es wäre also durchaus denkbar, mit einer Lernsequenz zu beginnen, die den bisherigen Werdegang, z. B. auch in den vier Jahren Grundschule, bewusst macht (Blanck, Rödler).

– Ergebnisse dokumentieren

Wenn ein Projekt gut läuft, d. h. genügend Dynamik durch die Interessen und Aktivitäten der Kinder vorhanden ist, könnte man das Projekt mit einer Dokumentation abschließen. Das könnte in Form eines Buches geschehen, von dem dann jedes Kind auch ein Exemplar als Erinnerung bekommen könnte. In diesem Fall könnte es um Fotos und/oder Autogramme der Kinder ergänzt werden, die die jeweilige Schule besuchen werden. Es kann auch sinnvoll sein, die Ergebnisse als Wandzeitung im Schulhaus darzustellen oder sie als Ton-Bild-Schau auf einem Elternabend o. Ä. vorzustellen.

– Landschulheimaufenthalt

Ein (letzter) Landschulheimaufenthalt ist meist ein besonderer Höhepunkt der Gemeinsamkeit: Das Leben in der Gleichaltrigengruppe, die Freundschaften, das gemeinsame Essen, Duschen, Schlafen, ... die Möglichkeit selbstständiger Projekte. All das ist aufregend, kann aber nun auch in besonderem Maße gelingen, und wird ein Stück weit auch von dem Gedanken bestimmt sein, das eine solche Gemeinsamkeit das letzte Mal in dieser Form bzw. mit dieser sozialen Gruppe stattfindet.

Auf ein spezielles Problem sei zum Schluss noch verwiesen: Manche Kinder müssen sehr lange darauf warten, ob die Schule, an der sie angemeldet wurden, sie auch aufnimmt. Manche müssen sie sogar mit einer Ablehnung fertig werden. Diese Zeit ist äußerst aufregend und belastend. Hier ist sicher viel Geduld, Zuwendung und Unterstützung vonseiten der Lehrerin gefragt.

Abschied

Der Abschied braucht Rituale (→ S. 47, 68) und es lohnt sich, darüber nachzudenken, wie man das Abschiednehmen gestalten kann. Der Abschied besteht nicht nur aus einer Abschiedsfeier. Er beginnt, sobald den Kindern klar wird, dass dies ihr letztes Schuljahr in der Grundschule ist. Wie gelingt es, Abschied zu nehmen nach vier Jahren des gemeinsamen Lernens und Lebens? Wie kann der Abschied helfen, dass Kinder sich selbstbewusst den neuen Herausforderungen beim Schulwechsel stellen? Das bedarf einer gezielten Gestaltung, die die Zeit des gemeinsamen Lebens bewusst macht und zugleich zu einem für jedes Kind wichtigen und richtigen Abschluss bringt und dies sowohl auf die Klasse als auch auf die Schulgemeinde bezieht.

Im Rahmen unserer Erkundungsprojekte sind wir auf eine Fülle unterschiedlicher Ideen gestoßen, von denen einige hier als Anregungen vorgestellt werden.

Rückblick

Ein Rückblick auf die vergangenen vier Jahre kann den Kindern bewusst machen, was in dieser Zeit alles geschehen ist und was sie selbst alles gelernt und erfahren haben. Möglichkeiten hierfür werden stark von den bisherigen Arbeitsweisen abhängen. So war es in einer Klasse üblich, ein „Tagebuch" zu schreiben, in das jede Woche durch ein anderes Kind Eintragungen vorgenommen wurden. Gegen Ende des 4. Schuljahres wurden diese Tagebücher hervorgeholt und jedes Kind erhielt die Gelegenheit, darin zu schmökern, den anderen einen Auszug vorzulesen und die gemeinsame Erinnerung zu wecken. In anderen Klassen gehörte es zum Abschied, dass jedes Kind einen freien Text über seine Grundschulzeit erstellte. Diese Texte waren höchst unterschiedlich. Meist betrafen sie besonders lustige oder aufregende Ereignisse, die dann beim Vorlesen noch einmal von allen erinnert werden konnte. Es wäre auch denkbar, eine Gemeinschaftsarbeit zu erstellen, in die Fotos, Zeichnungen aber auch Texte eingehen. Bei einer solchen Gemeinschaftsarbeit sind vor allem die Gespräche bei der Auswahl und Anordnung der Einzelbeiträge wichtig, weil durch sie die Ereignisse noch einmal gedanklich verarbeitet werden können (vgl. auch Blanck, Kröninger, Rödler: Abschied nehmen).

Abschiedsbuch

Ein Abschiedsbuch wird in vielen Fällen genutzt, um gemeinsam Erlebtes in Erinnerung zu behalten und um sich an die Kinder zu erinnern, mit denen man vier Jahre lang zusammen war.

„Abschiedsbuch – Klassenbuch – Erinnerungsbuch:
Für das Buch über uns sammelten wir besonders gelungene Texte, Beschreibungen über die Schule, Erinnerungen aus der Grundschulzeit, Meisterwerke unserer Künstler, Fotos. Eine sehr intensive Beschäftigung mit jedem Einzelnen gelang uns beim Schreiben von ‚Elfchen'. In dieser Textform verdichten sich die Gedanken und bringen sehr treffend und einfühlsam, ja poetisch zum Ausdruck, was man über ein Kind dachte, empfand, fühlte. Besonders schön sehen die Gedichte aus, wenn sie von den Kindern auf der Freinet-Druckerei gedruckt werden. Jede Schülerin und jeder Schüler kann dann ein ‚Original' erhalten!"

(Jutta Schösser)

Marc
Unser
Fußballer
er rennt schnell
wir rufen ihm zu
Tor!

Silvio
immer neugierig
und Experte
über Katzen
braune Augen
leuchten fröhlich

Eugenia
von weit her
sie schreibt
so schön
wir bewundern
es still

(Drei Abschieds-Elfchen, entnommen aus: Die Grundschulzeitschrift Heft 121, S. 46)

„Ein Schreibprojekt zum Abschluß der 4. Klasse:
Es handelt sich um eine 4. Klasse mit 21 Kindern, ... Da ich die Kinder vom 1. Schuljahr an hatte, konnte ich über einen längeren Zeitraum hinweg beobachten, wie sie Kontakte miteinander knüpften ... Erst wenige Monate vor Beendigung des 4. Schuljahres – bis auf wenige mussten sich die meisten Kinder voneinander trennen – hielt ich den Zeitpunkt für gekommen, mit den Kindern über Themen wie ‚Freundschaft' und ‚Abschiednehmen' zu sprechen.
Wir lasen zunächst Geschichten von *Peter Härtling*, *Gudrun Mebs* und *Renate Welsch* und machten uns dann Gedanken darüber, wie Freundschaften zustande kommen, was sie im Einzelfall bedeuten, was Freunde voneinander erwarten können und wodurch Freundschaften aber auch immer wieder in Gefahr sind, zerstört zu werden.
Anschließend gab ich den Kindern eine Liste mit Überschriften in die Hand. Sie lauteten: ‚Ein spannendes Erlebnis mit einer Freundin/einem Freund', ‚Wie ich meine beste Freundin/meinen besten Freund kennenlernte', ‚Wie meine beste Freundin/mein bester Freund und ich uns einmal stritten' und ‚Wie ich mir eine gute Freundin/einen guten Freund vorstelle' und ließ ihnen zwei Wochen Zeit, selbst eine Geschichte zu schreiben. Einzige Bedingung: Das Erzählte musste unbedingt von ihnen handeln und sollte möglichst etwas mit unserer Klasse zu tun haben. Zusätzlich versuchte ich, negative Erfahrungen, die jeder von ihnen schon einmal gemacht hatte, mit Hilfe von Interaktionsspielen neu zu aktivieren. Daneben machte ich von jedem Kind ein Foto und ließ es dazu irgendeinen charakteristischen Gegenstand aus der Klasse auswählen.
Alle Beiträge zusammen ergaben ein Buch im DIN-A5-Format, mit dem Computer geschrieben und vervielfältigt, das dann bei unserer Abschiedsfeier mit Eltern, Großeltern und Geschwistern an die einzelnen Kinder verteilt und anschließend von mir vorgetragen wurde.
Da die Kinder bis zu diesem Zeitpunkt nur ihre eigene Geschichte kannten, waren sie häufig sehr erstaunt, welch' unerwartet positive Rückmeldungen sie von anderen bekommen hatten. Sie sprachen noch tagelang darüber.
Außerdem stellte sich bei dieser Gelegenheit heraus, dass sämtliche Kinder mit anderssprachigen Eltern ihren Platz innerhalb der Klassengemeinschaft gefunden hatten und dass bei allen Streitigkeiten, die es immer wieder gegeben hatte, doch so etwas wie ein Zusammengehörigkeitsgefühl entstanden war.
Nun konnten sich alle auf den Neuanfang freuen. So bildete das Büchlein nicht nur eine schöne Erinnerung für uns alle, sondern es zeigte auch, wie wichtig Freundschaft insgesamt ist und wie verschieden die Möglichkeiten sind, Freundschaft zu schließen. Freundschaft, und das sollte den Kindern bei dieser Gelegnheit auch klar werden, funktioniert nur, wenn beide Seiten etwas dazu tun."

(Heinke Kilian)

In einem anderen Fall hat die Grundschullehrerin selbst ein Buch für jedes Kind hergestellt. Es enthielt Berichte über den Landschulheimaufenthalt, den die Klasse im 4. Schuljahr durchgeführt hatte, verschiedene Fotos aus dem Schulalltag sowie Texte aus einem Indianer-Projekt, bei dem sich jedes Kind selbst einen Indianernamen gegeben hatte und eine Geschichte schrieb, wie es zu diesem Namen gekommen war.

Auszug

Ein weiterer Teil des Abschieds ist der Auszug aus dem bisherigen Klassenraum. Gerade in Grundschulklassen, in denen es viel Material gibt und viele Kinderarbeiten dokumentiert sind, wird es einige Zeit in Anspruch nehmen, den Klassenraum zu räumen: Schülerarbeiten werden zurückgegeben, bei Gemeinschaftsarbeiten muss über deren Verbleib entschieden werden, Ausstellungsstücke und Leihgaben müssen zurückgegeben werden, ausgeliehene Schulbücher müssen wieder abgeliefert werden, für Pflanzen und Tiere muss ein neues Zuhause gefunden werden … Der Klassenraum wird während einiger Wochen immer leerer, zeigt deutlich, dass der Abschied naht. Die Kinder spüren in dieser Phase deutlich, dass die Lehrerinnen dabei sind, sich von ihnen ab- und neuen Aufgaben zuzuwenden. Deshalb kann es sinnvoll sein, anzubieten, dass und wie die Kinder weiterhin in Kontakt zur Lehrerin behalten können, falls sie es wünschen.

Abschiedsfeier

Eine Abschiedsfeier sollte in jedem Fall in der einen oder anderen Form eingeplant und gestaltet werden. Möglichkeiten sind:

- ein Nachmittag als Klassenfest organisiert, bei dem noch einmal die fröhliche Gemeinsamkeit der Klasse im Zentrum steht;
- eine formell gestaltete Feier mit Eltern und Geschwistern, deren Programm in Text und Musik auf den Abschied bezogen ist;
- ein Schulfest mit einem Programmpunkt „Verabschiedung der Schulabgänger";
- eine von den Schülerinnen und Schülern organisierte „Abschiedsaktion";
- ...

Es können auch verschiedene solcher Feiern miteinander kombiniert werden: Wenn noch eine offizielle Verabschiedung durch die Schulgemeinde geplant ist, kann der Abschied in der Klasse informeller vonstatten gehen und sich auf fröhliche Aktionen, gemeinsame Erinnerungen oder die Überreichung der Erinnerungsbücher beschränken. Je deutlicher der Abschied in der Klasse sich bereits über einen längeren Zeitraum hinweg vollzogen hat, umso eher kann es Sinn machen, eine offizielle Verabschiedung durch die Schulgemeinde als Schlusspunkt zu planen. Wenn in einer Schule das Ritual einer Wochenabschlussversammlung praktiziert wird, kann die Verabschiedung in dieses Ritual integriert werden und den letzten Schlusspunkt, nach der Verabschiedung in der Klasse, bilden.
In jedem Fall sollte die gut gewählte Form den Kindern signalisieren, dass sie nun einen Abschnitt ihres Leben erfolgreich absolviert haben und begleitet von guten Wünschen in einen neuen Lebensabschnitt überwechseln. Wenn sie nach dieser Verabschiedung das Schulhaus verlassen, gehören sie nicht mehr dazu und können höchstens als gern gesehene Gäste zurückkehren.

Zusammenarbeit

Einführung

Zusammenarbeit zwischen Grundschulen und weiterführenden Schulen wird immer wieder in der Literatur als wichtig und notwendig eingeschätzt. So fordert z. B. Hanns Petillon: „Grund- und Sekundarschulen müssen mehr miteinander kooperieren. Lehrerinnen und Lehrer sollten gegenseitig hospitieren, um Unterrichtsklima und Unterrichtsmethoden in der jeweils anderen Schulart kennenzulernen."
Die Begründungen für solche Forderungen beziehen sich zum einen auf die Kinder und deren Anspruch auf kontinuierliche Entwicklung ihrer Fähigkeiten. Zum anderen beziehen sie sich aber auch auf die beteiligten Lehrerinnen und Lehrer, weil durch die Zusammenarbeit
- ein klareres Bewusstsein der Bedingungen der eigenen professionellen Arbeit möglich wird,
- gezielter auf die vorhandenen Voraussetzungen oder die künftigen Notwendigkeiten hin gehandelt werden kann und
- in gemeinsamer Arbeit neue und effektivere Handlungsweisen entwickelt werden können.

„Zusammenarbeit" also als Zauberwort, durch das alle Schwierigkeiten des Übergangs beseitigt werden können? Nur zu oft stoßen bereits die ersten Schritte auf dem Weg dazu auf vielfältige Probleme: Die Gespräche leiden unter den wechselseitig negativen Vorerwartungen oder erschöpfen sich in gegenseitigen Unterstellungen, nicht genug oder falsch zu arbeiten, oder sie reduzieren sich auf rein formale Fragen und lösen damit eher Frustration als Erkenntnis und Selbsterkenntnis aus. Dass das so ist, lässt sich wohl kaum mit Böswilligkeit der beiden Partner erklären, sondern hängt vor allem mit den vorhandenen strukturbedingten Schwierigkeiten zusammen (→ S. 12ff., 39).
Viele Erfahrungen und Untersuchungen zeigen, dass Zusammenarbeit zwischen verschieden ausgebildeten und geprägten Pädagogen nur gelingt, wenn gewisse Voraussetzungen gegeben sind. Solche Erfahrungen und Untersuchungen liegen z. B. aus dem Bereich der Eingangsstufe vor, in der Grundschullehrerinnen und Sozialpädagoginnen gemeinsam mit fünf- und sechsjährigen Kindern arbeiten, oder aus Integrationsklassen (Kinder mit Behinderungen in Regelschulklassen), in denen Sonderschullehrerinnen und Regelschullehrer zusammenarbeiten. In beiden Fällen zeigt sich deutlich, dass über Offenheit, Kooperationsbereitschaft und die Fähigkeit zur Selbstreflexion hinaus zwei Voraussetzungen wichtig sind, damit die Zusammenarbeit effektiv verläuft:
- ein gemeinsames Ziel und
- ein gemeinsames oder zumindest für beide einsehbares Handlungsfeld.

In diesem Handlungsfeld müssen beide wahrnehmen können, wie der oder die andere in einer konkreten Situation reagiert und mit welchen Argumenten das jeweilige Verhalten begründet wird. Auf diesem Wege ist es möglich, sich sehr genau über langfristige Ziele, aktuelle Lernmöglichkeiten und -notwendigkeiten und sinnvolle Einzelmaßnahmen zu ver-

ständigen. Das heißt die unterschiedlichen Fähigkeiten und Sichtweisen der beteiligten Pädagogen können in diesen Situationen sichtbar und auch kritisierbar werden und sich ergänzen und/oder korrigieren.
Diese knappe Beschreibung macht bereits deutlich, dass sich die Zusammenarbeit zwischen Grundschullehrerinnen und Lehrern der weiterführenden Schulen notwendigerweise sehr viel schwieriger gestalten muss: Bei beiden Berufsgruppen sind durchaus unterschiedliche Perspektiven und Zielsetzungen zu erwarten (→ S. 36ff.) Hinzu kommt, dass es kein gemeinsames Handlungsfeld gibt, in dem das jeweilige berufliche Handeln beobachtet und zum eigenen Handeln in Beziehung gesetzt werden kann. Bis auf wenige Ausnahmen arbeiten beide Berufsgruppen an unterschiedlichen Schulen und haben, ohne größere Anstrengungen keine Gelegenheit, die Arbeit des oder der je anderen konkret zu beobachten.
Diese Schwierigkeiten müssen als Bedingungen des eigenen pädagogischen Handelns berücksichtigt werden, um Bemühungen um eine Kooperation gezielter betreiben und deren Wirkung rationaler einschätzen zu können:

- Da es kein gemeinsames Handlungsfeld gibt, muss zunächst versucht werden, Kontakte aufzubauen und ihnen eine Form zu geben, die auf Dauer eine Plattform für gemeinsames Handeln bietet. Es bedarf zunächst „vertrauensbildender Maßnahmen", d. h. es müssen Situationen geschaffen und gestaltet werden, die Gespräche und Verständigung möglich machen.
- Da alle Informationen über das berufliche Handeln des jeweils anderen in der Regel durch Erzählungen (von Kindern und Eltern) vermittelt sind, d. h. sie stammen immer nur aus zweiter Hand und unterliegen damit vielen Missverständnissen, muss versucht werden, die Verständigung möglichst an konkrete Situationen und nachvollziehbare Handlungsabläufe zu binden. Auf diesem Wege können am ehesten wechselseitige Vorurteile abgebaut werden und Diskussionen über Sinn und Ziel der pädagogischen Arbeit in Gang kommen.
- Da nicht von gleichen Zielen ausgegangen werden kann, müssen gezielt Bemühungen eingeplant werden, um herauszufinden, auf welche Gemeinsamkeiten man sich verständigen kann und welche Gegensätze dennoch bestehen bleiben und toleriert werden müssen.

Das bedeutet insgesamt, dass Gespräche sehr wichtig sind und umso besser gelingen, je offener auch mit Gegensätzen und Differenzen umgegangen werden kann. Gespräche allein genügen aber nicht, es muss auch nach anderen Formen der Zusammenarbeit gesucht werden.
Dabei wird es zunächst um die Schaffung von Strukturen gehen, die die gemeinsame Arbeit auf Dauer stellen und die auf gemeinsame Lernprozesse abzielen. Das spricht nicht dagegen, eine direkte Zusammenarbeit zwischen verschiedenen Schulen in der Form eines Schulverbundes zu schaffen, sondern verweist darauf, dass diese ersten Strukturen unbedingt durch eine stärker inhaltlich konkretisierte und auf längere Dauer gestellte Arbeit ergänzt werden müssen. Möglichkeiten sind z. B. die Schaffung von gemeinsamen Handlungsfeldern, auf der einen Seite durch wechselseitige Besuche und Mitarbeit bei Projekten, auf der anderen Seite durch gemeinsame Fortbildungen oder Bemühungen um Evaluation.

Schaffung von Strukturen

Welche Strukturen geeignet sind, Zusammenarbeit zwischen einer oder mehreren Grundschulen und einer oder mehreren weiterführenden Schulen zu ermöglichen, hängt sehr stark von der jeweiligen Fallstruktur ab. Da gibt es eventuell eine klare Zuordnung von wenigen weiterführenden Schulen und vier bis fünf abgebenden Grundschulen, es gibt aber, vor allem in Großstädten und in Ballungsgebieten, auch die höchst komplexen Fallstrukturen, bei denen eine Grundschule mit acht bis zehn weiterführenden Schulen kooperieren müsste und jede dieser weiterführenden Schulen mit ebenso vielen Grundschulen (→ S. 28ff.).

Schulverbund
Es leuchtet ein, dass sich ein Schulverbund als formeller Zusammenschluss einer Anzahl von Schulen mit dem Ziel, Absprachen zwischen Grundschulen und weiterführenden Schulen zu treffen und die Zusammenarbeit zwischen Lehrerinnen und Lehrern der 4. und 5. Klassen zu fördern, eher für „wenig gegliederte" Fallstrukturen anbietet. Der Schulverbund erhält durch die formelle Organisation eine sehr starke, durch das Dienstrecht abgesicherte Struktur. So muss z. B. an den jeweiligen Treffen ein Vertreter oder eine Vertreterin jeder beteiligten Schule teilnehmen. Diese Stärke kann jedoch auch zur Schwäche geraten, wenn es bei formalen Absprachen bleibt und die inhaltliche Zusammenarbeit nicht in Gang kommt.

In diesem Kontext seien drei Schulen und ihre Vorgehensweisen genauer vorgestellt:

Schule 1
In einem 1989 veröffentlichten Erfahrungsbericht berichtet *Heiner Bergmann* über Kooperationsbemühungen in Rodgau. Die zunächst gewählte Form von Koordinationskonferenzen, an denen Klassen- und Fachlehrer/innen der 4. und 5. Klassen sowie die Schulleiter von zwei Grundschulen und einer Gesamtschule teilnahmen, wurde genutzt, um:
- grundlegende didaktische, methodische, pädagogische und entwicklungspsychologische Fragen zu diskutieren;
- an fachspezifischen Problemen zu arbeiten (z. B.: Entwicklung eines Grundlagenpapiers zum Rechtschreibprozess);
- sich gegenseitig Unterrichts- und Arbeitsformen vorzustellen;
- Absprachen in Bezug auf Termine und Verfahren zu treffen;
- Stoffpläne, Schulordnungen, Förderkonzepte, Heft- und Mappenführung und Kontrollverfahren abzustimmen.

„Enttäuscht stellten wir nach mehreren Jahren der Zusammenarbeit fest, dass sich die Kinder weiterhin vor die unterschiedlichsten Übergangsprobleme gestellt sahen und die Lehrerinnen und Lehrer unvorbereitet ihre Arbeit im 5. Schuljahr aufnahmen. Die Annahme, dass die in den Koordinationskonferenzen entwickelten Absprachen, Diskussions- und Arbeitsergebnisse in den Kollegien der beteiligten Schulen weitergetragen wurden und über Jahre hinweg die jeweiligen Lehrerinnen und Lehrer der 4. und 5. Klassen erreichten, war falsch und unsere Erwartungen erfüllten sich nicht …"

Aufgrund dieser Erfahrung wurde dann ein neues Konzept entwickelt. Im Mittelpunkt steht eine Trägergruppe, die als ‚Motor' in jedem Schuljahr alle Beteiligten (Kinder, Eltern, Lehrerinnen und Lehrer) zur Vorbereitung der Übergänge zusammenführt, die Zu-

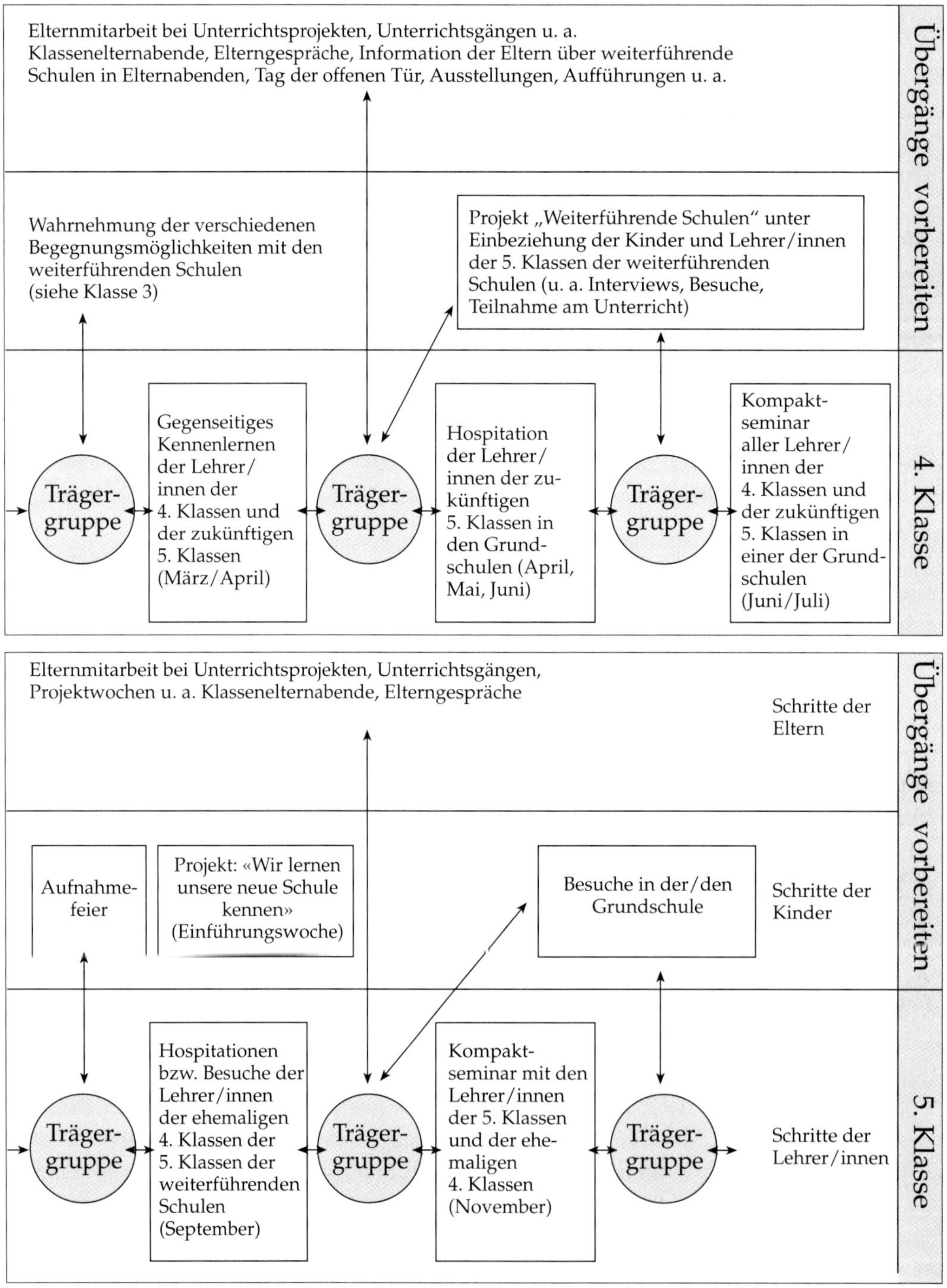

(Portmann u. a. 1989, S. 135/136)

sammenarbeit koordiniert und ihr Impulse verleiht. Die Trägergruppe speichert also das bisher Erarbeitete und kann, da ihre Arbeit langfristig angelegt ist, kontinuierlich weiterarbeiten, selbst wenn einzelne Personen in der Trägergruppe wechseln.
„Zu den Aufgaben der Trägergruppe gehören:
- Terminabsprachen für
  a) Elternabende,
  b) Einladungen zu Schülerveranstaltungen,
  c) gegenseitige Besuche,
  d) Konferenzen,
  e) Hospitationen, Seminare;
- Planung, Überarbeitung, Ergänzung des entwickelten Modells;
- Beseitigung von Problemen durch schnellen Informationsfluss, bzw. durch Einrichtung von Gesprächskreisen u. Ä.

Die Arbeit der Trägergruppe ist nur dann erfolgreich, wenn die einzelnen Mitarbeiter sich
a) persönlich mit dieser Aufgabe identifizieren,
b) die Abgrenzung ihrer jeweiligen Schulstufe auflösen und
c) bereit sind, dieser Verpflichtung langfristig nachzukommen."

Aus dem Konzept, das in dieser Trägergruppe entwickelt wurde, hier zur Verdeutlichung die Aufgaben für das 4. und 5. Schuljahr (s. S. 124).

Durch die Trägergruppe wurde in diesem Fall eine funktionierende Struktur geschaffen, innerhalb derer sowohl Schulbesuche und Hospitationen als auch gemeinsame Fortbildungsaktivitäten und Projekte organisiert und inhaltlich strukturiert werden konnten. Die Wirksamkeit mag damit zusammenhängen, dass in diesem Modell das Moment der Freiwilligkeit der Mitarbeit mit dem Moment der Breitenwirkung verbunden wurde.

Schule 2

In Langen, einer Kleinstadt im Einzugsbereich des Rhein-Main-Ballungsraums existiert eine Arbeitsgruppe, an der Vertreter der fünf Grundschulen, der beiden Gesamtschulen (IGS und kooperative Gesamtschule) sowie des Gymnasiums der Stadt mitarbeiten. Diese Arbeitsgruppe hat „Bausteine für den Übergang von Klasse 4 nach 5" (s. S. 126/127) zusammengestellt, die dann in den beteiligten Schulen ergänzt und modifiziert werden können. Auf den beiden folgenden Seiten ist die Fassung abgedruckt, die 1997 veröffentlicht wurde und nach Auskunft des Schulleiters der IGS ständig ergänzt und verfeinert wird, je nachdem, ob sich bestimmte Maßnahmen als wichtig oder weniger wichtig, als praktikabel oder weniger praktikabel erweisen.

Dieses recht offene Baustein-Modell verzichtet auf eine straffe Organisationsstruktur zugunsten einer offenen Benennung vielfältiger Einzelmaßnahmen. Dadurch können je nach den Möglichkeiten der Einzelschule und den Interessen bestimmter Lehrerinnen und Lehrer einzelne Bausteine verstärkt weiterentwickelt werden. So wurde z. B. beobachtet, dass die Klassenbildung im Rahmen einer Konferenz stattfindet, an der das gesamte Team des zukünftigen 5. Jahrgangs teilnimmt und zu der auch die Grundschullehrerinnen einge-

Vorschläge zum Übergang von der Grundschule zu den weiterführenden Schulen

Zeitliche Phase	Termine	Maßnahmen/Inhalte	Betroffener Personenkreis
Vor dem Übergang	4. Klasse: November/ Dezember	Informationsabend/-nachmittag zu Möglichkeiten des weiteren Schulweges	Schulleiter, Lehrkräfte, Eltern
	Januar/ Februar	„Tag der offenen Tür", bzw. andere Selbstdarstellung der Schule	Elternbeiräte, Eltern, Schülerinnen und Schüler, Lehrkräfte
	Februar/März	Teambildung an den weiterführenden Schulen (Lehrereinsatz)	Lehrkräfte/FBL
	März/Juni	Kontaktlehrerin, Kontaktlehrer organisiert und vermittelt Hospitationsangebote an Grundschulen und Gymnasien	Kontaktlehrkräfte
	Mai/Juni	Mentorinnen, Mentoren/Patinnen, Paten für neue 5. Klassen werden vorbereitet	SV/Schülerinnen, Schüler
		Gruppierung der neuen 5. Klassen unter Berücksichtigung von Wünschen und Empfehlungen der Grundschullehrerinnen und Grundschullehrer, Eltern und der aufnehmenden Schule	Lehrkräfte, Schulleitung
		Einladung der Viertklässler zu Schulfesten, Sportfesten, Projekttagen	Schülerinnen, Schüler/SV
		Zentrale oder dezentrale Veranstaltung für einen pädagogischen Kontakt zwischen Grundschule und weiterführenden Schulen, pädagogischer Tag zum Austausch über Unterrichtsformen und Leistungsbewertung	Schulleitung, Lehrkräfte
	Zwei Wochen vor den Sommerferien	Benachrichtigung und Einladung (Schulaufnahme) an die Eltern und evtl. zweiter persönlicher Brief an die Kinder	Schulleitung
Aufnahmetag	Zweiter Schultag	Begrüßungsveranstaltung für die neuen 5. Klassen: Möglichkeiten u. a.: Plakat „Willkommen", Theaterspiel, Chor, Rede des Schulleiters, Förderverein, Zuordnung der Schülerinnen und Schüler zu den neuen Lehrkräften und Klassen Im Klassenraum: Vorstellung der Lehrerin, des Lehrers und der Kinder, Aktivitäten wie kleines Spiel, Klassenfoto usw. Organisation, Eltern kommen später hinzu	Schülerinnen und Schüler der 5. und 6. Klassen, Chor, Lehrkräfte, Schulleitung, Eltern, Geschwister, Mentorinnen, Mentoren/Patinnen, Paten, SV etc.

Zeitliche Phase	Termine	Maßnahmen/Inhalte	Betroffener Personenkreis
Erste Schulwoche	In den ersten drei bis fünf Schultagen	Die neue 5. Klasse ist überwiegend mit der Klassenlehrerin, dem Klassenlehrer, evtl. anderen Lehrerinnen und Lehrern zusammen und gestaltet die Vormittage selbstständig und unabhängig von Stundenplan und Stundengliederung. Mögliche Inhalte: Kennenlernen der Schule, Gebäude und Einrichtungen, wichtige Personen wie Hausmeister und Sekretärin, Schulrallye; Kennenlernspiele, Rollenspiele; Vorstellung der Lehrkräfte; Stundenplan; Besprechung und Übungen zum neuen Schulweg und zur Verkehrssicherheit; Wandertag, Fest mit Eltern, Ideen zur Klassenraumgestaltung, T-Shirts, Buttons mit Schullogo usw. Ziel dieser Tage: Wechsel in die neue Schule thematisieren, Unterschiede auch den Eltern beschreiben, Identitätsgefühle mit der neuen Gruppe anbahnen	Klassenlehrerinnen, Klassenlehrer, evtl. Team, Mentorinnen, Mentoren/ Patinnen, Paten, Eltern
Im Verlauf der 5. Klasse	Nach 10 bis 14 Tagen	Erster Elternabend zum Kennenlernen (Wahl des Elternbeirates erst beim zweiten Elternabend)	Eltern, Klassenlehrerin, Klassenlehrer, evtl. stv. Klassenlehrerin, Klassenlehrer
	Vor den Herbstferien	Erste Teamsitzung (Klassen- und Fachlehrerinnen, Klassen- und Fachlehrer)	Lehrkräfte
	Nach den Herbstferien	Gespräche mit einzelnen Eltern und Beratung, gegenseitige Information Austausch mit den ehemaligen Grundschullehrerinnen und Grundschullehrern über Entwicklung, Leistungen der Schülerinnen und Schüler	Eltern, Klassenlehrerinnen und Klassenlehrer Lehrkräfte beider Schulformen
	Im weiteren Schuljahr	Teamsitzung(en), „Runder Tisch" für den Jahrgang 5, pädagogischer Tag s. o.!	Lehrkräfte, Elternbeiräte, Schulleitung
	Januar	gesonderte Notenberatung	Lehrerinnen und Lehrer, Schulleitung
		Initiativen zu Projekten und fachübergreifendem Unterricht, drei bis fünf Tage Wanderfahrt (Landheim), evtl. auch erst in Klasse 6	Lehrkräfte, Elternbeiräte, Eltern, Schülerinnen und Schüler, Klassenlehrerinnen und Klassenlehrer, Mentorinnen, Mentoren/Patinnen, Paten, Begleitpersonen

(Hessisches Landesinstitut für Pädagogik, S. 31ff.)

Bausteine für den Übergang von Klasse 4 nach 5

(Hessisches Landesinstitut für Pädagogik, S. 34)

Schulübergreifende Projekte

Ziel: Die Schulen sollen sich untereinander besser kennen lernen in Bezug auf
- Erziehungsziele
- inhaltliche Ziele
- Arbeitsformen, z. B. Wochenplan, Freie Arbeit.

Durchführung:
Lehrerinnen und Lehrer nehmen an schulinternen Fortbildungen der anderen Schulen teil; Fortführung der Arbeitsgruppe „Übergänge nach dem 4. Schuljahr"; Partnerklassen, gemeinsame Durchführung von Projektwochen, Beteiligung an Festen der anderen Schulen

Ansprechpartnerinnen und Ansprechpartner für die Übergänge in allen Schulen

Ziel: Kontinuilität der Zusammenarbeit und Diskussion gewährleisten (personell und inhaltlich).

Durchführung:
Jede Schule benennt eine Ansprechpartnerin, einen Ansprechpartner, die/der über mehrere Jahre Fragen des Übergangs nach dem 4. Schuljahr und die Zusammenarbeit koordiniert.

Infoabende für die Eltern der 4. Schuljahre

Ziel: Die Eltern sollen das gesamte Angebot der weiterführenden Schulen kennen lernen

Durchführung:
Klassenlehrerin, Klassenlehrer informiert die Eltern auf einem Elternabend vorher über die Bildungsgänge nach dem 4. Schuljahr. Eltern formulieren Fragen an die Vertreterinnen und Vertreter der weiterführenden Schulen.
Infoabende der weiterführenden Schulen an den Grundschulen: kurze Begrüßung durch die Schulleiterin, den Schulleiter der Grundschule; 3-Minuten-Statements der Vertreterinnen und Vertreter der weiterführenden Schulen. Die einzelnen weiterführenden Schulen präsentieren sich in verschiedenen Räumen z. B. durch Beantwortung vorbereiteter Elternfragen, Diskussion, Ausstellung, Elterngruppen wechseln im 30-Minuten-Takt die Räume. Anschließend Gelegenheit zu Einzelgesprächen.

Gespräche der Kolleginnen und Kollegen der 4. Schuljahr in den weiterführenden Schulen zur Klassenbildung

Ziel: Mithilfe der ehemaligen Klassenlehrerinnen und Klassenlehrer eine gute Klassenzusammensetzung ermöglichen.

Durchführung:
Eine Vertreterin, ein Vertreter der weiterführenden Schulen trifft sich mit den Lehrerinnen und Lehrern der 4. Klassen, um die Zusammensetzung zu besprechen

Gegenseitige Einladungen zu Veranstaltungen

Ziel: Kinder, Eltern und Lehrerinnen und Lehrer sollen die Aktivitäten der jeweiligen Schulgemeinde und damit auch einen Teil der Schule kennen lernen

Durchführung:
Individuelle Absprache mit der Ansprechpartnerin, dem Ansprechpartner der entsprechenden Schule, die/der den Unterrichtsbesuch dann vermittelt, oder Absprache von Gruppenterminen über die beiden Ansprechpartner der entsprechenden Schulen. Besuch mit Hospitation zu bestimmten inhaltlichen Schwerpunkten. Hospitationen über das ganze Jahr verteilt.

Gegenseitige Hospitationen der Lehrerinnen und Lehrer

Ziel: Kennenlernen der Arbeit in den unterschiedlichen Schulformen (in allen Jahrgangsstufen)

Durchführung:
gemütliches Beisammensein; Beantwortung vorbereiteter Fragen der Kinder ermöglichen; Durchführung eines kleinen Projekts (nicht unbedingt Teilnahme am normalen Unterricht); Kennenlernen der Räumlichkeiten und Besonderheiten der entsprechenden Schule (z. B. Führungen); gemeinsamer Besuch von vorhandenen Ausstellungen, Vorführungen.

Besuche der Grundschulklassen in allen weiterführenden Schulen

Ziel: Die Kinder können Eindrücke über die weiterführenden Schulen gewinnen. Diese Eindrücke sollen helfen, Ängste und Unsicherheiten abzubauen.

Durchführung:
Einladung durch die weiterführenden Schulen im 1. Halbjahr zu Gesprächsterminen zwischen den ehemaligen und den neuen Lehrerinnen und Lehrern an einem Gesprächsnachmittag oder Einladungen zu Kennenlernnachmittagen; individuelle Rückmeldetreffen bei Bedarf.

Rückmeldetreffen der ehemaligen und der neuen Klassenlehrerinnen und Klassenlehrer

Ziele: a) Die neuen Klassenlehrer/innen erhalten Informationen, die die Entwicklung der Schüler/innen unterstützen.
b) Die ehemaligen Klassenlehrer/innen können sich über die weitere Entwicklung ihrer ehemaligen Schüler/innen informieren.

Durchführung: Einladung durch die weiterführenden Schulen im 1. Halbjahr zu Gesprächsterminen zwischen den ehemaligen und den neuen Lehrerinnen und Lehrern an einem Gesprächsnachmittag oder Einladungen zu Kennenlernnachmittagen; individuelle Rückmeldetreffen bei Bedarf.

laden werden. Bei der Klassenbildung wird auf bestehende Freundschaften Rücksicht genommen.
Durch das Gesamtmodell wiederum ergibt sich die Chance, in überschaubaren Abständen zu überprüfen, ob bestimmte Maßnahmen zu wenig berücksichtigt wurden.

Schule 3
Elisabeth Scheid-Tauchnitz, Leiterin der Carlo-Mierendorff-Schule in Mainz-Kostheim, berichtet über ein weiteres Beispiel, bei dem das tragende Strukturmoment die Zusammenarbeit von Schulleiterinnen und Schulleitern ist:
„Die Wiesbadener Vororte Amöneburg, Kastel und Kostheim (AKK) gehörten bis zur Einrichtung der Besatzungszonen nach dem 2. Weltkrieg zu Mainz und wurde durch die Einrichtung der Besatzungszonen der Stadt Wiesbaden und dem Land Hessen zugeordnet. Heute ist AKK beiden Städten auf unterschiedliche Weise verbunden und besitzt einen eigenen Haushalt und eigene Schulstrukturen.
Es gibt vier Grundschulen, eine davon mit schrumpfender Förderstufe, eine Schule für Lernhilfe und eine IGS mit Oberstufe, die sich wachsenden Schülerzahlen gegenüber sieht, seit es an allen Schulen, bis auf eine Grundschule, Neubesetzungen der Leitungsstellen gab. Von Anfang an gab es einen sehr engen persönlichen und kollegialen Kontakt zwischen allen Schulleitungen (SL), der der Grundstock für die Zusammenarbeit war und ist. Die ‚SL AKK' treffen sich in regelmäßigen Abständen zum Mittagessen, um sich persönlich auszutauschen und schulische Angelegenheiten ‚auf kurzem Wege' zu klären. Hier ist auch Platz für gemeinsame Absprachen hinsichtlich bestimmter Vorgehensweisen. So werden Schriftstücke vorbesprochen, dann an alle geschickt, ggf. verändert und schließlich von allen SL unterschrieben an die Ämter und Gremien versandt.
Wir sind uns darüber im Klaren, dass uns die gemeinsame Zielsetzung ‚AKK ist ein lebenswerter Ort mit guter Schulstruktur' stärkt und wir von der Öffentlichkeit als Gruppe nicht so leicht übersehen werden. Unsere Wünsche durchzusetzen, fällt uns dadurch leichter. Wir arbeiten nicht als Konkurrenzunternehmen, sondern lassen uns alle ‚Luft zum Leben'. Das bedeutet auch, dass wir gemeinsam eine Änderung der Schulbezirksgrenzen beantragen, wenn eine Schule wegen erheblicher Neubauten zu groß würde, gleichzeitig die vorhandenen Schulen jedoch Raumkapazitäten zur Verfügung stellen können. Wir sind uns einig, dass wir zwar unsere eigenen Schulen jeder/jede für sich weiterentwickeln und voran bringen wollen, jedoch große Dinge nur gemeinsam erreichen.
Um auch den Kontakt zwischen den Schulen zu intensivieren, haben wir seit zwei Jahren einmal im Jahr am Nachmittag einen AKK-Schulwandertag mit allen Kollegien der AKK-Schulen. Bisher haben stets ca. 70 % der KollegInnen teilgenommen. Die Gespräche drehen sich an diesen Tagen unserer Erfahrung nach häufig um das Thema ‚Schule' und sind zu einem wichtigen Teil unserer schulischen Zusammenarbeit geworden. Hier lernen sich die Lehrerinnen und Lehrer der abgebenden und der aufnehmenden Schulen kennen und können auf kurzem Weg Rückfragen klären, sich austauschen, Absprachen für die Zukunft treffen oder auch nur die andere Schule kennen lernen.
Die AKK-Schulen haben erkannt, dass eine Reihe von Problemen an allen Schulen gleichermaßen vorhanden sind und haben sich deshalb entschlossen, Vertreter aus allen Schulen zu entsenden und gemeinsame Fortbildungen vorzubereiten. Bereits seit zehn Jahren kennen sich einige Vertreter der Schulen, aber auch aller Einrichtungen in AKK, die mit

Kinder- und Jugendarbeit beschäftigt sind, über den Arbeitskreis ‚Kinder und Jugend in AKK'. Hier arbeiten die Schulen, die Kindertagesstätten, Kirchen, Kinder- und Jugendzentren, die Sozialdienste und die Jugendgerichtshilfe zusammen, um die Situation der eigenen Klientel zu reflektieren und ggf. zu verbessern. Der Arbeitskreis tagt alle vier Wochen und hat z. B. folgende Themen behandelt: Schulbezirksgrenzen, Schulschwänzer, Drogen, Elternfortbildung zum Thema Mediation, Stadtteilfeste, Kinder stark machen.
Alle Schulleitungen tauschen ihre Halbjahrespläne aus, um zu verhindern, dass wichtige Schulveranstaltungen an zwei Schulen gleichzeitig stattfinden und die Eltern dadurch in Schwierigkeiten geraten. Gute Ideen der einen Schule können von einer anderen übernommen werden."

Zunächst könnte man meinen, dass dieser Bericht nichts über die Struktur der Zusammenarbeit bzgl. des Übergangs von der 4. zur 5. Klasse enthält. Aber die hier beschriebene Form der Zusammenarbeit zwischen sechs Schulen, die mit Sicherheit mit der Enklave-Situation „AKK" zu tun hat, schafft ein Umfeld, in dem es keiner besonderen Anstrengung mehr bedarf, um den Übergang nach der Grundschule zum Gegenstand der Zusammenarbeit zu machen.

Selbstverständlich wechseln Schülerinnen und Schüler nach dem 4. Schuljahr auch auf Schulen außerhalb der Stadtteile AKK. Aber für den größten Teil der betroffenen Kinder lässt sich der Übergang im Rahmen der hier entstandenen Struktur der Zusammenarbeit zwischen den Schulen bearbeiten und die Kenntnis der Grundschullehrerinnen über weiterführende Schulen hat sich durch diese Zusammenarbeit stark ausgeweitet und kann schneller um Informationen über Schulen außerhalb des Schulverbunds ergänzt werden. Das Interesse der beteiligten Personen verstärkt und unterstützt durch die historisch-politische Situation, haben eine offene Struktur geschaffen und sehr persönliche Formen der Zusammenarbeit entstehen lassen, innerhalb derer sich jede gewünschte Kooperation organisieren lässt.

Die drei beschriebenen Modelle zeigen völlig unterschiedliche Strukturen:
- eine starke Trägergruppe „Übergang", die die Zusammenarbeit organisiert und langfristig begleitet;
- ein Baustein-Modell „Übergang", das durch eine Arbeitsgruppe entwickelt wurde und in dessen Rahmen die Zusammenarbeit praktiziert und weiterentwickelt wird;
- eine stadtteilbezogene Zusammenarbeit zwischen Schulleiterinnen und Schulleitern, die zu so vielen Kontakten, Informationen und gemeinsamen Aktivitäten zwischen den Schulen geführt hat, dass sich die Zusammenarbeit in Bezug auf den Übergang leicht herstellen lässt.

Typisch ist wohl, dass es in allen drei Beispielen um einen Schulverbund geht, d. h. um eine festumrissene Zusammenarbeit zwischen wenigen, benachbarten Schulen. Typisch ist wohl auch, dass in allen drei Beispielen Gesamtschulen beteiligt sind, weil hier das gemeinsame Interesse vorhanden ist, größere Gruppen von Kindern gemeinsam von der Grundschule an eine weiterführende Schule wechseln zu lassen. Dahinter stecken pädagogische Motive (ein Stück Kontinuität im Bereich der sozialen Beziehungen zu erhalten und längeres gemeinsames Lernen zu ermöglichen) und auch schulpolitische Motive (möglichst große, heterogene Schülergruppen für die Gesamtschule zu gewinnen).

In den meisten Fällen, bei denen eine Vielfalt unterschiedlicher Schulen kooperieren müsste, lässt sich die Form des Schulverbundes jedoch nicht verwirklichen. Manche Sekundarstufenschule entwickelt zwar ihr eigenes Konzept für das 5. und 6. Schuljahr (→ S. 146ff.), in dem allerdings der Zusammenarbeit mit den Grundschulen aus pragmatischen Gründen in der Regel nur ein marginaler Stellenwert eingeräumt werden kann. Über die Möglichkeit des Schulverbundes hinaus muss nach weiteren Formen der Zusammenarbeit gesucht werden.

Arbeitsgruppen

Eine dieser Möglichkeiten, Strukturen für die Zusammenarbeit zu schaffen, ist die Form der freiwilligen Arbeitsgruppe, an der Einzelpersonen aus unterschiedlichen Schulformen zusammenarbeiten. Sie lassen sich meist mithilfe der Lehrerfortbildungseinrichtungen verwirklichen. Solche freiwilligen Arbeitsgruppen haben in der Regel den Vorteil, dass die Teilnehmer und Teilnehmerinnen hoch motiviert sind und an eigenen Fragen und Problemen arbeiten wollen. Ihre Schwäche kann sein, dass die Ergebnisse nicht über die Einzelklassen hinaus wirksam werden (→ S. 123).
Zwischen diesen Polen lassen sich noch viele weitere Formen denken, zu denen auch Kombinationen gehören, wie z. B.:
- eine formalisierte Arbeitsgruppe ergänzt um eine freiwillige Kleingruppe, die gegenseitig hospitiert oder an Einzelproblemen wie Wochenplan oder Werkstattunterricht arbeitet;
- eine Zusammenarbeit zwischen wenigen Lehrerinnen und Lehrern auf freiwilliger Basis, die eher der eigenen Berufszufriedenheit dient und auch unabhängig davon sein kann, ob Kinder zwischen den Schulen wechseln;
- eine Zusammenarbeit zwischen zwei Schulen, die benachbart liegen und zwischen denen eine größere Anzahl von Schülern und Schülerinnen wechseln;
- eine Zusammenarbeit im Rahmen von Arbeitsgruppen unterschiedlichsten Zuschnitts, z. B. auch auf fachdidaktische Fragen bezogen, die sich ihr eigenes Arbeitsprogramm erstellen und daran arbeiten.

Inhalte und Formen der Zusammenarbeit

Hat man sich für eine Struktur der Zusammenarbeit entschieden, ist es besonders wichtig, über mögliche Inhalte und Formen nachzudenken. Als wichtig erweisen sich dabei nach allen Erfahrungsberichten und Befragungen folgende Faktoren:
- Die Arbeitsprozesse müssen langfristig konzipiert sein.
- Es müssen Handlungsfelder geschaffen werden, in denen gemeinsam und aktiv nach Lösungen für Fragen und Probleme gesucht werden kann, z. B. durch Schulbesuche und Hospitationen, durch gemeinsame Projekte und Fortbildungen.
- Je konkreter in diesen Maßnahmen die einzelnen Aufgaben sind, an denen gemeinsam gearbeitet wird, desto eher gelingt eine Verständigung und eine konstruktive Weiter-

entwicklung (z. B. Arbeit in Kleingruppen an Themen wie Werkstattunterricht, Stilleübungen und Entspannung im Schulalltag, ...).
- Momente der Freiwilligkeit und der Eigenaktivität sind wichtig und sollten auf jeden Fall die dienstlich angeordneten und organisierten Maßnahmen ergänzen und konkretisieren, z. B. durch Bildung von Kleingruppen, die entlang eigener Fragen aus einer einmaligen schulinternen oder schulverbundsinternen Fortbildung erwachsen und langfristige Prozesse einleiten.

Der Blick auf einzelne Kinder

Ein möglicher Inhalt der Kooperation, der konkrete Erkenntnisse und effektive Lernprozesse verspricht, ist die Konzentration auf einzelne Kinder und deren Lernen. Interessant ist in diesem Zusammenhang ein positiver Bericht über die Kooperation zwischen einer Gesamtschule und mehreren Grundschulen in Hamburg. *Andreas Käpke* berichtet, dass sich die Situation – nach vorhergehenden negativen Erfahrungen – deutlich geändert hat, seit sich die Gesamtschule am Hamburger „Integrationsklassenmodell" beteiligt:

„Zwischen beiden Schulen entwickelte sich eine intensive Zusammenarbeit. Dazu gehört, daß Lehrer und Sozialpädagogen ein halbes Jahr vor dem Schulwechsel Kontakt zur Integrationsklasse der Grundschule aufnehmen, im Unterricht hospitieren und die Schüler kennenlernen. Mit der Kooperation prägte zunehmend der reformpädagogische ‚Geist' der Grundschule die Arbeit der Gesamtschule. Wochenplan- und Freiarbeit trugen dazu bei, dass sich die Lernatmosphäre an dem orientiert, was die Schüler aus ihrer Grundschulzeit kennen. Diese Veränderungen breiteten sich in Folge der engen Teamstruktur auf den gesamten 5. Jahrgang aus. Ebenso automatisch kam es zur Intensivierung der Kooperation mit den anderen Grundschulen. So sind Hospitationen von Lehrern der künftigen 5. Klassen in den umliegenden Grundschulen heute pädagogisches Alltagsgeschäft. Inzwischen konnte durch die Teilabordnung von Gesamtschullehrern an die benachbarte Grundschule sogar eine personelle Brücke geschlagen werden; einige Lehrer sind jetzt sowohl an der Grund- wie an der Gesamtschule tätig."

Hier hat das konkrete Interesse an einzelnen Kindern dazu geführt, die Zusammenarbeit in Gang zu setzen. Dieses Interesse an einzelnen Kindern war auch in dem Beispiel „Bausteine für den Übergang" maßgebend für ein gutes Funktionieren der Zusammenarbeit im Rahmen der Rückmeldetreffen der ehemaligen und neuen Klassenlehrerinnen und -lehrer (→ S. 127).
Einzelne Kinder ins Zentrum zu stellen macht jedoch nur einen Sinn, wenn bei beiden Lehrergruppen ein entsprechendes Interesse vorhanden ist, eine längere Zeit der Beobachtung vorliegt und die Fallstruktur es zulässt, d. h. in der Regel dann, wenn eine größere Gruppe von Kindern gemeinsam von einer Grundschule auf eine weiterführende Schule wechselt.
Vielleicht gelingt es in diesem Zusammenhang auch, sich in ersten Schritten einer Selbst- und Fremdvergewisserung über das eigene pädagogische Handeln zu nähern:
„1. Kinder sollten jeweils so gesehen werden, *wie sie sind und nicht so, wie man gern hätte, daß sie eigentlich sein sollten* (vom Lehrplan her, von zurückliegenden Erfahrungen her oder von woher auch immer definiert).

2. Die Lehrer/-innen jeder Stufe sollten begreifen, daß sie die Kinder nur ein Teilstück ihres Lernweges begleiten. Sie können dies erreichen, in dem sie das aufgreifen, was die Kinder jeweils mitbringen, dies zielstrebig und systematisch weiterführen und damit das Recht des Kindes auf eine Erziehung und Bildung erfüllen, *die seinen Fähigkeiten und Voraussetzungen entspricht.*
3. Die Lehrer/-innen jeder Stufe sollten systematisch das Ziel verfolgen, *die individuelle Lern- und Leistungsfähigkeit jedes Kindes bestmöglich zu entwickeln.*
4. Die Lehrer/-innen jeder Stufe sollten sich ständig bewußt sein, daß Kinder in der Schule zwar *kontinuierlich* zum Lernen angeregt und zur Leistung herausgefordert werden sollten, *daß sie andererseits aber auch aus eigenem Antrieb in ihrer Lebenswirklichkeit Orientierung suchen* und dabei Unterstützung, Bestätigung und Ermutigung durch Erwachsene brauchen.
5. Das persönliche Wohlergehen aller Kinder ist *wichtiger* als die Anforderungen der Schulen und die Erfüllung der Lehrpläne.
6. In jeder Stufe muß die *prinzipielle Unterschiedlichkeit der Kinder als Grundlage für differenzierenden Unterricht* akzeptiert werden. Zugleich muß die Fiktion aufgegeben werden, beim Durchlaufen einer Stufe könne aus Heterogenität einer Lerngruppe Homogenität werden. *Heterogenität ist der ‚Normalfall' jeder Schulstufe und -form.*
7. In jeder Schulstufe muß allen Kindern die freie Entfaltung ihrer Persönlichkeit zugestanden werden. Dies bedeutet, daß jede Stufe nicht allein aus ihrer Funktion der Vorbereitung für die nächste definiert wird, *sondern den Kindern jeweils eine sinnerfüllte Gegenwart ermöglicht,* in der ihre Lebensbedürfnisse, ihre Interessen und Neigungen großes Gewicht haben. Unterricht und Schule wird auf diese Weise zu einem *wesentlichen Erfahrungs- und Lebensbereich, der durch aktives Handeln aller Beteiligten ständig neu gestaltet werden kann.*"

(Beck/Claussen, S. 116)

In ähnlicher Weise können auch die Forschungsergebnisse von *Büchner* und *Koch* zum Umgang mit den Schülern und zur Schülerorientierung bzw. Lehrerzentrierung des Unterrichts als Ausgangspunkt der Diskussion genutzt werden (→ S. 43ff.).

Regeln und Rituale

Regeln und Rituale vorstellen kann ebenfalls eine Möglichkeit sein, erste Schritte des Kennenlernens zu ermöglichen (→ S. 46f., 68). An ihnen und der Art, wie Kinder und Lehrer mit ihnen umgehen, kann einiges über die Atmosphäre deutlich werden. Regeln und Rituale und die Erfahrungen, die man damit gemacht hat, lassen sich anschaulich darstellen, z. B. kann bei der Beschreibung eines Geburtstagsrituals deutlich werden, was das für das einzelne Kind und für die Gemeinschaft bedeutet und warum es sich lohnt, den Zeitaufwand dafür einzuplanen.
In diesem Kontext könnte es auch sinnvoll sein, ein eigenes Ritual für die gemeinsamen Arbeitssitzungen zu entwickeln, z. B. zu Beginn jeder Sitzung erzählt jemand eine witzige und nachdenkliche Geschichte oder liest einen kurzen Text vor. Wenn alle sich nach und nach auf diese Eingangsgeschichte freuen und sich mit Gedanken an die Auswahl einer solchen Geschichte auch in der Zeit zwischen den Sitzungen auf die gemeinsame Arbeit beziehen, kann die Bedeutung der Rituale besonders deutlich werden.

Vergleich von Richtlinien und Lehrplänen

Beginnt die Arbeit mit einem Vergleich der Richtlinien und Lehrpläne, so wird man bald feststellen, dass auf dieser Ebene zwar erste konkrete Schritte möglich sind, weil Grundschullehrerinnen und 5.-Klasse-Lehrer sich auf konkrete Vorgaben beziehen können, man wird aber auch bald zu dem Ergebnis kommen, dass damit noch nichts ausgesagt ist über die konkrete Unterrichtsarbeit und die je vorhandene pädagogische und didaktische Umsetzung (→ S. 43).

Ähnliches gilt, wenn die Arbeit mit fachlichen und fachdidaktischen Einzelfragen beginnt, z. B. der Frage nach Sinn und Form von Diktaten und entsprechenden Korrekturen. Hier entsteht zwar in der Regel ein recht genaues Wissen über die unterschiedlichen Rahmenbedingungen (z. B. Erlasse über schriftliche Arbeiten) und Vorgehensweisen (Wie viele Wörter enthält ein Diktat, geübtes oder ungeübtes Diktat, wie werden Noten „berechnet“?).

Aber die jeweils entstehende Atmosphäre, in der die Schülerinnen und Schüler ihre Leistung erbringen können oder müssen, lässt sich meist auf diesem Wege nicht erfassen. Denn die Haltung der beteiligten Lehrerinnen und Lehrer kann eine je unterschiedliche pädagogische Kultur des Schulalltags hervorbringen, die unbeachtet und unbearbeitet bleibt.

In beiden Fällen könnte es hilfreich sein, an einzelnen Unterrichtssequenzen zu arbeiten, die evtl. sogar über einen Video-Mitschnitt oder eine sehr präzise Beschreibung vermittelt werden. Wie wird z. B. eine bestimmt Lehrplanvorgabe umgesetzt? Welche alternativen Vorgehensweisen sind denkbar? Wie kann man sich der Frage des Zeit- und Leistungsdrucks beim Diktat nähern (vielleicht über Hospitation, → S. 137)? Wie haben einzelne Schüler eine Situation erlebt? Wie kann man Lernprozesse und Erfahrungen einzelner Schüler wahrnehmen und nicht nur das Produkt, das sie abliefern?

In jedem Fall gilt: Lieber wenige Beispiele, dafür aber solche, die sich gut konkretisieren lassen und an denen intensiv gearbeitet werden kann. Je genauer die geplanten und angebotenen Arbeitsweisen und die Materialien, aber auch die konkreten Vorgehensweisen einzelner Kinder oder Kindergruppen beschrieben und veranschaulicht werden, umso eher wird es gelingen, ins Gespräch zu kommen und Selbst- und Fremdreflexion in Gang zu setzen.

Schulbesuche

Schulbesuche dienen zunächst vor allem der eigenen Information: Wie sieht die Schule aus, in die meine Schülerinnen gehen werden, aus der meine Schüler kommen? Schulbesuche lassen sich relativ leicht organisieren, weil sie in Freistunden oder am Nachmittag durchgeführt werden können. Sie bieten vor allem atmosphärische Eindrücke, die durch Gespräche mit Kollegen der besuchten Schule vertieft werden können.

Besucht eine Grundschullehrerin eine weiterführende Schule, so wird ihr Interesse vor allem darauf gerichtet sein, welche Differenzen es zu ihrer bisherigen Arbeit gibt, um entsprechende Informationen in ihre Beratung einbeziehen zu können. Wenn ein Lehrer einer weiterführenden Schule eine Grundschule besucht, wird sein Interesse sicher auch auf solche Differenzen gerichtet sein. Er könnte aber auch ein Interesse haben, zukünftige Schüler kennen zu lernen und konkretere Vorstellungen für seine Arbeit im 5. Schuljahr zu gewinnen.

Hier ein Beispiel, das im Rahmen eines Forschungsprojektes (Beck/Scholz) in den letzten Tagen eines 4. Schuljahres protokolliert wurde. Zu Besuch kam der Lehrer, der nach den Ferien im 5. Schuljahr einer Förderstufe viele Kinder als Klassenlehrer betreuen soll: „Die Lehrerin sagt in der Klasse laut ‚Guten Morgen!' und deutet mit Handzeichen an, daß die Kinder in den Kreis kommen sollen. Das geht heute sehr schnell. Ole kommt zu spät und setzt sich schnell dazu. Dann sagt die Lehrerin: ‚Endlich ist es soweit! Herr Mai ist da, Herr Mai von der Goethe-Schule. Da sieht er gleich, daß es im Moment mit der Pünktlichkeit nicht so klappt. In der Goethe-Schule müßt ihr, soviel ich weiß, noch früher da sein.' Herr Mai bestätigt, daß der Unterricht dort um 7.45 Uhr beginnt. Lehrerin: ‚Ole, da mußt du ein bißchen früher aufstehen!' Sie lacht, dann fragt sie, wer auf die Goethe-Schule geht, die Kinder melden sich. Und wer geht nicht auf die Goethe-Schule? Fünf Kinder melden sich. Nun schlägt die Lehrerin vor, daß alle sich vorstellen. Dazu soll jedes Kind seinen Namen nennen, wo es geboren wurde, welche Sprachen es spricht (zwölf Kinder haben eine nicht-deutsche Muttersprache) und was es in der Schule besonders gern macht. Herr Mai sitzt mit im Kreis und stellt sich vor, als er ‚an der Reihe' ist.
Die Lehrerin fragt, wer eine Schwester oder einen Bruder in der Goethe-Schule hat. Zehn Kinder nennen ihre Geschwister, die die Goethe-Schule besuchen. Einige dieser Geschwister kennt Herr Mai, aber nicht alle. Jetzt gibt es noch Gelegenheit, Fragen an Herrn Mai zu stellen. Ayse fragt: ‚Sind sie verheiratet?' Man merkt, daß Herr Mai schlucken muß und nicht genau weiß, wie er reagieren soll. Die Lehrerin meint, er müsse nicht alle Fragen beantworten, und zu Ayse: ‚So was fragt man nicht gleich!' Herr Mai antwortet: ‚Im Prinzip, ja.' Das regt natürlich weitere Spekulationen an. Benjamin: ‚Noch nicht verheiratet, aber so gut wie.' Salia will wissen, in wie vielen Klassen Herr Mai unterrichtet. ‚In vier.' Singh will wissen, wie lange Herr Mai schon an der Goethe-Schule ist, usw. Die Lehrerin fragt, ob die Klassenräume in der Goethe-Schule so ähnlich aussehen ‚wie hier'. Dazu weist sie auf einiges hin (Ablagekästen, Bücher, Spielecke, …). Herr Mai sagt, dass der Raum auf jeden Fall Wände und Tische und eine Tafel hat, wie hier, und es gibt auch Schränke und Fächer und eine Sitzecke und einen Schreibtisch und einen Kartenständer. ‚Aber wie wir ihn einrichten, das liegt an uns, ich sehe ja, was ihr hier alles an den Wänden habt, das werden wir auch machen, da werden wir uns am Anfang mit beschäftigen.' Said will wissen, wie viele Schüler die Goethe-Schule hat. ‚Ca. 800.' Said: ‚Also 820!' Herr Mai: ‚Nein, so kannst du nicht rechnen, es gehen ja auch welche weg, nämlich die Größten. Das wird für euch sicher nicht leicht, jetzt seid ihr hier die Größten und dann seit ihr wieder die Kleinsten.' Er erzählt, daß man das immer merkt, weil die Neuen fragen müssen und unsicher sind, aber das würde schnell herumgehen und dann würden sie ja auch größer und eines Tages wären sie dann wieder die Größten. Markus will wissen, ob sie alle in die gleiche Klasse kommen. ‚Ja.' Die Lehrerin erklärt, daß noch sechs Kinder aus einer anderen Grundschule dazukommen. Die Lehrerin fragt, ob es noch Fragen gibt. Im Moment nicht. Nun fordert sie die Kinder auf, an die Plätze zu gehen, wer fertig ist, soll am Wochenplan weitermachen. Diese gehen an ihre Plätze. Herr Mai setzt sich zu einzelnen Kindern, schaut zu und spricht mit ihnen."

Ein solcher Schulbesuch von zwei Unterrichtsstunden wird sicher nicht dazu führen, dass der Lehrer einen genauen Eindruck von der Arbeit im 4. Schuljahr erhält, aber er kann erste atmosphärische Eindrücke vermitteln, z. B. darüber, wie unterschiedlich die Klassenräume gestaltet sind. Er kann bewusst machen, wie spontan und direkt zehnjährige Kinder reagieren, er kann die große Heterogenität der Gruppe anschaulich machen und es werden erste Kontakte zwischen den Kindern und ihrem zukünftigen Klassenlehrer geknüpft und zwar in einer Form, in der die Kinder weniger eingeschüchtert reagieren können als es in der zunächst fremden Umgebung der neuen Schule wahrscheinlich der Fall wäre.

Hospitationen

Hospitationen tauchen in allen in der Literatur beschriebenen Konzepten und Überlegungen als wichtige Maßnahmen für einen weniger konfliktbeladenen Übergang auf. Es gibt allerdings kaum Erfahrungsberichte.

Portmann und *Schneider* (S. 95) beschreiben die Vorbehalte und Schwierigkeiten gegenüber Hospitationen folgendermaßen:

„– fehlende rechtliche Absicherung,
- Schwierigkeiten mit Schulleitung und/oder Kollegium,
- eigener Unterricht muß ausfallen,
- zu große Mehrbelastung,
- zu große räumliche Entfernung zwischen den Schulen,
- zu viele Schulen, man kann nicht in allen hospitieren,
- zu wenig effektiv, einzelne Unterrichtsstunden sind nicht exemplarisch,
- Störung des Unterrichts durch Hospitanten,
- bei einer Hospitation erlebt man nicht die ‚Regelsituation',
- mangelnde Bereitschaft anderer Schulen,
- mangelnde Bereitschaft der Kolleginnen und Kollegen an der eigenen Schule,
- Insuffizienzgefühle gegenüber Hospitanten aus ‚höheren' Schulen,
- Angst vor Kontrolle und Bewertung."

Die Schwierigkeiten sind also einerseits strukturell bedingt. Andererseits bilden aber auch individuelle Befindlichkeiten und atmosphärische Störungen mögliche Hürden. Es lohnt sich, vor Beginn eines Hospitationsvorhabens zu überlegen, welche dieser Hürden in der konkreten Situation vorhanden sind und welche am ehesten überwunden werden können oder sollen. Je genauer man sich die eigenen Möglichkeiten und Schwierigkeiten bewusst macht, umso eher lassen sich auch praktikable Lösungen finden:

- Gibt es Lücken in den Stundenplänen der betroffenen Schulen, die Hospitationen erlauben, ohne dass Unterricht ausfallen muss, z. B. weil eine Schule Nachmittagsunterricht anbietet oder eine Grundschullehrerin an einem Vormittag frei hat, weil sie derzeit nicht auf voller Stelle arbeitet?
- Gibt es Kolleginnen und Kollegen der eigenen Schule und der Schule, an der man hospitieren möchte, die das gleiche Interesse haben, so dass man gemeinsam nach Lösungen suchen kann, z. B. indem sie die Klasse eines hospitierenden Kollegen mit betreuen?
- Gibt es Schulleiter, Stufenleiter, pädagogische Leiter, die das Vorhaben unterstützen und bereit sind, an der Erarbeitung von Lösungsmöglichkeiten mitzuarbeiten, z. B. durch Erstellung von Vertretungsplänen?

Hat man dann die Organisation bewerkstelligt, empfiehlt es sich, sich die eigenen Ziele und Möglichkeiten bewusst zu machen:

- Geht es eher um einen atmosphärischen Eindruck, dann ist es eigentlich gleichgültig, welchen Unterricht man besucht. Will man aber bestimmte Arbeitsformen kennen lernen, ist es notwendig, vorher Absprachen zu treffen, z. B. um zu sehen und zu verstehen, wie die besuchte Kollegin mit Wochenplan, Freier Arbeit, Werkstattarbeit oder Stationenlernen umgeht.
- Hat man noch keine Erfahrungen mit wechselseitigen Hospitationen und fürchtet, dass eine Situation entstehen könnte, in der man kritisiert wird oder kritisieren müsste, dann kann man die Aufmerksamkeit auf einzelne Kinder richten und anschließend mit dem Kollegen über diese Beobachtungen sprechen, z. B. unter welchen Bedingungen das beobachtete Kind bei einer bestimmten Aufgabe mit Verwirrung, Unruhe, Stresssymptomen oder Ablenkung reagiert hat.

Wichtig ist in jedem Fall, dass nach der Hospitation Zeit für ein Gespräch bleibt, bei dem Eindrücke vermittelt und gegebenenfalls geklärt werden können. Bei ersten Hospitationen muss man sehr behutsam miteinander sprechen und umgehen. Bei kontinuierlicher Zusammenarbeit können sich aus solchen Hospitationen aber neue Fragen und Ansätze für die gemeinsame Arbeit entwickeln, die dann auch intensiver verfolgt werden können.

Gemeinsame Projekte

Besonders geeignet, die Zusammenarbeit zu konkretisieren und zu intensivieren, sind gemeinsame Projekte. Sie bieten eine Handlungsfeld, in dem man Ziele, Methoden, Arbeitsweisen und Verhaltensweisen einer Kollegin, eines Kollegen beobachten und das eigene Handeln aus dem Blickwinkel eines anderen Kollegen wahrnehmen kann. Allerdings bedarf es dafür besonderer Anstrengungen, weil diese gemeinsamen Handlungsfelder erst

Projekte für Klassen 4–6

Karl-Weigand-Schule
Kirchgasse 22

61197 Florstadt, den 02.06.1997
Tel. u. Fax 06035-5307

Projekt Nr. 1: Denkspiele – Sportspiele!
Projekt Nr. 2: Spiele für drinnen und draußen
Projekt Nr. 3: Wir bauen eine Stadt aus Ton!
Projekt Nr. 4: Joga und Braingymnastik
Projekt Nr. 5: Internationale Tänze
Projekt Nr. 6: Erste Schritte in der Computerwelt
Projekt Nr. 7: Wir machen eine Schülerzeitung!
Projekt Nr. 8: Tennis für Anfänger
Projekt Nr. 9: Florstadt – Lebens- und Arbeitsraum „Erkundung des Heimatortes"
Projekt Nr. 10: Wir testen die Florstädter (Kinder-)Spielplätze!
Projekt Nr. 11: Die Römer in der Wetterau!

Projektplan Karl-Weigand-Schule Florstadt, GRUNDSCHULZEITSCHRIFT 121/99, S. 46

geschaffen werden müssen. Ein Beispiel bieten gemeinsame Projektwochen, zumal, wenn Projekte angeboten werden, an denen Kinder und Lehrer des 4. und 5. Schuljahres teilnehmen können:
Die Karl-Weigand-Schule in Florstadt, eine Haupt- und Realschule mit Förderstufe, lädt zu ihrer Projektwoche auch die Schülerinnen und Schüler der 4. Klassen umliegender Schulen mit ein und bietet schulübergreifende Arbeitsgruppen für die Klassen 4–6 (s. links).

Wenn eine 4. Klasse diese Einladung annimmt, könnte ein Lehrer oder eine Lehrerin der weiterführenden Schule an einem Projekt mitarbeiten. Auch wenn es sich dabei nicht unbedingt um den zukünftigen Klassenlehrer von Kindern aus der Klasse der Grundschullehrerin handelt, könnten die beiden beteiligten Lehrer sicher sehr viel konkreter etwas über die Arbeitsweise an den beteiligten Schulen erfahren als nur über Gespräche. Ähnlich lassen sich Landschulheimaufenthalte als gemeinsame Projekte organisieren: Ein 4. und ein 5. Schuljahr fahren gleichzeitig ins Landschulheim und dieser Aufenthalt wird gemeinsam von der Grundschullehrerin und dem Lehrer des 5. Schuljahres geplant und durchgeführt. Andere Möglichkeiten lassen sich im Rahmen eines themenbezogenen pädagogischen Tages oder durch jahrgangseigene Projekte und Veranstaltungen (z. B. Feste, Wandertage, Autorenlesungen, Lesenacht, Spielenachmittag, Besuch einer Theateraufführung mit 4. und 5. Klassen, …) finden und nutzen.
Es wäre auch denkbar, dass eine weiterführende Schule und eine oder mehrere Grundschulen eine Arbeitsgemeinschaft (AG) am Nachmittag anbieten, an der Schülerinnen und Schüler der 4., 5. und 6. Klasse regelmäßig teilnehmen können. Über die gemeinsame Planung und über gemeinsame Lernsequenzen, z. B. eine gemeinsame Dokumentation der Ergebnisse, kann ebenfalls die Zusammenarbeit zustande kommen.

Gemeinsame Fortbildung

Eine weitere Möglichkeit der Zusammenarbeit, die sich in der Regel in jedem Fall in der einen oder anderen Form verwirklichen lässt, ist die gemeinsame Fortbildung. Sie kann auf unterschiedlichen Ebenen organisiert werden:
- schulinterne bzw. schulverbundsinterne Fortbildung wird in der Regel durch die Schule bzw. den Schulverbund selbst organisiert, z. B. in dem Experten anderer Schulen, die bereits Erfahrung mit Kooperation im Bereich des Übergangs von der Grundschule zu weiterführenden Schulen besitzen, eingeladen werden oder indem an bestimmten selbst vereinbarten Themen gearbeitet wird;
- Fortbildungen für Grundschullehrerinnen und Lehrer der weiterführenden Schulen können in den meisten Bundesländern bei den jeweiligen Institutionen angefordert werden.

Für beide Fälle können die Tipps wichtig werden, die *Rosemarie Portmann* (1992, S. 31) zusammengetragen hat:

Diese Tipps benennen eine Fülle möglicher Aspekte. Wie bei allen Anregungen zur Frage des Übergangs müssen und können diese Tipps auf die eigene Situation hin überdacht und konkretisiert werden: Welche Hinweise sind für mich/für unsere Situation vor allem wichtig? Womit könnte ich/könnten wir anfangen? Wie gewinne ich am ehesten die Mitarbeit der angesprochenen Kolleginnen und Kollegen? Gibt es konkrete Beispiele oder Fragen, die für viele Kolleginnen und Kollegen interessant sein könnten (z. B.: Leselernpro-

Übergänge gemeinsam gestalten

Gemeinsame regionale Fortbildung macht's möglich

- Gemeinsame Fortbildung braucht Anstöße
  ‚Von selbst' kommt sie selten zustande/Grundschulen haben meist das größere Interesse und sollten initiativ werden/Kontakte zu Kolleginnen und Kollegen in weiterführenden Schulen nutzen/Fortbildungsinstitutionen ansprechen/...
- Behutsam aufeinander zugehen
  Sich kennenlernen/einander zuhören/das gegenseitige Mißtrauen zulassen/unterschiedliche Erfahrungen und Kompetenzen anerkennen/Auseinandersetzungen aushalten/sich auf Neues einlassen/sich ‚öffnen'
- Vom Kinde ausgehen (nicht von der Schulform)
  Die Bedürfnisse des Kindes beim Übergang, nicht die der Schulformen in den Mittelpunkt stellen/Was können die Kinder am Übergang?/Was brauchen Kinder?/Wie lernen Kinder am besten?/Was bedeutet Leistung der Kinder?/Was muß Schule für Kinder leisten?
- Im Alltagsgeschäft innehalten
  Was will ich eigentlich?/Nicht von Stoffplänen (Buchseiten) hetzen lassen, sondern gerade am Übergang Zeit nehmen für die Kinder und sich selbst
- Gemeinsam für jedes Kind Verantwortung übernehmen
  Für jedes Kind Begonnenes kennenlernen, unterstützen, weiterführen, intensivieren, ausdifferenzieren, erweitern, .../Stärken (statt Schwächen) wahrnehmen und fördern/Entwicklungsmöglichkeiten öffnen/dem Kind etwas zutrauen
- Mit Fachleuten beginnen
  Sachkenntnisse erweitern/Kompetenzen anderer nutzen/den Einstieg erleichtern/Sachlichkeit erhöhen/regionale Besonderheiten relativieren/‚blinde Flecken' wahrnehmbar machen
- Theorie und Praxis aufeinander beziehen
  Kontinuität und Zusammenarbeit theoretisch begründen und praktische Handlungssituationen für den einzelnen Fachbereich geben/ein gemeinsames ‚Thema' finden/an gemeinsamen Materialien arbeiten/in Arbeitsgruppen handelnd vertiefen
- Organisatorische Voraussetzungen einfordern
  Zeit für gegenseitige Hospitationen/Unterstützung durch Schulleiterinnen und Schulleiter, Schulaufsicht und Schulverwaltung/gemeinsame Veranstaltungen mit allen Beteiligten
- Kooperation kontinuierlich gestalten
  Verantwortliche für Kooperationsaufgaben an jeder Schule benennen/kontinuierliche regionale Fortbildung/Übergänge in der eigenen Schule kontinuierlich zum Thema machen/Verbündete innerhalb der Schule suchen/Organisationspläne für Übergänge entwickeln

(Portmann 1992, S. 31)

zess als Thema, an dem Lehrerinnen und Lehrer des 4. und 5. Schuljahres gemeinsam arbeiten können, vgl. Völker-Hill, S. 31)?

Pädagogisches Selbstverständnis

Zum Schluss noch einige Vorschläge, wie man im Rahmen einer Fortbildungsveranstaltung zum Thema „Übergang" gemeinsam am pädagogischen Selbstverständnis arbeiten könnte.

Die Arbeitsbögen „Lehrerrechte" und „Schülerrechte" (s. S. 142/143; aus: Die Grundschulzeitschrift, Heft 100/1996, S. 6 (32)/7 (33)) könnten zunächst von jedem Teilnehmer/jeder Teilnehmerin selbstständig bearbeitet werden, um damit ein Stück Selbstvergewisserung zu leisten. Ein Austausch und Vergleich der Ergebnisse mit Kolleginnen und Kollegen kann dann die eigentlich wichtige Diskussion entfachen: Unter welchen Bedingungen, in welchen Situationen gilt die jeweils angekreuzte Antwort? Lassen sich Situationen benennen, in denen anderes als „richtig" eingeschätzt würde? Lassen sich Situationen anders gestalten, um z. B. Schülerrechte eher verwirklichen zu können? Gibt es Differenzen zwischen einzelnen Kollegen, die sich nicht wegdiskutieren lassen? Sieht man nach einer solchen Diskussion die Alltagssituationen in neuem Licht? Fallen einzelne Situationen besonders auf, über die man dann auf der nächsten Fortbildungssitzung berichten könnte? ... Um ins Gespräch über die jeweiligen Arbeitsweisen zu kommen, könnte auch ein Brief von Grundschullehrerinnen an die Lehrerinnen und Lehrer des 5. Schuljahres eingesetzt werden (s. auch Stahringer).
Auch die Aussagen von Grundschullehrerinnen und Lehrern der weiterführenden Schulen (→ S. 41f.) oder die Forschungsergebnisse von *Büchner* und *Koch* zum Lehrerinnenbild und zur Schülerorientierung bzw. Lehrerzentrierung des Unterrichts (→ S. 43ff.) könnten als Material herangezogen werden, um sich über das jeweils vorhandene pädagogische Selbstverständnis zu verständigen. Diese Form des Arbeitens setzt allerdings in aller Regel bereits vorhandenes Vertrauen in die funktionierende Zusammenarbeit voraus.

Schülerrechte

Habe ich als Schülerin oder Schüler das Recht,	ja	nein	eventuell
… die Sitzordnung im Klassenzimmer festzulegen?	☐	☐	☐
… Lehrerinnen und Lehrern Strafen anzudrohen und Strafarbeiten zu verhängen?	☐	☐	☐
… auf Fragenvon Lehrerinnen und Lehrer nicht zu antworten?	☐	☐	☐
… festzulegen, was gelernt und wie gearbeitet wird?	☐	☐	☐
… dass Lehrerinnen und Lehrer mich in Augenhöhe ansprechen?	☐	☐	☐
… dass Lehrer/Innen mit mir in meiner Muttersprache sprechen?	☐	☐	☐
… manche Lehrerin oder manchen Lehrer einfach nicht zu mögen?	☐	☐	☐
… einen eigenen Schlüssel für die Schule zu haben?	☐	☐	☐
… auf meiner eigenen Sichtweise bestehen zu dürfen?	☐	☐	☐
… alle Hilfsmittel wie Lösungshefte, Nachschlagewerke u. ä. jederzeit zu nutzen?	☐	☐	☐
… mir eine ganz andere Schule zu träumen und sie zu realisieren?	☐	☐	☐
… aus dem Stundenplan auszubrechen und neue Rhythmen für mein Lernen zu erfinden?	☐	☐	☐
… mir während des Unterrichts einfach einmal „Auszeiten" zu nehmen?	☐	☐	☐
… meinen Mantel oder meinen Anorak o. Ä. anzulassen?	☐	☐	☐
… selbst zu entscheiden, ob ich in der Pause im Klassenzimmer bleibe oder nicht?	☐	☐	☐
… das Klassenzimmer gemütlich zu gestalten?	☐	☐	☐
… mich so lange mit einem Stoff, mit einer Aufgabe zu beschäftigen, wie ich das möchte, wie ich dafür Zeit brauche?	☐	☐	☐
… mich abfällig über Lehrerinnen und Lehrer zu äußern?	☐	☐	☐
… Lehrerinnen und Lehrern Noten zu geben?	☐	☐	☐
… alle Fragen an Lehrerinnen und Lehrer zu richten, die mich interessieren?	☐	☐	☐

- Sie geben den Schülern den Schülerfragebogen – oder beide Fragebogen – zum Ausfüllen.
- Sie lassen beide Fragebogen von Kollegen ausfüllen.
- Sie lassen die Fragebogen – auf die Bezugsgruppe hin umformuliert – auf einem Elternabend ausfüllen.

Das Spannende sind stets die Vergleiche: Wo stimmen Auffassungen überein, wo weichen sie voneinander ab? Und: Gibt es Handlungsweisen, die für niemanden rechtens sein sollten? Was können wir tun, damit Un-Recht unterbleibt?

Lehrerrechte

Habe ich als Lehrerin oder Lehrer das Recht,	ja	nein	eventuell
... die Sitzordnung im Klassenzimmer festzulegen?	☐	☐	☐
... Strafen anzudrohen und Strafarbeiten zu verhängen?	☐	☐	☐
... auf Fragen von Kindern nicht zu antworten?	☐	☐	☐
... festzulegen, was gelernt und wie gearbeitet wird?	☐	☐	☐
... darauf zu bestehen, dass Kinder vor mir aufstehen?	☐	☐	☐
... dass Kinder mit mir in meiner Muttersprache sprechen?	☐	☐	☐
... manche Kinder einfach nicht zu mögen?	☐	☐	☐
... einen eigenen Schlüssel für die Schule zu haben?	☐	☐	☐
... auf meiner eigenen Sichtweise bestehen zu dürfen?	☐	☐	☐
... alle Hilfsmittel wie Lösungshefte, Nachschlagewerke u. Ä. jederzeit zu nutzen?	☐	☐	☐
... mir eine ganz andere Schule zu träumen und sie zu realisieren?	☐	☐	☐
... aus dem Stundenplan auszubrechen und neue Rhythmen für das Lernen zu erfinden?	☐	☐	☐
... mir während des Unterrichts einfach einmal „Auszeiten" zu nehmen?	☐	☐	☐
... meinen Mantel oder meinen Anorak oder was auch immer anzulassen?	☐	☐	☐
... selbst zu entscheiden, ob ich in der Pause im Klassenzimmer bleibe oder nicht?	☐	☐	☐
... dass Klassenzimmer gemütlich zu gestalten?	☐	☐	☐
... mich so lange mit einem Stoff, mit einer Aufgabe zu beschäftigen, wie ich das möchte, wie ich dafür Zeit brauche?	☐	☐	☐
... mich abfällig über Schülerinnen und Schüler zu äußern?	☐	☐	☐
... Schülerinnen und Schülern Noten zu geben?	☐	☐	☐
... alle Fragen an Schülerinnen und Schüler zu richten, die mich interessieren?	☐	☐	☐

Die Römer brachten es auf den Punkt: Quod licet Jovi, non licet bovi. „Was Jupiter erlaubt ist, ist einem Ochsen noch lange nicht erlaubt!"
Gilt dieses Prinzip noch immer – oder gilt inzwischen „Gleiches Recht für alle"?
So können Sie z. B. mit den Fragebogen umgehen:
Sie füllen zunächst den Lehrerfragebogen aus, dann den Schülerfragebogen unter dem Gesichtspunkt: Gewähre ich den Schülerinnen und Schülern meine Rechte auch?

Das 5. Schuljahr

Einführung

„Sie sind sicher sehr gespannt. Jetzt ist ihr Kind auf dem Gymnasium. Jetzt geht es an die ‚höheren Fächer'. Man darf auch darauf gespannt sein, was die Mathematik, die Biologie oder die Fremdsprachen jetzt so zu Wege bringen. Jetzt kann es ja losgehen.
Und es geht auch los. Aber vielleicht etwas anders, als sich mancher von Ihnen das vorstellt. Denn bevor wir an die fachlichen Leistungen, die vor den Kindern stehen, denken, sollen wir auch an andere Leistungen denken; nämlich Leistungen, die der Übergang Ihrem Kind abverlangt – ein Wechsel, eine Neuorientierung.
Eine neue Schule – das bedeutet: neue Mitschüler, neue Lehrer, tausend neue Gesichter; neue Fächer, neue Methoden, neue Techniken; nicht zuletzt neue Wege, neue Räume, für viele ein neuer Schulort. Und wenn wir von geographischen Orten reden, dürfen wir auch den inneren Ort, den persönlichen Standort der Kinder nicht vergessen. Es muss ein neuer Platz in der Gemeinschaft gefunden werden, auch ein neuer Rang in der sozialen und der Leistungshierarchie.
Und dies alles geschieht nicht von selbst und ist nicht immer unproblematisch. Dazu braucht das Kind Zeit. Und die wollen wir ihm geben. Zunächst in einer Einführungswoche. Und schließlich – das ist nichts Neues – wenn es dann später an die fachlichen Leistungen geht, an messbare, gute Lernerfolge, so sind diese nur möglich, wenn ihnen ein gutes, stabiles soziales Fundament zugrunde liegt. Das bedeutet: sich wohl fühlen, sich angenommen fühlen, sich dazugehörig, zu Hause fühlen."

(aus einem Briefentwurf des Franziskanergymnasiums Großkrotzenburg an die Eltern der neuen 5. Klasse)

Das 5. Schuljahr ist ein Neuanfang oder doch zumindest der Beginn eines neuen Lebensabschnitts für die Kinder und die Lehrerinnen und Lehrer. In der Mehrzahl der Fälle für fünf bis sechs Jahre (bei Sekundarstufenschulen) oder zumindest für die kommenden zwei Jahre (bei der Orientierungsstufe und der Förderstufe) und sogar für neun Jahre (bei Gymnasien) werden die Kinder Schüler dieser neuen Schule sein und die Lehrerinnen und Lehrer verantworten für diese Zeit das gemeinsame Lernen und Leben im Raum der Schule, mit einigen Auswirkungen auch auf den außerschulischen Bereich (Hausaufgaben, Freizeit).
Die Kinder freuen sich in der Regel auf die neue Schule, weil der Schulwechsel für sie ein weiterer Schritt auf dem Weg ist, selbstständiger und kompetenter zu werden, zu den Großen zu gehören, als gleichberechtigt anerkannt zu werden. Sie treffen in der neuen Schule auf mehr Kinder, kommen mit gleichaltrigen Kindern und älteren Jugendlichen zusammen, denen sie nicht in ihrer eigenen Nachbarschaft begegnen, auf die sie sich aber zunehmend bei ihrem Prozess des Erwachsen-Werdens beziehen wollen und müssen.
Viel Aufgeregtsein und auch Unsicherheit gehört dazu. Die Unsicherheit bezieht sich einerseits auf die Frage, ob man den Anforderung der Schule und der Eltern genügen kann. Sie bezieht sich aber auch auf die Frage, ob man neue Freunde findet und in der Gruppe der Gleichaltrigen der eigenen Klasse, aber auch in der Gruppe aller Schülerinnen und Schüler anerkannt werden wird und sich zugehörig fühlen kann. Aber die meisten Kinder sind

positiv gestimmt und höchst motiviert, sich den neuen Herausforderungen zu stellen. Nur Kinder, die sich als negative Auslese erleben, weil sie bereits mehrere Jahre negative Schulerfahrung verkraften mussten oder weil sich die Wünsche (eigene und solche der Eltern) nach einer anderen Schule nicht erfüllt haben, werden der neuen Schule unter Umständen mit einer gehörigen Portion Resignation und Demotivierung entgegengehen.

Die Lehrerinnen und Lehrer der weiterführenden Schulen stehen vor der Herausforderung des Neuanfangs mit jungen Schülerinnen und Schülern, die sie noch nicht kennen und z. T. in ihrem Verhalten und ihren Fähigkeiten schwer einschätzen können. Sie müssen Kinder aus mehreren Schulen und mit unterschiedlichen Voraussetzungen in die „neue" Schule einführen, Regeln und Arbeitsformen vereinbaren, herausfinden, was die einzelnen Kinder können und was nicht. Dabei sind sie meist nur einige Stunden mit den Schülerinnen und Schülern zusammen, parallel zu anderen Fachlehrern, von denen jeder eigene Erwartungen an die Schülerinnen und Schüler richtet und andere Regeln und Arbeitsformen praktiziert. Das bedeutet, jeder Lehrer kann nur einen Teil seiner Aufmerksamkeit den Kindern dieser Anfangsklasse zuwenden, weil er noch in mehreren anderen Klassen unterrichten muss. Er kann aber auch nur mit einem Teil der Aufmerksamkeit der Schülerinnen und Schüler rechnen, weil diese ja beim nächsten Kollegen anders arbeiten sollen. Außerdem ist für viele Lehrer der Wechsel zu den „ganz Kleinen" besonders schwierig, weil sie zuvor oder sogar zeitgleich in völlig anderer Form mit älteren Schülerinnen und Schülern gearbeitet haben und arbeiten müssen.

In einigen Schulformen kommt hinzu, dass die Selektion noch keineswegs abgeschlossen ist, sondern einen relativ großen Stellenwert einnimmt. Das gilt vor allem für Förderstufen und Orientierungsstufe, die ja im Laufe der kommenden zwei Jahre die Kinder auf das dreigliedrige Schulsystem vorbereiten müssen. Das gilt aber auch für Realschulen und Gymnasien bzw. entsprechende Zweige von additiven Gesamtschulen, die entscheiden müssen, ob ein Kind den Leistungsansprüchen dieser Schulform genügt oder auf eine „niedrigere" Schulform verwiesen werden soll.

Unterricht und Schulleben müssen unter den Bedingungen des Neuanfangs und mit Blick auf den Abschluss oder die Abschlüsse, die an der Schule angestrebt werden sowohl effektiv als auch sozialverträglich gestaltet werden. Dies erfordert nicht nur Spezialwissen, sondern vor allem auch ein hohes Maß an Sensibilität und Selbstreflexion.

So muss nicht nur viel Kraft und Zeit aufgewandt werden, aus einer zufälligen Ansammlung von Schülerinnen und Schülern eine funktionierende Schulklasse zu formen, in der Unterricht effektiv durchgeführt werden kann. Darüber hinaus gilt es, Erziehungsaufgaben zu übernehmen und die individuellen und sozialen Lernprozesse sinnvoll zu begleiten. Diese Erziehungsaufgabe empfinden viele eher fachlich ausgebildete und orientierte Lehrerinnen und Lehrer als „zusätzliche" Belastung, die zu einer Verknappung der zur Verfügung stehenden Unterrichtszeit führt (→ S. 40ff.). Auf der anderen Seite weiß man aber, dass die Lernprozesse in den folgenden Jahren umso besser und effektiver verlaufen können, je mehr am Anfang Zeit für die Entwicklung individueller Sicherheit, sozialer Beziehungen und Formen des Lernens zur Verfügung stand. Von daher macht es Sinn, sich viel Zeit zu nehmen, um über die Anfangsphase nachzudenken: Lange bevor die neuen Schüler aufgenommen werden, müsste an jeder Schule ein Konzept für das 5. und 6. Schuljahr entwickelt werden, das Schritte auf dem Weg zu solchen Zielen beschreibt. *Fauser* fordert in diesem Zusammenhang die Diskussion um die „pädagogische Kultur der Schule" (S. 349 f.), die sich daran messen lassen muss, ob und inwieweit Entwicklungschancen für die Heranwachsenden im Zentrum der pädagogischen Bemühungen stehen und Schule als ein personal gestalteter und verantworteter Handlungszusammenhang verstanden wird. (→ S. 43ff.). In den letzten Jahren sind an vielen Sekundarstufenschulen solche Entwicklungen in Gang gekommen. Trotzdem muss man wohl davon ausgehen, dass in der Mehrzahl der Fälle noch kein Konzept für den zweiten Schulanfang vorliegt. In diesem Fall müssen die Lehrer, die eine 5. Klasse übernehmen, gemeinsam oder zur Not auch individuell eigene Pläne entwickeln. Aus dem jeweils vorhandenen Konzept ergeben sich dann Entscheidungen für die weiteren Aufgaben, z. B. für die Begrüßung und Einführung der neuen Schüler und für die Gestaltung von Unterricht und Schulleben im 5. (und 6.) Schuljahr.

Entwicklung eines Konzepts für das 5. und 6. Schuljahr

Ein pädagogisches Konzept für das 5. und 6. Schuljahr zu entwickeln erscheint aus vielerlei Gründen notwendig und sinnvoll, wenn man die zuvor dargelegten Strukturen und Entwicklungen berücksichtigen will:

- Der Übergang von der Grundschule in die weiterführende Schule bedeutet in aller Regel auch den Wechsel von einem weitgehend ungefächerten Unterricht, der in der Regel stark durch die Person der Klassenlehrerin bestimmt wird, zu einem System, in dem viele verschiedene Fächer und Fachlehrer den Schulalltag bestimmen, was zu einer starken Zersplitterung und Diffusität führen kann. Es ist daher sinnvoll, nach Möglichkeiten zu suchen, wie kontinuierlichere Arbeit mit weniger Lehrkräften durch ein *Lehrerteam* verwirklicht werden kann.
- Die Kinder kommen nach dem Übergang von der Grundschule in aller Regel in ein sehr viel größeres und schwieriger zu durchschauendes System. Es ist daher sinnvoll, nach Möglichkeiten zu suchen, wie eine schnellere und effektivere *Orientierung* gewährleistet werden kann, die den neuen Schülerinnen und Schülern sowohl klare Informationen als auch genügend Zeit und Raum für das Kennenlernen und die Eingewöhnung bietet.
- In den 5. Klassen der weiterführenden Schulen kommen in aller Regel nicht nur sehr unterschiedliche Individuen zusammen, sondern auch Kinder, die in den verschiedenen Grundschulen bzw. Grundschulklassen eine je unterschiedliche schulische Sozialisation erfahren haben. Aus diesem Grund ist es sinnvoll, im *Anfangsunterricht* gezielt nach Möglichkeiten zu suchen, wie aus dieser Ansammlung unterschiedlicher Einzelpersonen und Kleingruppen eine funktionierende Arbeitsgemeinschaft entstehen kann.
- Mit dem 5. Schuljahr beginnt ein neuer Lernabschnitt im Leben der Kinder, von dem man weiß, dass zu Beginn dieses Abschnitts eine große Motivation vorhanden ist. Man weiß aber auch, dass die *Lernfreude* im Laufe der folgenden Jahre stark abnimmt (→ S. 45f.). Aus diesem Grund erscheint es sinnvoll, über Gründe für diese sinkende Lernfreude nachzudenken und nach Konzepten zu suchen, die dem entgegensteuern.

Mögliche Lösungen werden in den folgenden Forderungen benannt, die einer Broschüre des Hessischen Landesinstituts für Pädagogik (zusammen mit dem Hessischen Kultusministerium) entnommen sind:

Notwendiges

Die weiterführenden Schulen erleichtern ihren neuen Schülerinnen und Schülern den Übergang und Neubeginn. Sie legen besonderen Wert darauf, den emotionalen und sozialen Bedürfnissen der Kinder Rechnung zu tragen und Sicherheit und Orientierung zu gewährleisten. Sie schaffen ein Lernklima, in dem die Kinder sich der neuen Situation ohne Angst nähern und sich auch in ihr versuchen können:

- Organisatorisch sollten in großen Schulen für die Neuen überschaubare Subsysteme geschaffen werden. Die 5. Klassen werden nach Möglichkeit räumlich zusammengelegt. Die Anzahl der unterrichtenden Lehrkräfte wird begrenzt. Ein oder zwei Klassenlehrerinnen oder Klassenlehrer werden mit ausreichender Stundenzahl in einer Klasse eingesetzt, so daß jedes Kind eine Bezugsperson finden kann.

- Der Unterricht knüpft an den Erfahrungen der Kinder an. Bisher Gelerntes wird beachtet und wertgeschätzt. Kindgerechte Unterrichtsformen werden weitergeführt (‚Kreise', Gruppentische und Gruppenarbeit, Wochenpläne, Rituale u. a. m.).

- Offene Lernformen sind kein Privileg der Grundschule. Auch im stärker fachlich orientierten Unterricht der Sekundarstufe kann die Kontinuität des Lernens nur durch Rückbindung an lebensweltliche Erfahrung gesichert werden. Freilich schieben sich auch andere Lernmuster dazwischen, die zu beherrschen Schülerinnen und Schüler zunehmend in die Lage versetzt werden. Das Zulassen unterschiedlicher Lernmuster und Zugangsweisen macht es der einzelnen Schülerin und dem einzelnen Schüler möglich, sich mit schulischem Lernen zu identifizieren.

- Der Prozeß des Einlebens wird längerfristig begleitet und unterstützt. Durch besondere unterrichtliche Angebote wird die Entwicklung von Lerntechniken und anderen Bewältigungsstrategien angebahnt. Ältere Schülerinnen und Schüler können Patenschaften übernehmen. Klassenfahrten und andere gemeinsame Unternehmungen fördern den sozialen Zusammenhalt. Regelmäßige pädagogische Konferenzen dienen den unterrichtenden Lehrerinnen und Lehrern einer Klasse zum Austausch ihrer Erfahrungen und zur Abstimmung ihrer pädagogischen Maßnahmen.

- Die Zusammenarbeit mit den Eltern wird bewußt gesucht. Es werden Formen der Zusammenarbeit entwickelt, die alle Eltern unabhängig von Lebenssituation, Bildungsstand und Nationalität einbeziehen und ansprechen.

(aus: Hess. Landesinstitut f. Pädagogik, S. 14/15)

Wie aber lassen sich solche Forderungen im konkreten Einzelfall umsetzen? Hierzu sollen zunächst drei unterschiedliche Beispiele vorgestellt werden, die danach ausgesucht wurden, dass zumindest mehrere der oben genannten Forderungen einbezogen wurden, wenn auch in höchst unterschiedlicher Form und Mischung. Dabei muss immer berücksichtigt werden, dass die Entwicklung eines solchen Konzeptes derzeit noch die Ausnahme bildet, und dass das jeweilige Konzept meist die ersten Schritte auf einem Weg zu einem bewusst gewählten und praktizierten pädagogischen Konzept wiedergibt.
Die referierten Konzepte haben sich sicher inzwischen verändert und aktuelle Formen, die inzwischen als hilfreich empfunden werden, sind in ihnen unter Umständen noch nicht beschrieben.

Beispiel 1
Dreieichschule (Langen, Landkreis Offenbach), Gynmnasium
(beschrieben von Heribert Gött)

Das Konzept für den Anfangsunterricht der Klassen 5 und 6

1. Lehrereinsatz
- Jede Lehrerin, jeder Lehrer in den Klassen 5 und 6 wird mit so vielen Unterrichtsstunden wie möglich in den jeweiligen Klassen eingesetzt.
- Jede Lehrerin, jeder Lehrer sollte täglich Unterricht in ihrer, seiner Klasse haben. Zusätzlich ist nach Möglichkeiten für Doppelstunden zu suchen.
- Die sogenannte „Z-Stunden-Regelung“ (Zusatzstunde für den Klassenlehrer) in den Klassen 5 ist beizubehalten, in den Klassen 6 ist die SV-Stunde an den Plan der Klassenlehrerin/des Klassenlehrers gebunden.
- Die Bereitschaft zur Zusammenarbeit von Kolleginnen und Kollegen soll durch entsprechende Berücksichtigung bei der Unterrichtsverteilung gefördert werden.

2. Koordination
- Klassen sollen grundsätzlich enger zusammenarbeiten, z. B. Wandertage, Lehrausflüge und eventuell auch Klassenfahrten gemeinsam planen und durchführen.
- Jede Lehrerin und jeder Lehrer in den Klassen 5 und 6 zeigt sich zur Koordination mit den Fachkolleginnen und Fachkollegen bereit. Unter Koordination wird jahrgangsbezogener fachlicher Informationsaustausch auf freiwilliger Basis mit dem Ziel der Absprache verstanden. Aus der Zusammenarbeit im Team innerhalb der einzelnen Klassen ergeben sich Chancen für neue Unterrichtsformen, für Binnendifferenzierung und fachübergreifende Arbeitsweisen. Ebenso wird organisatorische Flexibilität ermöglicht.
- In den Klassen 5 ist – unter Einbeziehung der verschiedenen Fächer – ein themenbezogener Arbeitstag zu gestalten. In den Klassen 6 wird einmal fächerübergreifend über einige Tage hinweg an einem gemeinsamen Thema gearbeitet. Sondervotum: „Themenbezogener Arbeitstag“ sollte auch heißen können: Gemeinsame Aktionen.

Für die Koordination soll von den unterrichtenden Lehrkräften eine Koordinatorin/ein Koordinator gewählt werden, die/der nach Möglichkeit zu entlasten ist.

Die Koordinatorin/Der Koordinator hat folgende Aufgaben:
- Ansprechpartnerin, Ansprechpartner für die Grundschulen zu sein,
- Koordinationstermine zu planen,
- bei klassenübergreifenden Veranstaltungen in 5 und 6 zu beraten.

3. Umfeldbedingungen
- Zur Erleichterung des Übergangs werden rechtzeitig vor den Sommerferien Kontakte zu den abgebenden Schulen geknüpft. An diesen Kontakten werden Lehrerinnen und Lehrer der neuen Klassen 5 und Schülerinnen und Schüler der bestehenden Klassen 5 beteiligt.
- Die neuen Schülerinnen und Schüler der 5. Klassen werden mit einem besonderen Programm begrüßt.
- In der ersten Schulwoche findet Klassenlehrerunterricht statt.
- Die SV bestellt für jede Klasse 5 zwei Klassenpatinnen und Klassenpaten aus den Jahrgangsstufen 10 bis 12, die Ansprechpartnerinnen/Ansprechpartner für Fragen und Probleme sind.
- Die Klassen 5 und 6 sollen eigene Klassenräume erhalten (mindestens zwei Jahre), die nur von ihnen benutzt werden.
- Das Führen eines Mitteilungs- und Aufgabenheftes in den Klassen 5 und 6 ist Pflicht.
- Das Kollegium begrüßt von den Eltern vorgebrachte Initiativen mit dem Ziel einer intensiveren Zusammenarbeit.

(Hess. Landesinstitut für Pädagogik/ Hess. Kultusministerium, S. 35 f.)

Beispiel 2
Das ‚Teamlehrer-Modell' am Goethe-Gymnasium Kassel
(beschrieben von Michael Boldt, Herbert Gleim)

Konzeption des ‚Teamlehrer-Modells'

Ausgehend von der Feststellung, dass die meisten Schülerinnen und Schüler in der Grundschule nur mit einer bzw. wenigen pädagogischen Bezugspersonen konfrontiert werden und nur wenige fachliche Differenzierungen kennen, stellt sich zunehmend die Frage, ob das Gymnasium auf diese erste schulische Sozialisation nicht angemessener reagieren muss.
In einem intensiven Diskussionsprozess, ausgelöst durch die Ergebnisse einer Arbeitsgruppe des Staatlichen Schulamtes der Stadt Kassel sowie einer umfassenden pädagogischen Konferenz der eigenen Schule, entschied sich das Kollegium der Goetheschule für eine Reduzierung der Klassen- und Fachlehrerschaft in den Jahrgangsstufen 5 und 6. ... (Es) wird jetzt darauf geachtet, daß die unterrichtende Lehrerin/der unterrichtende Lehrer in der Regel mit beiden Fächern in mehreren Klassen desselben Jahrgangs eingesetzt wird. So müssen z. B. die „Hauptfachlehrer" (Deutsch, Englisch, Mathematik) in zwei Parallelklassen unterrichten, was bedeutet, daß man bei einer Jahrgangsbreite von fünf Klassen mit neun Kolleginnen und Kollegen in diesem Bereich auskommen kann. Da auch das zweite Unterrichtsfach, natürlich nur in den Fällen, wo es aufgrund der Stundentafel möglich ist, im

selben Jahrgang unterrichtswirksam wird, hat sich die Kollegenschaft in den Jahrgängen 5 und 6 auf über die Hälfte reduziert. Diese so genannten Jahrgangsteams entwickeln nun in zweifacher Hinsicht eine positive Folgeerscheinung:

– Für die Schülerinnen und Schüler
Sie genießen weiterhin einen qualifizierten Fachlehrerunterricht, befinden sich aber in einem überschaubaren Umfeld. Da die meisten Lehrerinnen und Lehrer den Schülerinnen und Schülern in zwei Fächern begegnen, können diese sich leichter orientieren und schneller Vertrauen aufbauen. Daneben erfahren sie sich leichter als Teil eines gesamten Jahrganges, weil sie unmittelbar erleben (vgl. ‚Jahrgangsflure'), daß ihre eigenen Lehrerinnen und Lehrer auch für die Parallelklassen zuständig sind.
Die Schülerinnen und Schüler erhalten insgesamt die Chance, sich mit ihrer neuen Schule schneller und stärker zu identifizieren. Der Übergang von der als vertraut empfundenen Grundschule in eine fremde, neuartige Schulwelt wird nicht mehr als harter Bruch erlebt, sondern ‚abgefedert'.
Daneben wird aber auch einer anderen Art von Schülerbedürfnissen Rechnung getragen. Während man auf der einen Seite einer lieb gewonnenen Schulzeit ‚nachtrauert' (Freundinnen und Freunde, Lehrerinnen und Lehrer, gestaltete Räume usw. müssen verlassen werden), erwartet man in der Regel mit dem Übergang zu einem Gymnasium auch etwas ‚Neues und Anspruchsvolles'. Eine neue Lehrervielfalt und eine erweiterte, ausdifferenzierte Fächerpalette sind in den Köpfen der Kinder äußere Merkmale einer weiterführenden Bildungseinrichtung. Sie genießen es in den meisten Fällen, den häuslichen Einzugsbereich zu verlassen und öffentliche Verkehrsmittel benutzen zu können. Mit neuen Schulutensilien ausgerüstet (Etuis, Schultaschen u. ä.) beginnen sie eine erwartungsvolle Etappe auf dem Weg in die Selbstständigkeit.

– Für die unterrichtenden Lehrerinnen und Lehrer:
Sowohl für die Klassenlehrer als auch für die Fachlehrerin, den Fachlehrer reduziert sich der Kreis der wichtigen Kontaktpersonen erheblich. Informationsaustausch und wichtige Absprachen erfolgen relativ schnell und problemlos. Einschätzungen und Beurteilungen von Schülerleistungen und -verhalten beruhen auf einer breiteren und sichereren Basis. Da der größte Teil der Kolleginnen und Kollegen mit ihren bzw. seinen beiden Fächern in mehreren Klassen des Jahrgangs unterrichtet, erhält die einzelne/der einzelne gesichertere Rückmeldungen über inhaltliche und methodische Stärken und Schwächen. Über- bzw. Unterforderungen einzelner Schülerinnen und Schüler, aber auch ganzer Klassen, werden schneller transparent und können in der Regel ohne große Probleme behoben werden. Die inhaltliche Vergleichbarkeit nimmt auch noch deshalb zu, weil pro Fach mit durchschnittlich nur zwei bis drei Kolleginnen und Kollegen kooperiert werden muß. Austausch von Unterrichtsmaterialien, Absprachen über Inhalte und Klassenarbeiten, Einigung auf Bewertungsschlüssel u. v. a. schafft eine größere Objektivität und Sicherheit für Beurteilungen und Beratungen. Auch Absprachen über Verbindlichkeiten, die für den gesamten Jahrgang gelten (Pausenordnung, Klassendienste, Umgang mit Materialien, Gestaltung der Klassenlehrerstunden, Sanktionen bei Fehlverhalten etc.), stellen für alle Beteiligte neue Formen der Orientierung dar und wirken sich positiv auf Verhalten, Umgang und Atmosphäre aus.

Jahrgangsflur

Um die Zugehörigkeit zu einer bestimmten Einheit zu demonstrieren, die räumliche und personelle Überschaubarkeit besonders nach dem Übergang von der Grundschule zu gewährleisten sowie den Aufbau einer positiven Identität mit der neuen Umgebung zu initiieren, erscheint es unumgänglich, den Jahrgängen abgegrenzte Schulflure (Schuleinheiten) zuzuweisen. Diese Jahrgangsflure sollen jedoch nicht zur ,Schule in der Schule' werden, sondern lediglich einen räumlichen Rahmen- und Bezugspunkt in einer neuen, komplexen Schullandschaft darstellen. Gemeinsam mit den anderen ,Fünftklässlern' bewegen sich die neuen Schülerinnen und Schüler in einer Art Schutzzone, von der aus sie die Vielfalt des neuen Schullebens in Ruhe entdecken können. Für jahrgangsfremde Schülerinnen und Schüler sind diese Flure zwar nicht tabu, sie können jedoch im Falle von Störungen schneller als sonst erkannt und zur Rechenschaft gezogen werden. Die vom Jahrgangsteam beschlossenen und an die Schülerinnen und Schüler weitergegebenen Verbindlichkeiten erfahren aufgrund der räumlichen Orientierung eine starke Akzeptanz, selbstgesteuerte Kontrollmechanismen können sich dadurch leicht entwickeln. ... Außerdem tragen die Jahrgangsflure dazu bei, den Schülerinnen und Schülern von Anfang an mehr Atmosphäre und Geborgenheit zu vermitteln. Klassenübergreifende, nach außen hin wirksame Gestaltungs- und Verschönerungsversuche werden emotional besetzt. Ein pfleglicher Umgang nicht nur mit der materiellen Ausstattung der Schule ist zu erkennen.

Jahrgangseigene Projekte und Veranstaltungen

Um einerseits der Erkenntnis stärker zum Leben zu verhelfen, daß Schule gerade für die Klassen 5 und 6 nicht allein ein Ort des Lernens, sondern ein emotional besetzter Lebensraum auf Zeit ist und um andererseits aber auch eine größere Chancengleichheit herzustellen und die Abhängigkeit von individuellen Lehrerentscheidungen und -beurteilungen zu minimieren, werden für den jeweiligen Jahrgang verbindliche Aktivitäten durchgeführt.

Am Anfang der Veranstaltungen steht ein so genannter ,Aktionstag', der unmittelbar im Anschluss an die Herbstferien stattfindet. Vorschläge aus der Teamlehrerschaft werden gemeinsam diskutiert und auf die Realisierbarkeit hin überprüft. ... Ob Teile des ,Aktionstages' innerhalb oder außerhalb des Schulgebäudes stattfinden, entscheidet sich ... am jeweiligen Projekt. Ein weiteres Kriterium für die Art der Gestaltung bzw. Realisierbarkeit ist die Kompetenz und Motivation der handelnden Klassenlehrerinnen und Klassenlehrer. Denn obwohl im vorbereitenden Teil andere Fachlehrerinnen und Fachlehrer zuarbeiten können und sollen (...), obliegt die endgültige Durchführung des ,Aktionstages' dem Gestaltungswillen und den Fähigkeiten der Klassenlehrerin, des Klassenlehrers.

Beispiele für Aktionstage sind: Drachenbau und -flug, verschiedene Bastelarbeiten, Herstellen von Spielen, Kalendergestaltung, Weihnachtsdekoration der Schule, Schulrallye, Zirkusaufführung, Lesenacht, u. ä.

Neben diesem Aktionstag finden an der Goetheschule weitere verbindliche Unternehmungen bzw. Aktivitäten für die Klassen der Eingangsstufe statt. Im Einzelnen sind dies: Besuch des Weihnachtsmärchens mit beiden Jahrgängen, Einführung in die Benutzung der Jugendbücherei, ... Faschingsfeier mit klassenübergreifenden Aktivitäten, Fußball-Hallenturnier, ... Klassenfahrt (fünf Schultage), ..., Spielfest (vor den Sommerferien), ..., Flohmarkt,..., Vorlesewettbewerb, ..., Abschlußveranstaltung für den Jahrgang 6, ...

Pädagogische Konferenz und separater Elternsprechtag
... Nachdem bereits in zeitlicher Anlehnung an die Herbstferien im Lehrerteam ein Überblick über eventuelle Schülerauffälligkeiten geschaffen wurde, findet Anfang Dezember eine ausführliche pädagogische Konferenz statt. Stärken und Schwächen jeder Schülerin, jedes Schülers werden eingebracht und zu einem ersten Profil verdichtet.
Den Eltern wird dann noch vor den Weihnachtsferien Gelegenheit gegeben, sich auf einem Elternsprechtag, der nur für den Jahrgang 5 eingerichtet ist (...), über ihre Kinder zu informieren ...

Der ‚sanfte' Übergang
Gerade die ersten Tage und Wochen können entscheidend sein, wie die Schule für die gesamte Verweilzeit angenommen wird und welchen Stellenwert sie im Bewußtsein der Schülerinnen und Schüler einnimmt. So wurde mit Einführung des Teamlehrer-Modells der erste Schultag nach der Aufnahmefeier ausschließlich der Gestaltung der Klassenlehrerin/des Klassenlehrers überantwortet. Auch wenn es löblicherweise bereits Schulen gibt, die hierfür schon mehrere Tage zur Verfügung stellen, läßt bereits ein Tag wichtigen und nötigen Raum für das erste Abtasten, die vielen Fragen und das Eingewöhnen zu (Genauere Ausführungen → S. 164ff.) ...
Die aufgrund der Stundentafel obligatorisch eingeplante Klassenlehrerstunde (...) dient ausschließlich außerunterrichtlichen Aktivitäten. Probleme der Woche können hier genauso geklärt werden wie das Überprüfen getroffener oder das Ergänzen neuer Absprachen. Wichtig ist, daß die Schülerinnen und Schüler von Anfang an erfahren, daß das ihre Stunde ist, die von ihnen aktiv mit vorbereitet und geplant werden sollte. ...
Die Aufnahme der Fünftkläßler und die Bekanntgabe bzw. Abstimmung der oben ausgeführten Essentials des Teamlehrer-Modells mit dem begleitenden und ergänzenden Gestaltungsversuchen werden durch eine gemeinsame Konferenz des künftigen Teams bereits vor den Sommerferien vorbereitet. Eine rechtzeitige Einstimmung auf die besonderen Anforderungen und Zielsetzungen ist somit möglich ...

(Hess. Landesinstitut für Pädagogik/ Hess. Kultusministerium, S. 58ff.)

Beispiel 3
Kindernahe Integration im Rahmen projektorientierten Schulalltags (KNIRPS), Franziskanergymnasium Großkrotzenburg
(zusammengestellt von Lothar Metko, Leiter des KNIRPS-Ausschusses)

1. Aufgaben der Organisationsbereiche
(verabschiedet von der Gesamtkonferenz am 1.4.1993, Stand 11.9.1995)

1.1. Bereich der Schulleitung
- Reduzierung der Klassenstärken auf 28 bis 30 Schüler
- Erstellung der Stundenpläne für das 5. und 6. Schuljahr vor allen anderen
- Einsatz der Klassen- und Fachlehrer der 5. und 6. Klassen in möglichst mehreren Fächern und vielen Stunden
- Information der Lehrer zu Beginn des 2. Halbjahres des vorhergehenden Schuljahres

- Einrichtung einer sechstägigen Einführungswoche
- Beibehaltung der fünften Stunde Deutschunterricht in den 5. Klassen
- Einrichtung von Stützkursen in Deutsch in den 5. und 6. Klassen
- Einrichtung einer Gemeinschaftsstunde (früher: Klassenlehrerstunde)
- Ermöglichung des Besuches des Schülergottesdienstes für die Klassenlehrer der 5. und 6. Klassen
- Einrichtung eines Landschulheimaufenthaltes im ersten Halbjahr der Klasse 6
- Einrichtung einer zusätzlichen (3.) Stunde Sport (Spielstunde) in den Klassen 5 und 6

1.2. Ausstattung der Klassenräume
- Jedes Klassenzimmer der Klassen 5 und 6 erhält einen Klassenschrank, Kork- bzw. Holzwände oder -leisten, einen OHP, eine Projektionsfläche.
- Individuelle Tischhöhen werden berücksichtigt.
- Ein Mitglied des KNIRPS-Ausschusses ist im Bauausschuß zur Planung und Gestaltung der Erweiterungsbauten vertreten.

1.3. Bereich des Klassenlehrers
- Der Klassenlehrer (Kl. 5) hat eine Woche (6 Tage) Zeit, sich mit der Klasse an die ‚Neue Schule' zu gewöhnen (Einführungswoche).
- Der Klassenlehrer meldet Eindrücke und Anregungen an den KNIRPS-Ausschuß zur Dokumentation zurück.
- In den ersten Wochen des Schuljahres der 5. Klassen finden zwei Elternabende statt (ein informeller zum Kennenlernen und ein offizieller mit Wahlen zum Klassenelternbeirat).
- Der Klassenlehrer sollte die Möglichkeit haben und nutzen, seine Klasse zum Schülergottesdienst zu begleiten.
- Der Klassenlehrer unterweist die Schüler im Führen eines Hausaufgabenheftes.
- Der Klassenlehrer überprüft Tischhöhe und Stuhlgröße.
- Der Klassenlehrer (Kl. 5) ruft in den ersten vier Monaten des Schuljahres eine Klassenkonferenz seiner 5. Klasse zur gegenseitigen Information aller Fachlehrer ein. Der Klassenlehrer protokolliert diese Klassenkonferenz.
- Der Klassenlehrer (Kl. 5 und 6) ruft eine Klassenkonferenz zwischen den Halbjahreszeugnissen und Elternsprechtag ein.
- Der Klassenlehrer der Klasse 5 weist die Eltern darauf hin, daß sich gute Noten der Grundschule im Gymnasium nicht unbedingt wiederholen müssen, und daß die Schüler nicht unter zu hohen Leistungsdruck gesetzt werden sollen.
- Der Klassenlehrer der Klasse 6 plant einen Landschulheimaufenthalt seiner Klasse und führt diesen im ersten Halbjahr der Klasse 6 durch.
- Die Klassenlehrer der Klasse 6 planen und veranstalten einen gemeinsamen Abschlußausflug aller 6. Klassen in den letzten Tagen des Schuljahres.
- Die Klassenlehrer der Klassen 5 und 6 tragen dafür Sorge, daß in ihren Klassen pro Halbjahr ein fächerübergreifendes Unterrichtsprojekt durchgeführt wird.

1.4. Bereich der Fachlehrer
- Die in den Klassen 5 und 6 eingesetzten Lehrer werden von der Schulleitung früh informiert, damit gegenseitige Absprachen getroffen werden können.

- Der Unterricht in den Klassen 5 sollte vor allem in den ersten Monaten vornehmlich im Klassenraum (selten in Fachräumen) stattfinden.
- Der erste Test bzw. die erste Klassenarbeit in Klasse 5 ist unbenotet, aber kommentiert.
- In der Klasse 5 werden in den ersten sieben Wochen des regulären Unterrichts keine benoteten Arbeiten geschrieben.
- Die Deutschlehrer sprechen sich mit den Latein-/Englischkollegen über ihre grammatische Terminologie ab.
- Das Führen eines Hausaufgabenheftes ist für die Schüler der Klassen 5 und 6 Pflicht.
- Die Fachlehrer stellen sich und ihr Fach in der Einführungswoche der Klasse 5 vor.
- Die Sportlehrer der 5. Klassen organisieren das Sportfest in der Einführungswoche unter Einbeziehung der Paten. …

1.5. Bereich der Paten
(Da das zitierte Handout hierzu keine genaueren Informationen enthält, entstammen die folgenden Informationen einem im Sommer 2000 geführten Gespräch mit *Lothar Metko*, dem Leiter des KNIRPS-Ausschusses)
Bereits im Mai werden anhand einer Ausschreibung Schülerinnen und Schüler des 11. Jahrgangs als Paten ausgewählt. Am Auswahlverfahren sind ältere Paten, ein Mitglied des KNIRPS-Ausschusses und der Jugendreferent des auf dem gleichen Gelände angesiedelten Franziskanischen Bildungswerks (FBW) beteiligt. Es werden zehn Paten ausgewählt, für jede 5. Klasse zwei (möglichst ein Mädchen, ein Junge). Dabei wird danach gefragt, ob die Schülerinnen und Schüler schulisch so gefestigt sind, dass die Unterrichtsversäumnisse durch die Patentätigkeit verkraftet werden können. Außerdem sind soziale Kompetenzen gefragt.
Nach der Auswahl findet eine Treffen zwischen den neuen Klassenlehrern und den Paten statt, bei dem deren Mitarbeit, vor allem bei der Einführungswoche, genauer vereinbart wird. In der weiteren Zeit sollen sie
- an der Klassengemeinschaftsstunde (GS) (→ S. 182) teilnehmen,
- als Ansprechpartner/innen für die Kleinen zur Verfügung stehen,
- bei Konfliktlösungen helfen,
- bei Wandertagen und Sportfesten mitarbeiten,
- teilweise nehmen sie auch an Elternabenden teil, um den Eltern aus ihrer Sicht zu berichten,
- …

Die Paten sind für ihre Tätigkeit stundenweise vom Unterricht freigestellt. Dafür werden jeweils pragmatische Lösungen gesucht (GS wird verlegt entsprechend dem Stundenplan der Paten, Paten bestimmen selbst, welche Stunden sie für ihre Tätigkeit benutzen, sollen aber darauf achten, dass nicht immer das gleiche Fach ausfällt).
Einmal im Jahr gibt es ein Seminar für Paten, das durch das FBW organisiert wird. Dabei werden Erfahrungen besprochen und Handlungsideen (Spiele, Konfliktlösungen) ausprobiert.

2. Einführungswoche
… (Nähere Informationen, → S. 162)

Vergleicht man diese drei Konzepte, so ergibt sich schnell, dass sehr unterschiedliche Akzente gesetzt werden. Mithilfe der o. g. Aspekte (Lehrerteam, Orientierung, Anfangsunterricht, Lernfreude) lassen sich Gemeinsamkeiten, aber auch Unterschiede feststellen:

Lehrerteam

Sowohl im Beispiel 1 als auch im Beispiel 2 spielt die Reduzierung der Anzahl von Lehrern, die in der 5. (und 6.) Klasse unterrichten, eine große Rolle. Während im Beispiel 1 die Forderung festgeschrieben und mit der Forderung nach Zusammenarbeit unter den beteiligten Lehrern verbunden wird, stellt das Konzept im Beispiel 2 die Teambildung sogar ins Zentrum des gesamten Konzeptes. Im Beispiel 3 wird ebenfalls davon gesprochen, die Anzahl der unterrichtenden Lehrer zu reduzieren. Trotz eines sehr detaillierten Konzeptes wird aber auf die Frage der Teambildung nicht eingegangen. Die mögliche Konsequenz der Teambildung, dass die Planung von Fachkräften erstellt und kontrolliert, der Unterricht aber auch fachfremd erteilt werden kann, wird allerdings in keinem der Konzepte angesprochen, ein (negativer) Hinweis lässt sich nur im Beispiel 2 finden, wenn darauf verwiesen wird, dass die Schülerinnen und Schüler „weiterhin qualifizierten Fachunterricht" genießen. Der „fachfremd" erteilte Unterricht sollte aber aus pädagogischen Gründen auf jeden Fall in die Überlegungen einbezogen werden.
Auf dem Weg zur Bildung von Lehrerteams könnte auch an Zwischenschritte gedacht werden, z. B.

- für jeden im 5. Schuljahr arbeitenden Kollegen Blockstunden einplanen;
- Teams aus Kollegen mit Erfahrung im 5. Schuljahr und unerfahrene Kollegen bilden;
- in regelmäßigen Abständen (z. B. einmal pro Halbjahr, jeden Monat, ...) einen Aktionstag einplanen, an dem fächerübergreifend gearbeitet wird und der von allen Kollegen des Jahrgangs gemeinsam vorbereitet wird;
- auf freiwilliger Basis fachfremden Unterricht übernehmen, wenn im Team Kollegen vorhanden sind, die die Planung gemeinsam verantworten.

Orientierung

Zur Frage der Orientierung finden sich in allen drei Konzepten Hinweise. Im Beispiel 1 enthält das Konzept eine Einführungswoche mit Klassenlehrerunterricht, im Beispiel 2 wird nur der erste Schultag nach der Begrüßung vom Klassenlehrer gestaltet, während das Konzept im Beispiel 3 eine sechstägige Einführungswoche enthält, deren Inhalte recht genau beschrieben werden (→ S. 162). Auf die Ziele, Inhalte und Methoden dieser Arbeit wird in allen drei Modellen nur andeutungsweise eingegangen (z. B. Bedeutung der Paten im Fall 3, Aktionstag ‚Schulrallye' im Beispiel 2 und 3). Als Hilfe für die Orientierung wäre auch denkbar, durch Farbgebung und Hinweisschilder die Orientierung in der Schule zu erleichtern. Ein Konzept hierfür könnte im Rahmen eines Unterrichtsprojektes in höheren Klassen erarbeitet und umgesetzt werden und wäre auch für Gäste, z. B. Eltern, sehr hilfreich. Dieses System könnte dann noch durch spezielle Symbole ergänzt werden, die den Weg zu den Klassenräumen der Anfänger kennzeichnen.

Anfangsunterricht

Während sich zu der Frage der Orientierung in der neuen Schule durchaus Hinweise finden lassen, wird die Frage nach den Inhalten und Formen des Unterrichts im 5. und 6. Schuljahr nur punktuell thematisiert: Forderungen nach Binnendifferenzierung und fächerübergreifenden Arbeitsweisen, themenbezogene Arbeits- oder Aktionstage, jahrgangseigene Projekte und Veranstaltungen, einen unbenoteten ersten Test, einen knappen Hinweise auf Rituale sowie Landschulheimaufenthalte und einen Abschlussausflug. Auch hier wäre eine intensivere Weiterarbeit sinnvoll.

Lernfreude

Der Frage, mit welchen Unterrichtskonzepten, Inhalten und Methoden die Lernfreude der Kinder erhalten werden kann, wird in keinem der Konzepte gezielt nachgegangen. Am ehesten lassen sich noch die Hinweise auf themenbezogene Arbeitstage, Aktionstage und Projekte in diesem Sinne lesen.
Das Ergebnis, dass die vorliegenden Konzepte sich eher mit Organisationsfragen und der Koordination zwischen verschiedenen Lehrkräften bez. Disziplinfragen, Hausaufgabenheft und Terminen verschiedener Art befassen, lässt darauf schließen, dass die strukturellen Probleme (Fachlehrerprinzip, größere Schulsysteme) sehr wohl erkannt sind und auf unterschiedlichem Wege nach Lösungen gesucht wird. Aber die Frage nach dem pädagogischen Konzept und nach der Grundeinstellung gegenüber den Lernprozessen der Kinder ist entweder nicht in gleichem Maße bewusst oder wird zumindest nicht im Kontext der Übergangskonzepte thematisiert: ein Ergebnis, das durch Erfahrungen aus Erkundungsprojekten und Projektpraktika durchaus bestätigt wird. Einige pädagogische Ansätze werden im Kapitel „Unterricht und Leben in den Anfangsklassen der weiterführenden Schulen" dargestellt (→ S. 168ff.).

Auf einige Aspekte, die in keinem der Konzepte erwähnt werden, für die betroffenen Kinder aber sehr wichtig sind, sei noch hingewiesen:

- Man sollte auf jeden Fall im Konzept berücksichtigen, dass Kinder und Eltern nicht zu lange auf die Entscheidung einer Schule warten müssen, ob das Kind aufgenommen wird oder nicht.
  Es wäre auch sehr schön, wenn die Kinder schon vor den Sommerferien durch einen Brief, eventuell über die abgebenden Grundschulen verteilt, persönlich angesprochen würden (s. Brief auf S. 158).

- Vor allem die Beziehung zu den älteren Schülern ist für die Anfänger sehr aufregend und nur zu oft auch äußerst frustrierend. Hänseleien auf dem Schulhof, Rangeleien im Schulbus, Zurückgedrängt Werden an der Theke der Cafeteria, Immer wieder erleben die Fünftklässler den Kontakt mit älteren Schülern als erniedrigend, teilweise auch angstauslösend: „Am ersten Schultag, in der ersten Woche werden die ‚Neuen' im Schulbrunnen ‚getauft', in Papierkörbe gesteckt, über den Schulzaun geworfen, … – den Lehrern bis dahin unbekannte – ‚Begrüßungsrituale' für die Neuen, die von Jahr zu Jahr tradiert wurden." (Süselbeck, S. 28)
  In einigen Schulen wird mit Patenschaften älterer Schüler versucht, das Problem zu lösen (vgl. auch Bobrowski). Vom oben zitierten Patenmodell des Franziskanergymnasiums wird dabei über äußerst positive Erfahrungen berichtet: Sowohl für die Anfänger, die neue Ansprechpartner gewinnen und sehr stolz sind, die Großen auf dem Schulhof ansprechen zu können, als auch für die Selbstständigkeit der Großen und ein entspann-

teres Arbeiten für den Klassenlehrer (→ S. 154). Trotzdem muss man davon ausgehen, dass ein funktionierendes Paten-Modell noch nicht alle Probleme löst. Es gibt dann zwar einige Schülerinnen und Schüler, die sich für die „Kleinen" verantwortlich fühlen, und man kann davon ausgehen, dass die Paten auch bei anderen „Großen" um Verständnis werben.
Aber es wird wohl insgesamt von der Kultur des Miteinder-Umgehens in der Schule abhängen, welche Erfahrungen die „Kleinen" machen.
Manchmal können auch festgelegte Zeiten in der Cafeteria oder getrennte Schulhofabschnitte helfen, den Anfängern eine Eingewöhnung ohne zu große Ärgernisse zu ermöglichen. Unterstützend wirken auch gemeinsame Unternehmungen (z. B. Schulchor, Theater-AG, ...), bei denen das gemeinsame Ziel und die gemeinsam erlebte Leistung schneller zur Selbstsicherheit der Jüngeren und zur Akzeptanz seitens der Älteren führen.

- Dass viele Kinder im 5. Schuljahr zum ersten Mal einen längeren Schulweg haben und in vielen Fällen auf Busse und Bahnen angewiesen sind, führt häufig zu größeren Schwierigkeiten: Nicht nur weil dadurch relativ lange Schulwegzeiten entstehen können, die noch durch Wartezeiten zwischen Unterrichtsende und Abfahrt von Bussen und Bahnen verlängert werden, sondern vor allem auch, weil in diesen Verkehrsmitteln und an den Haltestellen oft Gerangel und Streit entsteht, bei dem die Kleinen sich den Größeren und ihren großspurigen Besitzansprüchen ausgeliefert fühlen.
  Hier geht es vor allem um die Frage, ob es genügend Sitzplätze im Bus gibt und Warteräume vorhanden sind (in der Schule, an den Haltestellen), die genügend Platz für die Wartenden bieten.
- Rituale haben eine wichtige Bedeutung, nicht nur, weil sie in aller Regel zum Erfahrungsbereich der Kinder in der Grundschule gehört haben, sondern vor allem auch, weil sie helfen, sich als Einzelperson anerkannt und zugehörig zu fühlen.
  So ist z. B. das Geburtstagsritual für alle Kinder sehr wichtig und könnte ohne größere Probleme auch im 5. und 6. Schuljahr praktiziert werden. Welche Form dieses Ritual erhalten soll, kann mit den Kindern am Anfang vereinbart werden.
  Wichtig ist in jedem Fall, dass das Kind, welches gerade Geburtstag hat, eine Gratulation entgegennimmt, sei es in Form eines Liedes, einer kurzen Einspielung vom Band, einem Brief mit Unterschriftensammlung, ... und sich dadurch in besonderer Weise zur Kenntnis genommen fühlt. So wird für alle eine Situation der Zusammengehörigkeit gestaltet, wobei sich jedes Kind bereits darauf freuen kann, beim eigenen Geburtstag auch einmal im Mittelpunkt zu stehen (→ S. 68).
  Ein Problem im 5. Schuljahr ist dabei sicher, dass der Klassenlehrer oft nicht jeden Tag in der Klasse ist, und nur bei einem gut funktionierenden Lehrerteam (→ S. 149, 155) diese Aufgabe auch von einem Fachlehrer übernommen werden kann. In diesem Fall ist es vielleicht eine Lösung, alle Geburtstage der Woche in der Klassenlehrer- oder Klassengemeinschaftsstunde zu feiern, was dann aber regelmäßig und verlässlich geschehen muss.
  Es wäre auch sinnvoll, weitere Rituale zu entwickeln, z. B. den Wochenrhythmus (Wochenanfangs- oder Wochenabschlusskreis) oder spezifische Einzelaktivitäten betreffend (Vorlese- oder Erzählrituale, regelmäßige Entspannungsübungen oder Spiele, ...).

Begrüßung

Die Form, die eine Institution bei der Aufnahme und Begrüßung neuer Mitglieder wählt, sagt etwas aus über die Kultur des Zusammenlebens, die in dieser Institution gepflegt wird. In einer feierlichen Aufnahmefeier stellt sich die weiterführende Schule dar, zeigt ihre Leistungsfähigkeit und ihre Art, miteinander umzugehen und definiert zugleich ein Stück weit, welche Rolle sie den neuen Schülern zuweist: „Das sind wir und ihr sollt jetzt dazu gehören, wir zelebrieren eine Feier für euch, aber wir legen auch fest, mit wem ihr in welche Klasse kommt und wir zeigen euch, wie wir hier miteinander umgehen."
Die Neulinge sollen durch die Begrüßung die Chance erhalten, sich willkommen zu fühlen und erste Beziehungen zwischen sich und der neuen Schule herzustellen. In diesem Verständnis kann die Begrüßung, wie Beispiele zeigen, mit der feierlichen Aufnahmefeier und dem ersten Kontakt mit dem Klassenlehrer beendet sein. Sie kann aber auch einen weiteren Tag oder eine Einführungswoche umfassen.
Wiederum soll mithilfe einiger Beobachtungen konkretisiert werden, was das bedeuten kann. Dazu wurden vier Beispiele ausgesucht: Ein Beispiel, bei dem sich die Begrüßung auf die Aufnahmefeier beschränkt, eines, bei dem der 2. Schultag als Klassenlehrertag ge-

OF, den 26.6.95

Liebe Schülerinnen und Schüler,

bald ist es soweit! Am 22.8.1995 beginnt für euch ein neuer Lebensabschnitt an der Schillerschule.

Ihr seid in das Team 5.2 aufgenommen worden.
Bevor der Schulalltag so richtig beginnt, möchten wir euch zu einem „Kennenlern- und Spielnachmittag" herzlich einladen.
Wir erwarten euch am Montag, 3. Juli 95, im Altbau, 2. Stock.
Seid bitte um 15.00 Uhr da. Etwa um 16.30 Uhr können euch eure Eltern dann wieder abholen.

Wir freuen uns schon auf euch.
Herzliche Grüße

P. S.: Wenn ihr diese Einladung mitbringt,
wisst ihr gleich, in welche Klasse ihr gehört!

Brief Schillerschule Offenbach, März 1993

staltet wird und zwei weitere, bei denen die Begrüßung aus der Aufnahmefeier und einer Einführungswoche besteht.
Dabei werden die Beispiele 1–3 (Realschule, Gymnasium, IGS) anhand von Beobachtungen teilnehmender Praktikantinnen beschrieben. Beispiel 4 (Gymnasium) gibt einen Auszug aus einem Konzept für den Anfangsunterricht im 5. und 6. Schuljahr wieder. Versetzt man sich in die Lage eines betroffenen Kindes, dann kann man versuchen, nachzuempfinden, was ein Fünftklässler durch die Aufnahmefeier von der Schule erfährt und ob und wie die Schule ihm hilft, mit der Fülle des Neuen fertig zu werden.

Beispiel 1
Aufnahme an einer Realschule, aus einem Praktikumsbericht

„Erster Schultag an der neuen Schule. Alle Kinder finden sich zusammen mit ihren Eltern in der ökumenischen Kirche nahe der Schule ein. Viele Lehrer und ältere Schüler sind anwesend, einige von ihnen gestalten den Gottesdienst aktiv mit. Danach ziehen alle zur Schule, die neuen Schülerinnen und Schüler und ihre Eltern setzen sich in die Aula, die normalerweise als Sporthalle dient. Sie bietet sehr viel Platz, der von den anwesenden Personen nicht ausgefüllt wird, sodass sich große Lücken im Publikum auftun.
Der Direktor hält eine kurze Ansprache, in der er alle willkommen heißt, bevor die 6. Klassen zwei englischsprachige Theaterstücke aufführen. Einige Kinder aus der 6. Klasse führen noch zwei Tänze vor. Der Direktor ergreift danach wieder das Mikrofon, um die Namen der einzelnen Kinder schulklassenbezogen aufzurufen. Die Aufgerufenen stehen auf und gehen zur Tür, wo der jeweilige Klassenlehrer, der bisher nur mit Namen vorgestellt wurde, auf sie wartet. Mit ihm ziehen sie dann gemeinsam in ihren Klassenraum, wo sich die Kinder sofort auf die Stühle stürzen, Freunde natürlich nebeneinander, ganze Cliquen, die sich von der Grundschule her kennen, zusammen.
Der Klassenlehrer bittet alle, einen Stift und ein Blatt aus ihrem Ranzen zu holen, um den Stundenplan inklusive der Namen der Fachlehrer von der Tafel abzuschreiben. Danach teilt er verschiedene Fachbücher aus und dazu Zettel, auf denen die Kinder die Nummern ihrer Bücher eintragen sollen. Eine genaue Vorstellung des Klassenlehrers und der einzelnen Schülerinnen und Schüler erfolgt nicht. Es beginnt der ‚normale' Unterricht."

Beispiel 2
Aufnahme an einem Gymnasium, aus einem Praktikumsbericht

„Der erste Schultag wird durch eine Aufnahmefeier bestimmt. Bei dieser Aufnahmefeier sind die neuen Schülerinnen und Schüler, ihre Eltern, die zukünftigen Lehrer der 5. Klassen, die Direktorin und die Schüler und Lehrer, die das Programm gestalten, vertreten. An einer Tafel hängt ein Namensschild für jedes Kind, die Farben der Schilder kennzeichnen die einzelnen Klassen. ... Die Direktorin hält eine kurze Begrüßungsrede. Sie heißt die neuen Schüler herzlich willkommen. Sie stellt kurz die

Schule vor, indem sie deren Vorzüge präsentiert, ... Das Fest wird durch Beiträge des Unterstufenchores und der Bläserklasse abgerundet und aufgelockert.
Anschließend erfolgt eine kurze Vorstellung der Klassenlehrer. Diese halten ein Schild in der Farbe ihrer Klasse hoch. Die Direktorin liest die Namen der Kinder vor, sie sammeln sich bei ihrem Klassenlehrer. ...
Die Kinder folgen der Klassenlehrerin in ihren Klassenraum, suchen sich einen Sitzplatz und bekommen den Stundenplan. Währenddessen treffen sich die Eltern bei Kaffee und Kuchen, bis ihre Kinder aus den Klassen dazu kommen. Die Bewirtung wurde von der Elternschaft der Klassen 6 gestaltet.
Der zweite Schultag (Klassenleitertag) beginnt mit der Begrüßung durch die Klassenlehrerin. Ein Schüler fragt, ob nun Kennenlernspiele gemacht werden. Die Klassenlehrerin betont, dass der heutige Tag ein Informationstag sei. Die Kinder müssten noch viel über die Schule lernen, und ihre Pflicht als Klassenlehrerin sei es, die Kinder korrekt zu informieren. Es folgt eine Fülle von Informationen. Unterbrochen werden diese Informationen durch einen älteren Schüler, der die Klassenlehrerin und die Kinder auffordert, die Schulbücher abzuholen. ... Die Bücher werden in den Klassenraum gebracht, dann folgt ein Rundgang durch die Schule, bei dem den Kindern die verschiedenen Gebäudeteile gezeigt und erklärt werden. ... Zurück im Klassenraum wird wieder nach Kennenlernspielen gefragt. Aber zunächst geht es noch um die Pausengestaltung. Dazu lässt die Klassenlehrerin einige Kinder von ihrer Grundschule erzählen. ... Dann geht es um den Umgang mit Streit und Rangeleien. Die Klassenlehrerin verweist auf die Pausenaufsicht, bei dringenden Fällen sollen die Kinder sich aber nicht scheuen, zum Lehrerzimmer zu kommen, um mit ihr zu sprechen. Sie bietet auch an, dass Kinder sich Geld bei ihr leihen können, wenn sie ihr Pausenbrot vergessen haben und sich am Kiosk etwas kaufen wollen. Dann wird den Kindern ein Lageplan des Gymnasiums ausgeteilt und sie werden auf markierte Gefahrenstellen hingewiesen. Gemeinsam wird erarbeitet, wie man sich ordnungsgemäß im Bus verhält. Bis zur Abfahrt des Busses können die Kinder sich auf dem Schulhof aufhalten. Am Ende des Klassenlehrertages werden noch Dienste festgelegt: der Klassenbuchdienst und der Schrankdienst werden ausgelost, der Putzdienst wird nach dem Alphabet bestimmt. Abschließend wird noch die Hausordnung ausgeteilt, welche die Kinder sich mit ihren Eltern durchlesen sollen."

Beispiel 3
Aufnahme an einer Gesamtschule, aus einem Praktikumsbericht (s. Abbildung S. 161).

„Schülerinnen und Schüler aus höheren Klasse haben in diesem Jahr Lieder und Instrumentalstücke vorgetragen. Dadurch soll den neuen Schülerinnen und Schülern signalisiert werden, dass sich die Älteren auf sie freuen und sie keine Angst vor ihnen haben müssen. Die Realität auf dem Schulhof sieht jedoch anders aus, wie später zu sehen sein wird. Außerdem werden den neuen Schülern erstmals, finanziert vom Förderverein der Schule, eine Tasche und ein Aufgabenmerkheft als Begrüßungsgeschenk überreicht. Zum Ende der Veranstaltung werden die Kinder in ihre

Albert-Einstein-Schule

Integrierte Gesamtschule
mit Ganztagsangebot
des Kreises Offenbach
63225 Langen, den 06.08.01

10 Jahre schulformübergreifende Gesamtschulpadagogik
10 Jahre Ganztagsangebote

Langen, den 6. August 2001

Begrüßungsfest

für den neuen 5. Jahrgang 2001/2002, Dienstag, 7. August 2001
8.00 Uhr in der Turnhalle der AES

Moderation: Herr Meeth, Stufenleiter 5–7

1. Medley
Pierre's Stairs, - French Folk Song
Wauwatosa Wawa, - Wohlfahrt Op. 38, no. 34
Herr Andreas Pohl mit seinen Töchtern Beate 10b, Patricia 9c & Sandra 6d

2. Begrüßung
Herr Harnischfeger

3. Einstein-Singers
„Steck doch den Kopf nicht in den Sand"
Frau Gabi Rubenschuh mit der 6b

4. Begrüßung
Frau Merkel vom Schulelternbeirat, Verein

5. Albert-Einstein – Eine Schulkarriere
Rafaela Werney aus der 7b

6. Die Zombies
Dance Fireball

7. Die Peer-Tutoren-Peer-Mediatoren stellen sich vor

8. Klezmer – Franz Dartmann
Familie Pohl

9. Die Klassen lernen sich und ihre KlassenleherInnen kennen
5a Herr Bohnert, 5b Frau Ohanka, 5c Frau Schuster, 5d Herr Winskowsky

Technische Leitung/PA-Anlage: Herr Hohmeister, Frau Rubenschuh

Abbildung zu Beispiel 3

Klassen einteilt. Für die Eltern, die auf ihre Kinder warten wollen, bestehe im Cafe Einstein, bei einer Tasse Kaffee, die Möglichkeit zu einem gemütlichen Plausch mit Elternvertretern und Mitgliedern der Schulleitung.
In der ersten Woche findet der Unterricht ausschließlich beim Klassenlehrer statt, damit sich die Kinder an die neue Bezugsperson gewöhnen können. In dieser Zeit werden organisatorische Dinge geregelt, eine Führung über den Schulhof gemacht, Kennenlernspiele gespielt, eine Rallye veranstaltet und an gemeinsamen Projekten gearbeitet. In dieser Woche findet auch eine Informationsveranstaltung für die Eltern statt."

Beispiel 4
Aufnahme an einem Gymnasium, aus dem Programm des KNIRPS – Franziskanergymnasium Großkrotzenburg (Handout, Stand 1995, S. 5ff.)

Beispiel für die Planung einer Einführungswoche

	Dienstag	Mittwoch	Donnerstag	Freitag	Montag	Dienstag
7.30–8.15		Gemeinschaftsstunde (GS)	GS	GS	Spaziergang Großkrotzenburg	Religion
8.20–9.05			Schulspaziergang mit Pater Simeon	Schulrallye		Deutsch
9.10–9.55	Begrüßungsgottesdienst	Schulspaziergang I			Englisch	Sportfest
10.15–11.00		GS	GS mit Paten	Erdkunde	Mathematik	
11.05–11.45	1. Std. mit dem KL		GS	GS	Bibliothek	
11.50–12.30		Schulspaziergang II	Bücherausgabe	Gottesdienst	GS	

GS = Klassengemeinschaftsstunde

Das KNIRPS-Konzept macht besonders deutlich, welche Fülle von Informationen zu Beginn des Schulbesuchs der weiterführenden Schule auf die Kinder einströmt. Zu diesen vielfältigen Einzelinformationen kommen noch die neuen sozialen Beziehungen hinzu: Die Lehrer, deren Namen man zunächst kaum behalten kann und die höchst Unterschiedliches

verlangen; die neuen Kinder in der eigenen Klasse und den Parallelklassen; die größeren Schülerinnen und Schüler, die deutlich signalisieren, dass sie hier „das Sagen" haben. Wie kann man in dieser Situation den Fünftklässlern helfen, sich möglichst schnell und reibungslos zurechtzufinden und neue, stabile soziale Beziehungen aufzubauen?
Hier kann unterschieden werden zwischen der Begrüßung durch die Schulgemeinde im Rahmen der Aufnahmefeier und der Begrüßung und „Einhausung" ihm Rahmen der ersten Aktivitäten in der Klasse.

Inhalte der Einführungswoche

Kennenlernen

- des Klassenlehrers und der Mitschüler
- des Schulleiters
- der Fachlehrer
- des Seelsorgers
- der Paten
- der Sekretärinnen und des Hausmeisters
- der Schulgebäude inkl. Schülerarbeitsraum, Cafeteria (Möglichkeiten zum Mittagsessen), Lehrerzimmer, Museum, Erste-Hilfe-Raum)
- der Fachräume
- der Bibliothek (verbunden mit einer Einführung durch den Bibliothekar)
- Fluchtwege bei Feuer
- der Standorte des Bäckers, des Getränkeautomaten, des Münzfernsprechers, der Schulmilchausgabe
- des Weges von der Bushaltestelle zur Schule
- von Großkrotzenburg (Orientierung)
- wichtig: Informationen über das Verhalten am Bahnsteig

Organisation

- Stundenplan der Einführungswoche
- regulärer Stundenplan
- Tischordnung
- Sitzordnung
- Klassenämter (Klassensprecher, Klassenkasse, Klassenbuch, Tafeldienst, Kreide, Handtuch, Blumen, usw.)
- Ausgabe der Schulbücher
- Führen eines Aufgabenheftes
- Entschuldigungen, Krankmeldungen
- Gebetsordner und Gebetsdienst
- Pausenhofdienst
- Kummerkasten
- Stühle
- morgendliche Begrüßung
- ...

Weitere Aktivitäten

- Schulrallye
- Sportturnier aller 5. Klassen
- Gottesdienst
- Gestaltung der Klassenräume
- Bastelarbeiten (z. B. Namensschilder, Geburtstagskalender, Steckbriefe)
- Spiele
- Singen
- ...

Aufnahmefeier

Die Aufnahmefeier ist wichtig, weil sie mit ihrem feierlichen Rahmen die Bedeutung des Schulwechsels betont. Sie zeigt den Anfängern, dass sie jetzt zur neuen Schule gehören und stärkt dadurch ihr Selbstbewusstsein. Sie spüren, dass diese Bemühungen unternommen wurden, um sie als Gruppe zu begrüßen. Das Programm wird sicher davon abhängen, welche Schwerpunkte die einzelne Schule verfolgt (z. B. Musik, Theaterspiel, Fremdsprachen) und was den Kindern als Besonderheit und Leistung der Schule vorgestellt werden soll:

- Ein Stück in englischer Sprache gespielt können die Kinder vielleicht noch nicht in allen Einzelheiten verstehen, aber sie erfahren, dass man in dieser Schule nach einem Jahr fähig sein kann, ein Theaterstück auf Englisch aufzuführen.
- Eine Drum-Session signalisiert, dass es an dieser Schule möglich ist, eigenen Interessen nachzugehen und dabei hohe Kompetenzen zu erreichen.
- Ein schriftliches Programm verweist auf die Ernsthaftigkeit, mit der hier Kulturarbeit betrieben wird.
- Eine Schulzeitung vom 6. Jahrgang hergestellt, gibt nicht nur Informationen über die Schule, sondern zeigt auch, welche Kompetenzen man an dieser Schule in einem Jahr erreichen kann.
- Eine Begrüßung in verschiedenen Sprachen plus Raumschmuck durch Fahnen in den entsprechenden Farben kann nicht nur die kommenden Fremdsprachen ankündigen, sondern darüber hinaus auch auf die Nationalitäten hinweisen, die es unter den Schülerinnen und Schülern und auch bei den Neulingen gibt und die sich alle als dazugehörig fühlen sollen.
- Sich aus Puzzleteilen ein Bild des eigenen Klassenlehrers zusammenbasteln und mit einer Kappe oder einem T-Shirt mit dem Logo der Schule begrüßt werden, verweist darauf, dass hier auch mit ungewöhnlichen Methoden gelernt werden kann, …

Eine schön gestaltete Aufnahmefeier kann als beglückend erlebt werden und die Freude auf die neue Schule steigern (→ S. 161). Wichtig ist, dass die Reden sich direkt an die Kinder wenden und nicht zu lang dauern, damit die aktive Aneignung der neuen Schule durch die Kinder bald beginnen kann. Dieser Moment kommt in der Regel, wenn die Kinder den einzelnen Klassen und Klassenlehrern zugeordnet werden. Ein Vorgang, der zum Teil als extrem aufregend erlebt wird, weil in manchen Fällen die Kinder bis zu diesem Zeitpunkt noch nicht wissen, ob sie mit ihrem Freund oder ihrer Freundin zusammen in eine Klasse kommen. Insgesamt muss man berücksichtigen, dass das einzelne Kind sich während der Aufnahmefeier eher als Teil der Gruppe der Neulinge erlebt, nicht aber als Einzelperson, die mit ihren Besonderheiten wahrgenommen und akzeptiert wird. Deshalb ist es wichtig, dass eine Begrüßung für jedes einzelne Kind im Rahmen des ersten Zusammenseins im Klassenraum eingeplant wird, damit sich jedes einzelne Kind persönlich angesprochen und aufgenommen fühlen kann.

Einführung durch den Klassenlehrer

Die Einführung durch den Klassenlehrer hat eine Fülle verschiedener Aufgaben zu erfüllen:

- Am wichtigsten ist es wohl, jedem Kind des Gefühl zu geben, dass es als Person wahrgenommen und akzeptiert wird und jedem Kind Gelegenheit zu geben, die anderen Kinder kennen zu lernen. Je besser es am Anfang gelingt, die sozialen Beziehungen posi-

Spielvorschläge für den Anfang

- **Hände schütteln:** Alle bewegen sich zu leiser Musik im Raum. Das kann der Klassenraum sein, selbst wenn er relativ eng ist, denn durch die Bewegung im Raum kann man diesen bewusster wahrnehmen. Wenn die Musik schweigt, begrüßen sich die Kinder, die gerade voreinander stehen und stellen sich gegenseitig vor.
- **Gruppen bilden:** Alle bewegen sich zu leiser Musik frei im Raum (müsste in diesem Fall die Turnhalle, das Foyer der Schule oder der Schulhof sein). Wenn die Musik schweigt, nennt der Spielführer eine Zahl zwischen zwei und fünf. Jeder muss nun Teil einer Gruppe mit entsprechend vielen Mitgliedern werden. Diesen Gruppen kann man noch kleine Aufgaben stellen: Jeder nennt sein Hobby, …
- **Tobias Tausendsassa:** Alle sitzen im Kreis, jeder stellt sich mit seinem Vornamen vor und gibt sich einen Nachnamen, der mit dem gleichen Buchstaben beginnt, wie der Vorname. Das Spiel kann erweitert werden, indem man die Namen des Vorgängers oder der letzten drei Vorgänger wiederholen muss („Du bist Ayse Eisschlecker, ich bin Tobias Tausendsassa, …“).
- **Galgenmännchen:** An den Tischgruppen müssen die Kinder den Vor- und Nachnamen der anderen Teilnehmer erraten. Der erste Spieler sagt an, wie viele Buchstaben sein Name hat. Die Mitspieler zeichnen auf einem Blatt entsprechend viele kleine Striche. Auf jeden der Striche muss ein Buchstabe geschrieben werden. Der Reihe nach darf jeder Mitspieler einen Buchstaben nennen. Kommt dieser in dem Namen vor, sagt der erste Spieler an welcher Stelle, z. B. bei den Buchstaben „t“ und „s“!

```
T         s  T    s              s     s  s
_ _ _ _ _ _  _ _ _ _  _  _  _  _  _  _  _  _
1 2 3 4 5 6  7 8 9 10 11 12 13 14 15 16 17 18
```

- **Spinnen-Netz:** Der erste Spieler hat einen Wollknäuel in der Hand und nennt seinen Namen. Er hält das Fadenende fest und wirft den Wollknäuel einem anderen Kind zu, … Das Spiel ist beendet, wenn jeder im Kreis ein Stück Faden in den Hand hält. Dann muss das Netz wieder behutsam aufgelöst werden. Bei größeren Klassen kann dieses Spiel die Geduld überfordern. Dann kann man es eher mithilfe eines Softballs spielen.
- **Maschinen-Spiel:** Ein Spieler fängt an mit einer bestimmten Bewegung und/oder einem Geräusch, z. B. im regelmäßigen Takt mit dem Fuß aufstampfen oder den Arm rauf und runter bewegen, ein zweiter Spieler kommt hinzu und macht eine andere Bewegung oder ein Geräusch (z. B. rhythmisches Zischen, leichtes Klatschen, …). Das geht so lange, bis eine bunte, vielfältig reagierenden Maschine entstanden ist. Die Maschine kann nun auf Zeichen des Spielleiters schneller oder langsamer arbeiten, aufhören zu arbeiten oder auch langsam neu beginnen. Bei diesem Spiel lernen die Kinder zwar keine Namen, sie nehmen aber die anderen in ihren jeweiligen Handlungen bewusst wahr und erleben, dass sie zusammen etwas bewirken können.

tiv zu gestalten und aus der zufällig zusammengewürfelten Menge eine Gruppe entstehen zu lassen, in der alle in positiver Weise lernen und leben können, desto besser werden dann auch die ersten unterrichtlichen Lernschritte gelingen. So erhält z. B. am Goethe-Gymnasium in Kassel nach der Aufnahmefeier jedes Kind die Hausaufgabe, ein Namensschild zu gestalten. Am zweiten Tag werden die Kinder im Klassenraum mit bunten Tafelbildern begrüßt, die vom letzten Jahrgang 5 gestaltet wurden. Kennenlernspiele sind die ersten Aktivitäten im neuen Klassenraum (s. S. 165).

Andere Vorschläge könnten sein:
- das Herstellen von Namensschildern für das eigene Fach/den eigenen Karton im Schülerregal;
- mit einer Kamera jedes Kind fotografieren, alle Fotos auf ein Band oder ein Bild kleben, um die Bedeutung jedes Einzelnen für die Gruppe darzustellen;
- das Herstellung von Buttons, die sowohl als Namensschild dienen können, aber durch die Bezeichnung der Klasse (5 c) oder ein vereinbartes Symbol auch die Funktion erhalten, die Zusammengehörigkeit zu stärken (Eine Maschine für die Herstellung von Buttons ist in der Regel bei Banken oder bei Institutionen, die sich an Kinderfesten beteiligen, auszuleihen.);
- auch die vielfach bereits im Englischunterricht praktizierte Regel, dass jedes Kind einen englischen Namen erhält, mit dem es im Englischunterricht angesprochen wird, hilft, sich als Einzelperson wahrgenommen zu fühlen;
- …

Solche vertiefenden Aktivitäten lassen sich in der Regel nicht alle am ersten Tag durchführen. Auch in den folgenden Tagen muss Zeit für das gegenseitige Kennenlernen und die Fragen der Kinder zur Verfügung stehen. Das positive Miteinander muss über einen längeren Zeitraum bewusst gepflegt und gestaltet werden:
- Die Fülle der Informationen und Organisationsaufgaben ist beim zweiten Schulanfang so groß, dass jeder Versuch scheitern muss, alle entsprechenden Aufgaben am ersten oder einem weiteren Tag zu bewältigen. Da die Kinder mit vielen Dingen gleichzeitig beschäftigt sind, vor allem aber in ihrem Selbstbewusstsein und ihren sozialen Beziehungen nach neuen Einordnungen und Sicherheiten suchen und damit nicht in voller Konzentration aufnahmefähig sind, müssen notwendigerweise viele Informationen und Organisationshinweise verloren gehen, die später dann doch noch einmal oder auch mehrmals aufgegriffen und wiederholt werden müssen. Aus diesem Grund macht es Sinn, sich für die Fülle der Informationen und Hinweise eine Art Prioritätenliste zu überlegen: Was ist so wichtig, dass es unbedingt gleich am ersten Tag vermittelt werden muss? Was kann bei welcher Gelegenheit, in welcher Situation sinnvoll vermittelt und einsichtig gemacht werden? Welche Aktivitäten eignen sich, damit die Kinder sich selbstständig orientieren? Hier eignen sich vor allem Formen wie eine Schulrallye (mithilfe eines Fragebogens oder auch mithilfe verfremdender Fotos von Einzelheiten aus dem Schulgelände), aber auch Aktivitäten wie z. B. ein Sport- und Spielfest, die Erstellung eines Geburtstagskalenders oder die Gestaltung des Klassenraumes sind geeignet, jedes Kind aktiv einzubeziehen und eine handlungsfähige Lerngruppe entstehen zu lassen.

> „Am Anfang verwende ich immer sehr viel Zeit für soziale Probleme. Wir haben eine Klassenstunde in der Woche, um Probleme der Klasse zu besprechen. Am Anfang nehme ich mir mehr Zeit als diese Stunde, um außerunterrichtliche Dinge mit den Kindern zu besprechen. Ich habe von Anfang an sehr viele Ausflüge gemacht, ich habe mit den Kindern und deren Eltern den Klassenraum renoviert, wir haben alle zusammen nachmittags für den Weihnachtsbasar gebastelt. Wir waren auch gleich zu Anfang zwei Tage zusammen im Landschulheim. Jetzt profitieren wir davon. Die Klasse, die ich jetzt habe, ist ganz toll und ganz schnell zusammengewachsen, wenn man bedenkt, dass die Kinder aus ganz vielen Gruppen zusammengestellt wurden. Es lohnt sich, am Anfang Zeit zu investieren. Das geht zwar auf Kosten des Unterrichts, aber meines Erachtens holt man das wieder rein. Mit einer Klassengemeinschaft lässt sich einfach besser arbeiten."
>
> (Klassenlehrerin einer 5. Klasse bei einer Befragung durch Studierende)

Die Kinder warten darauf, die neuen Unterrichtsfächer kennen zu lernen. Aber oft wissen Kinder nicht, was in Fächern wie Biologie oder Geographie geschieht, da sie im Grundschulunterricht fächerübergreifenden Sachunterricht erlebt haben. Dazu eine kurze Szene, die Studierende im 5. Schuljahr einer Förderstufe beobachtet haben:
„Carmen hat Biologie und Erdkunde verwechselt und entsprechend ‚falsche' Einträge in ihren Heften. Darauf angesprochen antwortet sie: ‚Ist doch das Gleiche! In der Grundschule war das alles Sachunterricht!' Fouad zu Erdnic: ‚Das ist Bio!' Er deutet auf Erdnics Heft. Erdnic: ‚Na und, wir haben jetzt den Herrn Sommer!' Fouad: ‚Wir haben aber Erdkunde, nicht Bio!' ..."

Deshalb ist es sinnvoll, dass der Klassenlehrer in Kooperation mit den Fachlehrern überlegt, wie eine Einführung in den Fachunterricht sinnvoll arrangiert werden kann, z. B. indem die Fachlehrer sich im Rahmen einer Einführungswoche vorstellen und an einem konkreten Beispiel demonstrieren, was in ihrem Fach bzw. ihren Fächern bearbeitet werden soll und wie dazu vorgegangen wird.
Auf jeden Fall muss man über mehrere Wochen mit Unklarheiten rechnen, die nur durch geduldige Hinweise und Hilfen allmählich ausgeräumt werden können, vielleicht hilft es auch, die Hefte für einzelne Fächer durch bestimmte Farben oder Aufkleber zu kennzeichnen, die auch auf dem Stundenplan oder bei Eintragungen im Aufgabenheft verwendet werden können.
Der Umgang mit Konflikten und die gemeinsame Vertretung der Interessen der Schülerinnen und Schüler lassen sich am besten ad hoc bei gegebenem Anlass diskutieren, erproben und vereinbaren, oder sie können im Rahmen von Klassenlehrer- oder Gemeinschaftsstunden gezielt angesprochen werden (→ S. 182).

Das alles zeigt deutlich: Einführung braucht Zeit und diese Zeit muss man sich lassen bzw. nehmen. Die Einführung ist in aller Regel auch nach einer Einführungswoche noch nicht abgeschlossen, sondern wird in den ersten Wochen immer erneut thematisiert werden müssen.

Unterricht und Schulleben in der Anfangsklasse der Sekundarstufe

Dass über Unterricht, Kenntnisvermittlung und vergleichende Beurteilung von Norm-Leistungen hinaus auch das Leben in der Schule wichtig ist, lässt sich zweifach begründen:
- zum einen pädagogisch, weil jedes Kind/jeder Jugendliche einen Anspruch darauf hat, Begleitung und Unterstützung zu erhalten bei den anstehenden Entwicklungsaufgaben, die vor ihm stehen: die Entfaltung seiner Fähigkeiten, die Entwicklung von Selbstvertrauen und das Gelingen von sozialem Miteinander in der Gruppe der Gleichaltrigen,
- und zum anderen gesellschaftlich, weil Bildung eine der wichtigsten Ressourcen unserer Gesellschaft ist und umso besser gelingt, je positiver das soziale Klima empfunden wird und je stärker die Lernfreude und die Fähigkeit und Bereitschaft zum Lernen bei jedem Heranwachsenden erhalten und gefördert wird.

Wir wissen heute, dass Wissensvermittlung im Sinne der „Lehre" nicht funktioniert, wenn sie nicht vom Lernenden aktiv angeeignet wird. Was Lehrer lehren wird keineswegs in jedem Falle auch gelernt. Kinder konstruieren sich ihr Wissen selbst, und diese Lernprozesse gilt es wahrzunehmen, anzuregen und zu begleiten. Und wir wissen heute, daß Kooperation, Eigenverantwortung und Eigeninteresse des Lernenden der Motor des Lernens sind (von Foerster u. a., S. 70ff.).
Für Lehrer, die eher als Fachwissenschaftler ausgebildet wurden, nicht als Fachleute für Lernprozesse, und die in einem äußerst knappen, nach Fachstunden zersplitterten Zeitschema arbeiten müssen, ist es sicher besonders schwierig, ihre Lernangebote auf Kooperation, Eigenverantwortung und Eigeninteresse der Schülerinnen und Schüler zu beziehen. Trotzdem muss auch für sie als Ziel der fachlichen und pädagogischen Arbeit gelten, Lernerfolg für alle anzustreben und für jeden Heranwachsenden Angebote bereitzustellen, die es ihm ermöglichen, die bestmögliche Qualifikation zu erreichen. Diese Zielsetzung, die in unterschiedlicher Formulierung auch in allen Länderverfassungen und Schulgesetzen festgeschrieben ist, kollidiert allerdings durchaus mit den Bedingungen für das Lernen in den weiterführenden Schulen: Die Anfangsklassen sind oft, gerade in Gymnasien, viel zu groß. Verbunden mit der Tradition des Fachstudium und des Fachunterricht schafft das äußerst ungünstige Bedingungen, um das einzelne Kind wahrzunehmen und gezielt in seinem Lernprozess zu begleiten.
Für einzelne Schulformen wie die Hauptschule, die Förderstufen an Grundschulen und teilweise auch einzelne Gesamtschulen muss als weitere negative Bedingung ein bereits vorhandenes negatives Selbstbild der Kinder einkalkuliert werden. Einige Kinder haben im Laufe ihres bisherigen Lebens nie gelernt oder bereits verlernt, von eigenen Fragen ausgehend aktiv ihr Lernen in die Hand zu nehmen.
Aus all diesen Gründen ergibt sich die pädagogische Notwendigkeit, gerade im Anfangsunterricht auf die persönlichen Befindlichkeiten einzugehen und ein soziales Klima zu schaffen, das allen Kindern ermöglicht, im Sinne von Kooperation, Eigenverantwortung und Eigeninteresse aktiv zu werden und ihre Leistungsfähigkeit zu zeigen und weiterzuentwickeln. Die negativen Bedingungen lassen sich zwar nicht vermeiden, aber wenn man sie kennt und einordnen kann, gewinnt man eine Position, von der aus dann viele Einzelprobleme in ihrem Zusammenhang erkannt und gezielt angegangen werden können. Die nachfolgend zusammengetragenen Überlegungen und Praxisvorschläge sollen

als Anregungen dienen. Ihre Bedeutung und Verwendbarkeit muss jeweils in der konkreten Situation der einzelnen Schule modifiziert und gegebenenfalls auch ergänzt werden.

Selbstvertrauen und gemeinsames Leben

Als grundlegendes Prinzip der pädagogischen Arbeit im Anfangsunterricht kann gelten, dass Selbstvertrauen und gemeinsames Leben die größte Aufmerksamkeit der Pädagogen verdienen. Bevor die Kinder sich als Konkurrenten um die Gunst der beurteilenden Lehrer und um gute Noten erleben, wäre es wichtig, dass jedes Kind sich als kompetent, anerkannt und Teil einer gut funktionierenden Gruppe erlebt. In deren Rahmen nimmt es gerne Anstrengungen auf sich, um eigene und gemeinsame Ziele zu erreichen. Hier geht es nicht nur um Kennenlernspiele, sondern darüber hinaus um vielfältige Aktivitäten, die ohne den Vergleichsdruck der Noten Leistungen und Entwicklungen möglich machen. Die einzelnen Kinder können eigene Zugänge zum Thema wählen und verfolgen und zugleich den gemeinsamen Lernerfolg verspüren. Das kann durchaus in den ersten Stunden des Fachunterrichts geschehen, das kann aber auch im Rahmen fächerübergreifender Themen und Vorhaben erfolgen. Hierzu einige Beispiele und Ideen:

- *Bedeutung der Sitzordnung*
  Die Sitzordnung mag für die Lehrer weniger wichtig erscheinen oder nur funktional verstanden werden (Wie gibt es am wenigsten Unruhe?). Für die Kinder ist sie ein zentraler Faktor für ihr Wohlbefinden und ihre Arbeitsfähigkeit. Dabei geht es nicht nur darum, ob die Arbeitstische frontal zur Tafel, in U-Form mit frontal gestellten Innentischen oder in Tischgruppen gestellt werden. Wichtiger ist, dass die Sitzordnung es erlaubt, Kooperation, Eigeninteresse und Eigenverantwortung zu praktizieren. So wurde in der Schule von Claudio (→ S. 169ff.) Wert darauf gelegt, durch eine häufig wechselnde Sitzordnung das Kennenlernen der Kinder untereinander zu fördern. Diese Regel bedeutete aber für Claudio, dass er keine Beziehungen aufbauen konnte und dadurch über längere Zeit viel Kraft für dieses Problem brauchte und in seiner Aufnahmefähigkeit blockiert war. Welche Sitzordnung „sinnvoll" ist, hängt sehr stark davon ab, wie der Unterricht gestaltet wird: Wenn Partnerarbeit unerwünscht ist, kann man darauf verzichten, die Möglichkeit dafür bei der Sitzordnung zu berücksichtigen. Aber man muss dann nach anderen Möglichkeiten suchen, dass dem Bedürfnis der Kinder nach Freundschaft und Kontakt Rechnung getragen wird und dass sie ihre Fähigkeiten zur Zusammenarbeit weiterentwickeln können.

- *Wahrnehmung und Anerkennung der Einzelpersonen*
  Über das erste Kennenlernen der Namen hinaus ist es wichtig, dass jedes Kind als Person wahrgenommen und akzeptiert wird. Gerade in Schulen, in denen die Fachlehrer in vielen unterschiedlichen Klassen unterrichten müssen und deshalb nur wenig Chancen haben, die einzelnen Kinder kennen zu lernen, macht es Sinn nach entsprechenden Formen zu suchen. Hier helfen nicht nur deutlich lesbare Namensschilder. Es kann auch Teil des Anfangsunterrichts sein, dass sich jedes Kind selbst darstellt. Im Deutschunterricht könnten z. B. die Kinder Steckbriefe erstellen (Stichworten hierzu wie Name, Geburtstag, Hobbys, … könnten zuvor vereinbart werden), die dann im Kunstunterricht gestaltet werden können, z. B. indem sie durch Selbstporträts (mithilfe eines

Spiegels) ergänzt werden. Auch Schattenriss-Profile wären denkbar, die dann, mit dem Namen des jeweiligen Kindes versehen, im Klassenraum präsentiert werden und für Kinder und Lehrer in der Phase des Kennenlernens hilfreich sein können. Die Einzelperson wahrzunehmen, könnte aber auch durch bestimmte Rituale erreicht werden, z. B. indem zu Beginn jeder Deutschstunde oder in der Klassenlehrerstunde ein Kind Gelegenheit erhält, eine es interessierende Frage zu stellen oder über eigene Gedanken im Zusammenhang mit den bearbeiteten Aufgaben zu berichten.

- *Möglichkeiten für das gemeinsam Leben schaffen*
  Hierzu gehören Rituale (z. B. Geburtstagsritual, → S. 157) ebenso wie Phasen von Partnerarbeit oder Gruppenarbeit, Aktionstage, Unterrichtsprojekte und Arbeitsgemeinschaften. Hierzu gehört allerdings auch, dass Freiräume für das außerunterrichtliche Leben in der Gleichaltrigengruppe zur Verfügung gestellt werden. Besonders wichtig ist in diesem Zusammenhang die Frage der Gestaltung der Pausenhöfe und der Pausenordnung: Müssen alle Schülerinnen und Schüler sich während der Pausen auf dem Schulhof aufhalten oder können sie auch Teile des Schulgebäudes für die Pause nutzen? Sind Teile des Schulhofes für bestimmte Aktivitäten reserviert (z. B. Ballspiele, Nachlaufspiele, Ruhebänke)? Gibt es Spielgeräte, die fest installiert sind oder für die Pause ausgeliehen werden können? Im Gegensatz zu älteren Schülerinnen und Schülern suchen die Fünftklässler vor allem nach Platz zum Laufen und Rennen. Tischtennisplatten und eine Kiste mit Kleingeräten zum Ausleihen für die Pause sind ebenso wichtig, wie abgegrenzte Schulhofabschnitte, in denen solche wilderen Spiele möglich sind, ohne dass es zu Konflikten mit den älteren Schülern kommt, die andere Interessen haben.

- *Bedeutung von gemeinsamen Unternehmungen*
  Zu den Möglichkeiten für das gemeinsame Leben gehören auch Unternehmungen wie gemeinsame Mahlzeiten (im Klassenraum, in der Cafeteria der Schule oder in einem Restaurant), Wandertage (s. S. 171) und Unterrichtsaktivitäten aller Art, die es den Schülerinnen und Schülern ermöglichen, sich in kleinen Gruppen und in der Großgruppe der Klasse gemeinsam und kooperativ mit bestimmten Themen und Vorhaben auseinander zu setzen. Dabei können sie feststellen, welche Fähigkeiten und Interessen die einzelnen Kinder einbringen und dass im gemeinsamen Tun mehr Erfolg und auch mehr Arbeitsfreude möglich wird. Rituale wie ein Wochenanfangs- oder Wochenabschlusskreis, gemeinsames Singen und/oder Spielen als Beginn oder Abschluss einer Unterrichtseinheit, regelmäßiges Vorlesen (durch den Lehrer oder durch einzelne Schülerinnen und Schüler) mit anschließender Zeit für Gespräche, Entspannungsübungen, … sind hier besonders hilfreich, weil sie durch Regelmäßigkeit und feste Ordnung viel Sicherheit geben und die Gemeinsamkeit erlebbar machen.

Fächerübergreifender Unterricht als Einstieg
In vielen weiterführenden Schulen hat sich inzwischen durchgesetzt, dass als erste Unterrichtseinheit zu Beginn der Arbeit im 5. Schuljahr ein fächerübergreifendes Thema eingeplant wird. Dies hilft den Kindern bei der Orientierung in der neuen Schule und ermöglicht zugleich durch den fächerübergreifenden Ansatz, viele Fächer einzubeziehen und kennen zu lernen. Als ein solches Einführungsthema wird meist die Schule und/oder das Kind

An die Eltern der Klassen 5a/5b/5c und 5d

Liebe Eltern,

in der Woche vom 13. bis 17.9.99 findet in unserer Schule eine Wanderwoche statt. Da die 5. Klassen noch keine mehrtägige Wanderfahrt unternehmen, steht diese Woche unter dem Thema „Indianer". Folgende Aktivitäten sind geplant:

Montag
Wanderung zum Teich in der Nähe des Naturfreunde-Hauses Egelsbach
Bitte Verpflegung für Picknick mitnehmen und eine Plastiktüte zum Sammeln!
Zeit: 8.30 bis ca. 13.00 Uhr

Dienstag
Projekttag Thema „Indianer" in der Schule
Bitte Malsachen mit bringen!
Zeit: 8.30 bis 12.00 Uhr

Mittwoch
Projekttag Thema „Indianer" in der Schule
Basteln und Werken in Gruppen – Material wird noch angesagt
Zeit: 8.30 bis 12.00 Uhr

Donnerstag
Fahrt zur Indianerausstellung „Sitting Bull" im Landesmuseum Darmstadt
Es entstehen für Fahrt, Eintritt sowie Führung Kosten in Höhe von 10,– DM, die bitte bereits am Montag mitzubringen sind!
Zeiten werden noch bekanntgegeben.

Freitag
Sport- und Spieltag in der Sehring-Halle
Sportsachen und Hallenschuhe mitbringen – jede Klasse sollte wegen der Mannschafts- und Staffelspiele in einem einheitlichen T-Shirt erscheinen:
5a weiß
5b blau
5c schwarz
5d rot
Zeit: 8.50 bis 12.30 Uhr
Mit freundlichen Gruß

Die Klassenlehrer/innen

Einladung zu einer Wanderwoche, Albert-Einstein-Gymnsium

und seine Beziehung zu der neuen Schule und den neuen Klassenkameraden ins Zentrum gestellt. Hierzu wieder einige Beispiele:
An der Förderstufe der Adolf-Reichwein-Schule in Frankfurt am Main stand bei unserem Projektpraktikum eine Ich-Mappe im Zentrum der ersten Unterrichtseinheit:

- Jedes Kind erstellte ein Art Steckbrief über sich selbst, bei dem bestimmte Informationen (z. B. Geburtstag, Geschlecht, Alter, Muttersprache, Geschwister, ...) enthalten sein mussten.
- Diese Steckbriefe wurden dann benutzt, um sie unter bestimmten Gesichtspunkten auszuwerten (z. B. Säulendiagramm über die Anzahl der Geschwister oder die Geburtsjahrgänge) und somit einerseits mehr über die eigene Klasse zu erfahren, aber zugleich auch mathematische Zugangsweisen kennen zu lernen, wie man Aussagen über die Welt strukturieren und darstellen kann.
- Außerdem wurden im Deutsch- und Sozialkundeunterricht Klassenregeln erarbeitet, die im Klassenraum auf einem großen Plakat dokumentiert wurden.

An der Schillerschule in Offenbach wurde das neue Schuljahr mit einer Einheit zum Thema „Meine neue Schule" begonnen: Grundlage war ein Materialpaket, das zusammengeheftet eine eigene Broschüre ergab. Darin waren verschiedene Arbeitsblätter (Stundenplan; Meine Lehrerinnen und Lehrer; Neue Fächer; Pausenzeiten; Ferien und Feiertage in diesem Schuljahr; Steckbrief; Liste der Mitschülerinnen und Mitschüler; Stadtplanausschnitt;

Quiz

Ein neues Fach

Name des Schulleiters

Hier kannst du in der Pause etwas zu essen kaufen

Hier können Schüler mittags essen

Name der Schülerzeitung

Straße, in der der Haupteingang der Schillerschule liegt

Abkürzung der Schülervertretung

Dichter, nach dem unsere Schule benannt ist

Beruf des Herrn Kullmann

Wenn du ihn hast, kannst du billigere Eintrittskarten bekommen

Gebäudeteil, in dem dein Klassenraum liegt

Das steht auf dem Denkmal in der Eingangshalle

Achtung: Ö = OE, Ü = UE

Lösungswort:

Mein Schulweg; Die Schillerschule aus der Vogelperspektive; Der Eingangsbereich von oben; Male einen Teil der Schule, der dir am besten gefällt!; Personen mit besonderen Aufgaben; Wenn ich krank bin; Feueralarm; Schillerrallye; Quiz, s. links), die nach und nach bearbeitet wurden. Außerdem gab es eine Sammlung von „bewährten" Arbeitsblättern (z. B. Fantasiegeschichten, bei denen der Schluss oder auch der Anfang ergänzt werden mussten, Hilfen für den Umgang mit Wörterbüchern und Anregungsbilder für „Schreib drauf

Schule vor 100 Jahren 13

Schulpflicht

Brief des Rektors Friedrich Eduard Michael
1862 schreibt der Leiter einer Schule diesen Brief an das Gericht:

«Vom unterzeichneten Rektor zu Hirschfelde wird hiermit ergebenst angezeigt: Daß die in hiesiger Fabrik arbeitenden Schulkinder seit Michaelis d.J. wieder in menge Vormittags, ja sogar früh vor der Schule in die Fabrik gehen und daselbst eine oder zwei Stunden arbeiten, dann in die Schule oft hungrig und ermattet kommen, in derselben und während des Unterrichts zerstreut, träge, schläfrig sind und bei aller Mühe nichts lernen. Vor 3 Wochen erfuhr ich auf meine Anfrage, daß 22 Schüler und Schülerinnen nur der ersten Klasse früh vor der Schule in der Fabrik gearbeitet hatten, was im Laufe des vergangenen Sommers vom H. Pastor Flössel und mir ausdrücklich verboten worden war. Auch vor drei Wochen verbot ich es zu wiederholten Malen und als ich gestern abermals danach fragte, wurden nicht weniger als 4 Knaben und 4 Mädchen genannt, welche das Verbot abermals übertreten haben.»

Der Rektor bittet das Gericht, die Eltern zu bestrafen, weil sie die Kinder zur Arbeit geschickt hätten.

Vor Gericht geben die Eltern die Vorwürfe zu. Sie entschuldigen sich damit, daß «nur höchste Not» sie dazu getrieben habe. «Ich habe fünf unversorgte Kinder, von denen zwei in die Schule gehen, die anderen aber noch nicht schulpflichtig sind...» Eine Mutter sagt aus, daß sie von ihren fünf Kindern vier in die Fabrik – auch vor dem Unterricht – geschickt habe und noch immer schicke. Auch sie entschuldigt sich mit höchster Not.

Wie soll das Gericht hier entscheiden?

Wer hat hier recht?

Das Gericht entscheidet, daß sich die Eltern im Falle wirklicher Not bittend an den Gemeinderat zu wenden haben, daß es aber weiterhin bei Strafe verboten ist, Kinder vor dem Unterricht in die Fabrik zu schicken.

Aus: Jürgen Kuczynski, Geschichte der Kinderarbeit in Deutschland, 1750 – 1939, Berlin 1958, S. 172 ff.

Beispiel eines Arbeitsblattes zum Thema „Grundschule vor 100 Jahren", aus Schäffer S. 36

los!"-Texte), die den Lehrern des 5. Schuljahres zur Verfügung standen und durch Modifizierungen und neue Ideen laufend ergänzt wurden.
An der Helene-Lange-Schule in Wiesbaden war das erste Thema „Schule früher und heute". Dabei arbeiteten die Fächer Deutsch, Geschichte, Sozialkunde und Kunst zusammen und zugleich ergab sich im Vergleich mit der Schule früher eine möglichst genaue Erkundung der eigenen Schulwirklichkeit. Als Material für eine solche Unterrichtseinheit könnte auch das Materialpaket „Grundschule vor 100 Jahren" (Schäffer) benutzt werden. Ein Beispiel, dass die Planung für die ersten Unterrichtsthemen sich fächerübergreifend auf vier Wochen erstrecken kann, findet sich in einer vom Hessischen Institut für Bildungsplanung und Schulentwicklung und dem Hessischen Kultusministerium herausgegebenen Empfehlung zur Arbeit in der Förderstufe (S. 20):

Die ersten Wochen in der Förderstufe:

1. Woche	Fächer	2. Woche 3. Woche 4. Woche
	Klassenlehrerstd.	Klassenrat, Klassengeschäfte
Themenschwerpunkte des Projektes:	Deutsch	Mein Lieblingstier: Kreatives Schreiben Wochendiktate Briefwechsel: Unsere Schule Groß oder klein? Anredepronomen Umgang mit der Klassenbücherei
Erfahrungen Erwartungen Ängste	Gesellschaftslehre	Mitbestimmung in der Schule: Wir wählen unseren Klassensprecher/unsere Klassensprecherin Einzugsbereich der Klasse, der Schule grafisch gestalten
Wir lernen uns kennen	Religion	Ich bin viel wert Was ich mir/dir wünsche
Wir orientieren uns in der Schule Wir regeln den Umgang miteinander	Kunst	Gestaltung des Klassenraumes und des Jahrgangsbereichs (Weiterarbeit) Selbstdarstellungsbilder als Scherenschnitte Fensterbilder
Wir arbeiten zusammen Wir gestalten den Klassenraum und den Jahrgangsbereich	Musik	Wir bauen Musikinstrumente
	Biologie	Verhalten bei Menschen und Tieren
	Englisch	Sich vorstellen Gegenstände, Farbe, Präpositionen
	Mathematik	Maße und Gewichte der Klasse Umgang mit großen Zahlen
Die Projektwoche wird in allen Fächern außer Sport durchgeführt	Sport	Spielformen Leichtathletik

Diese Art, Unterrichtsgegenstände in einem thematischen Kontext von vorhandenen Fragen aus zu bearbeiten, kennen die Kinder von der Grundschule her. Außerdem können sie in einer solchen Unterrichtseinheit gut eigene Erfahrungen und Interesse einbringen und sich ihre neue Schule aktiv handelnd aneignen.
Die Beispiele machen es zudem möglich, den Kindern zu Beginn der Arbeit an einem Beispiel zu zeigen, dass in unterschiedlichen Fächern zwar jeweils andere Zugriffsweisen auf die Wirklichkeit praktiziert werden, diese Zugriffsweisen aber gemeinsam helfen können, komplexe Themen zu bearbeiten.

Leistungen fördern und bewerten

„Sabine, die gerade ins 5. Schuljahr übergewechselt ist, sprach mich darauf an, dass doch ein Lehrer unmöglich das Sozialverhalten eines Kindes allein beurteilen könne, weil er ja gar nicht sehen würde, was die Einzelnen hinter seinem Rücken, auf dem Schulhof und anderswo in Gruppen machten. Um das Sozialverhalten beurteilen zu können, brauchte man mindestens zur Hälfte Mitschülerinnen und Mitschüler, die in vielen Situationen einen genaueren Einblick hätten. Die Erwartung, dass Zensuren nicht allein vom Lehrer vergeben werden, hatte Sabine in der Grundschule entwickelt und sie vertritt ihre Ansicht nun auch konsequent gegenüber ihrer neuen Lehrerin."

(Anita Winning, S. 30 f.)

„Ich finde es nicht gut, wenn der Herr Richter mal wieder eine halbe Seite Vokabeln aufgibt von einem auf den anderen Tag. Weil ich kann die Vokabeln nicht von einem auf den anderen Tag lernen. Ich hab nämlich so einen Lernkasten und da kann man halt jeden Tag auf die Karten gucken. Da steht vorne das Deutsche und hinten das Englische. Und wenn man das weiß, kann man umdrehen und in das nächste Fach tun. Und wenn man im sechsten Fach angekommen ist, dann kann man die Vokabeln. Nur das dauert dann halt fast eine ganze Woche."

(Hartl, R./Klos, C., S. 148)

Wenn es um Fragen der Leistung und der Leistungsbeurteilung geht, muss damit gerechnet werden, dass in vielen Fällen größere Diskrepanzen zwischen den Vorerfahrungen der Kinder und den Erwartungen und Gewohnheiten der Lehrer an den weiterführenden Schulen vorhanden sind. Wie oben ausgeführt (→ S. 36ff.), richtet sich das Augenmerk der Grundschullehrerin tendenziell eher auf die individuelle Lerngeschichte einzelner Kinder, während in der Sekundarstufe tendenziell eher die an fachlichen Zielen orientierte Normleistung gesucht und bewertet wird.
In dieser Situation gibt es nun unterschiedliche Möglichkeiten, pädagogisch zu reagieren:
- Man kann das vorhandene System akzeptieren oder notgedrungen hinnehmen. In diesem Fall gilt es aber trotzdem, das Lernen, vor allem die Gestaltung von Situationen, in denen benotete Leistungen zu erbringen sind, so zu gestalten, dass die beeinträchtigenden Faktoren möglichst reduziert werden.

- Man kann versuchen, neben den vorhandenen Strukturen der Bewertung von Normleistungen ein möglichst breites Spektrum anderer Möglichkeiten anzubieten, um Leistung zu fördern und individuell zu bewerten. So wäre es z. B. sinnvoll, benotete Klassenarbeiten und Tests erst nach einer Eingewöhnungsphase anzusetzen und so den Kindern die Gelegenheit zu geben, sich allmählich und in kleinen Schritten daran zu gewöhnen, was in dieser Schule als Leistung eingeordnet, wie solche Leistungen zu erbringen sind und wie sie bewertet werden (→ KNIRPS-Konzept, S. 154: erster Test unbenotet, aber kommentiert; in den ersten sieben Wochen keine benotete Arbeit). Es wäre in diesem Zeitraum denkbar, den Kindern mehrere Aufgaben des gleichen Schwierigkeitsgrades anzubieten, aus denen sie eine bearbeiten müssen, aber auswählen können, welche sie bearbeiten wollen. Es wäre auch denkbar, mehrere unterschiedliche Leistungsnachweise auszuprobieren und sich dann die Zeit zu nehmen, mit den Kindern über ihre Erfahrungen zu sprechen und zu entscheiden, welche Aufgaben warum besonders schwierig waren und wie man mit so einer Situation umgehen könnte.

An der Gustav-Stresemann-Schule in Mainz-Kastel sind aus solchen Arbeitszusammenhängen folgende Tipps entstanden, die als großes Plakat im Klassenraum, auch während Klassenarbeiten, präsent sind (s. S. 177).
Es hilft sicher nichts, Kindern diese Regeln einfach vorzugeben. Zu viele Regeln dieser Art können Kinder sogar zusätzlich unter Druck setzen, weil sie außer sich auf die Aufgaben zu konzentrieren, auch noch an die Regeln denken wollen. Wichtig ist vielmehr, dass die Kinder aufgrund eigener Erfahrungen in Probearbeiten selbst solche Tipps entwickeln und damit die Tipps in ihrer Bedeutung für sich selbst einschätzen können. In ähnlicher Weise könnte man auch die Kriterien für die Benotung zunächst an Probearbeiten aufzeigen und diskutieren. Wichtig ist, dass immer wieder Zeit für „Manöverkritik" zur Verfügung gestellt wird, bei der die Kinder ihre eigenen Einschätzungen und auch ihre Kritik an bestimmten Aufgaben, am verlangten Arbeitstempo oder an den Beurteilungskriterien benennen können.
Auf eine Schwierigkeit muss noch hingewiesen werden: Lehrer an Förder- und Orientierungsstufen stehen vor einem weiteren Problem, denn diese Stufen haben ja das Ziel, dass eine Zuweisung zum dreigliedrigen Schulsystem um zwei Jahre verschoben wird, danach aber unweigerlich getroffen werden muss. Damit entsteht die Gefahr, dass der Selektionsdruck verstärkt wird und über längere Zeit, im schlimmsten Fall zwei Jahre lang, die pädagogische Arbeit bestimmt. Das wird umso mehr der Fall sein, je früher die Einstufung in Kurse erfolgt (nach den Herbstferien, nach dem ersten Halbjahr des 5. Schuljahres oder nach dem 5. Schuljahr). Kinder, die noch dabei sind, sich in der neuen Schule und der neuen Klasse zu orientieren, sind dann gezwungen, sich erneut in einer anderen Gruppe einzugewöhnen. Für die niedrigeren Leistungskurse kommt noch hinzu, dass die Einstufung unter Umständen große Probleme für das Selbstbewusstsein und die Stellung innerhalb der Klassengemeinschaft bedeuten kann (vgl. Fall Michaela, → S. 57). Diese negativen Bedingungen müssen durch pädagogische Maßnahmen in ihrer Wirkung auf das einzelne Kind und das soziale Miteinander ausbalanciert werden:

- Ein relativ radikale Lösung ist es, im 5. und 6. Schuljahr auf die äußere Differenzierung zu verzichten und, ähnlich wie in der Grundschule, die anstehende Schulwahlentscheidung im Rahmen innerer Differenzierung vorzubereiten. Entsprechend können die

Hinweise zur Mitwirkung an der Schulwahlentscheidung im 4. Schuljahr (→ S. 93ff.) sinngemäß auch auf das 5. und 6. Schuljahr übertragen werden.
- Aber auch kleinere Lösungen sind denkbar, z. B.: indem die Einteilung in Kurse auf das 6. Schuljahr und auf die Fächer Englisch und Mathematik begrenzt wird und indem besonders auf die soziale Kultur in der Schule geachtet wird, z. B. durch attraktive Rituale und viele gemeinsame Erlebnisse. Wichtig ist in jedem Fall, dass den Kindern zusätzlich zu einem eher an Normleistungen orientierten und eventuell durch äußere Differenzierung gekennzeichneten Unterricht andere Möglichkeiten angeboten werden,

13 Sicherheitsgurte für Klassenarbeiten

1. Sage dir auf dem Weg zur Arbeit, dass du dich gut vorbereitet hast! (So gut wie möglich!)
2. Sage dir: „Auch wenn ich nicht alles weiß, so weiß ich doch eine Menge! Dass nur Stoff drankommt, von dem ich gar nichts weiß, ist doch ziemlich ausgeschlossen!“
3. Lass dich vor der Arbeit (zu Hause, auf dem Schulweg, in der Schule) nicht verrückt machen, besonders nicht von Mitschülern, die dir aufgeregt aufzählen, was sie alles können oder nicht können.
4. Iss etwas Gutes vor der Arbeit, rede dir gut zu und glaube an dich. Du wirst es allen schon zeigen. Du wirst es so gut machen, wie es eben geht. Es gibt nach der Arbeit noch viele Chancen, es besser zu machen!
5. Natürlich hast du für tadelloses Arbeitsmaterial gesorgt (Papier, Tinte im Füller, Taschentuch, usw.).
6. Meide die spannungsgeladene Zone vor dem Klassenarbeitsraum. Atme auf dem Schulhof ganz tief durch.
7. Lies dir erst mal die Aufgaben der Arbeit von vorn bis hinten durch und gerate nicht gleich in Panik, wenn du Schwachstellen bei dir entdeckst. Oft klärt sich die Lage beim Arbeiten.
8. Such dir die leichteste Aufgabe für den Anfang zum Aufwärmen. Beginne nie mit der schwersten Aufgabe.
9. Nutze am Beginn der Arbeit unbedingt die Gelegenheit, Fragen zu stellen und höre gut zu, was der Lehrer am Anfang noch für zusätzliche Informationen (auch an andere) gibt.
10. Wenn du eine Frage/Aufgabe nicht kannst trotz einiger Minuten Knobeln, geh zur nächsten über. Mut zur Lücke! Aber nicht zu früh aufgeben, trotzdem nicht an einer Aufgabe endlos hängen bleiben.
11. Lege ruhig mal den Stift aus der Hand und streck dich, freu dich über das bisher Geschaffte. Pausen gehören zum Arbeiten.
12. Hab die Uhr im Auge.
13. Ein bisschen mehr oder weniger Angst haben alle, das ist normal! Angst zu haben, heißt nicht, dass man nichts kann. Nach ein paar Minuten Arbeit vergisst man die Angst oft ein wenig und es wird dir leichter!

Leistungen zu erbringen, bei denen stärker Kooperation, Eigenverantwortung und Eigeninteresse (→ S. 45) gefragt sind. Hierzu gehören alle Ideen für Aktionstage und Projekte, aber auch Phasen der freien Arbeit wie die Vorbereitung von Referaten zu selbst gewählten Themen im Fachunterricht.

Freie Arbeit und Lernen in Projekten

Freie Arbeit, in manchen Bundesländern auch Freiarbeit, nennt man eine Organisationsform des Unterrichts, bei der das lernende Kind im Mittelpunkt steht: Es sucht sich eine Aufgabe und bestimmt, in welcher Form (z. B. allein oder mit einem Partner) und mit welchen Methoden es seine Aufgabe lösen will. Diese auf die Reformpädagogik, vor allem auf *Celestin Freinet*, zurückgehende Form schulischen Lernens zielt in besonderem Maße auf die Eigenverantwortung und das Eigeninteresse des einzelnen Kindes.

Freie Arbeit umfasst in der Regel drei Phasen:

- die Wahl der Aufgabe, die im Rahmen eines vorgegebenen Themas oder unabhängig vom Unterrichtsstoff erfolgen kann und in der Regel mit dem Lehrer vereinbart wird,
- die selbstständige Arbeit an der Aufgabe, die sowohl im Unterricht als auch ganz oder teilweise als Hausaufgabe erfolgen kann und
- die Dokumentation der Ergebnisse einschließlich einer Evaluation durch den Lehrer und/oder durch andere Schüler.

Stundenplan der Klasse 6 a

	Montag	Dienstag	Mittwoch	Donnerstag	Freitag
1.	Englisch/ Franz.	Förderunterricht	Wochenplan	Englisch/ Franz.	Englisch/ Franz.
2.	Wochenplan	Erdkunde	Musik	Englisch/ Franz.	Wochenplan
3.	Wochenplan	Erdkunde/ WP	Musik/WP	Mathe/ Deutsch	Mathe/ Deutsch
4.	Mathe/ Deutsch	Biologie	Mathe/ Deutsch	Kunst	Sport
5.	Sozialkunde	Mathe/ Deutsch	Sport	Kunst	Biologie/ WP
6.	Sozialkunde/ WP	Englisch/ WP/Franz.	Sport	Religion	–

WP = Wochenplan

(aus: Hessisches Institut für Bildungsplanung und Schulentwicklung/ Hessisches Kultusministerium, S. 42.)

Freie Arbeit unter den Bedingungen der Sekundarstufenschule zu organisieren bedarf gezielter Bemühungen. So wäre es denkbar, dass in bestimmten Fächern eine Stunde pro Woche oder bei Fächern mit geringerem Stundenanteil eine Stunde pro Monat für Freie

Arbeit zur Verfügung gestellt wird (kann über einen Wochenplan organisiert werden). Es ist aber auch denkbar, im Kontext von Unterrichtseinheiten Möglichkeiten zur Freien Arbeit anzubieten, die über einen längeren Zeitraum, z. B. zwei Wochen laufen und für deren Bearbeitung sowohl kleinere Zeitabschnitte aus den Fachstunden als auch die Hausaufgaben zur Verfügung stehen. Freie Arbeit setzt allerdings voraus, dass den Kindern Material zur Verfügung steht oder sie sich solches relativ schnell beschaffen können.

Während bei der freien Arbeit viele Einzelaktivitäten unverbunden neben einander herlaufen können, steht bei Projekten die gemeinsame Arbeit, das gemeinsame Ziel im Vordergrund. Lernen in Projekten erfordert und fördert sowohl Kooperation als auch Eigenverantwortung und Eigeninteresse.
Die Vorteile, die für das Projektlernen im 4. Schuljahr genannt wurden (→ S. 109f.), gelten sinngemäß auch für das 5. (und 6.) Schuljahr: Durch das gemeinsame Ziel kann es schneller und besser gelingen, aus einer zusammengewürfelten Menge eine funktionierende Gruppe entstehen zu lassen. Das gemeinsame Ziel kann auf sehr unterschiedlichen Wege erreicht werden und lässt damit individuelle Zugänge und unterschiedliche Schwierigkeitsgrade von Aufgaben zu.
Die Einzelarbeit wird wiederum erst im Kontext der Gesamtarbeit bedeutsam und einschätzbar. Aber Projektlernen bedarf in der Sekundarstufe größerer Anstrengungen zu seiner Verwirklichung als in der Grundschule. Die Organisation des Unterrichts nach Fachstunden im 45-Minuten-Takt ist ungeeignet, um die notwendigen Prozesse in Gang zu setzen. Deshalb muss für das 5. (und 6.) Schuljahr nach besonderen Organisationsformen gesucht werden, um Projektlernen oder projektorientiertes Lernen zu ermöglichen.
In dem bereits mehrfach zitierten KNIRPS-Konzept des Franziskanergymnasiums Großkrotzenburg ist die Aufforderung an die Klassenlehrer enthalten, in den Klassen 5 und 6 pro Halbjahr ein fächerübergreifendes Unterrichtsprojekt durchzuführen. Anregungen hierfür können einem Projektordner entnommen werden, der zur KNIRPS-Handbibliothek gehört. Damit sind zwei Probleme gelöst:
- Für Projekte sind in der Regel gute Ideen und viel Material nötig, damit die selbstständige, eigenaktive Arbeit funktionieren kann. Solche Projektideen und -materialien in Lehrergruppen zu sammeln erleichtert einerseits die Suche und ermöglicht andererseits, dass auch andere davon profitieren können.
- Projekte sind in aller Regel fächerübergreifend. Es bedarf daher der zeitlichen und inhaltlichen Absprachen zwischen den beteiligten Lehrern. Welche Lehrer und Fächer einen Beitrag leisten können, hängt vom Thema ab. Ein Spielebuch oder eine Wandzeitung (→ Fallstudie David und Felix, S. 79ff.) herzustellen wird sicher die Fächer Deutsch und Kunst einbeziehen, evtl. aber auch Sport, Sozialkunde, Englisch oder Mathematik. An einem Projekt Tierpark, bei dem ein Führer für Kinder entstehen soll, können die Fächer Biologie und Deutsch beteiligt sein. Auch Landschulheimaufenthalte können als ein Projekt verstanden werden, das zudem durch gemeinsame Mahlzeiten, Freizeit und Übernachtung noch besondere Chancen für das soziale Miteinander bietet.

Projekte haben in aller Regel drei Phasen:
- die Phase der gemeinsamen Zielsetzung und der Planung von Aufgaben, die in kleinen Gruppen verwirklicht werden sollen;

- die Phase der Durchführung, die sicher länger dauert und immer wieder durch zusammenfassende Runden auf das gemeinsame Ziel hin fokussiert werden muss;
- die Phase der Vorstellung von Ergebnissen bzw. der Fertigstellung des Produktes, wenn es um ein Buch, eine Ausstellung, eine Aufführung o. Ä. geht, wobei zugleich eine Evaluation des Gesamtprojektes erfolgen kann.

Eine andere Form für Projektlernen sind die in vielen Konzepten für die Anfangsphase des Sekundarstufenunterrichts enthaltenen Aktions- oder Projekttage. Am Projekttag gibt es keinen Unterricht nach Stundenplan, sondern nur das Projektthema, das für einen ganzen Tag die gemeinsame Arbeit bestimmt. An der Gustav-Stresemann-Schule in Mainz-Kastel z. B. wurde ein Projekttag durchgeführt, der zugleich auf einen weiteren Schwerpunkt des Lernens im 5. Schuljahr verweist: „Das Lernen lernen. Stille, Entspannung, Konzentration." An diesem Projekttag gab es für die Kinder des 5. Schuljahres vielfältige Aktivitäten, wie Entspannungsübungen, Konzentrationsspiele, Ausprobieren unterschiedlicher Arbeitsweisen sowie gemeinsame Gespräche über die Erfahrungen bei den unterschiedlichen Aktivitäten. Auch einige handfeste Tipps wurden erarbeitet (s. S. 181).

Auch für diese Tipps gilt, dass es keinen Sinn macht, sie lehrend zu vermitteln, sondern dass sie aus eigenen Erfahrungen der Kinder und ihrem Nachdenken über diese Erfahrungen erwachsen müssen.
Eine weitere Form, um Projektlernen im 5. (und 6.) Schuljahr zu verwirklichen, ist die Projektwoche, die an vielen Schulen inzwischen zur Tradition geworden ist. Bei diesen Projektwochen steht nicht so sehr die Klassengemeinschaft im Mittelpunkt, dafür bieten Projektwochen Möglichkeiten des Arbeitens in altersgemischten Gruppen. Ein Beispiel, wie solche Projektwochen auch für die Bearbeitung des Übergangs von der Grundschule zur weiterführenden Schule genutzt werden können, wurde bereits im Kapitel „Zusammenarbeit" dargestellt (→ „Projekte für das 4.–6. Schuljahr", S. 138).
Was Projektlernen für Kinder und Jugendliche bedeuten kann, lässt sich Zitaten entnehmen, die aus eine Umfrage an der Reformschule Kassel, bei der Projektlernen rund ein Drittel der Unterrichtszeit in Anspruch nimmt und von Anfang an systematisch angebahnt wird, erahnen.
Was für sie an der Projektarbeit am wichtigsten ist, beantworteten Schülerinnen und Schüler so:

> „Mir ist wichtig, dass wir bei der Projektarbeit nicht von der Tafel abschreiben müssen."
> „Wir arbeiten nicht nur theoretisch, sondern auch praktisch."
> „Ich behalte das Selbsterarbeitete besser."
> „Mir ist besonders wichtig, dass ich Themen bearbeiten kann, die mich interessieren."
> „Ich finde wichtig, dass wir in Gruppen arbeiten."
> „Projekt gefällt mir normalerweise sehr gut, weil man selbstständig Informationen sammeln kann und nicht auf die Lehrer angewiesen ist. Das viele Bücherwälzen stört mich aber manchmal ziemlich."
> „Projekt bedeutet für mich Selbstständigkeit."
>
> (Margret Wittern, S. 148, vgl. auch Röhner)

Das Lernen lernen: Tipps für die Hausaufgaben

Führe sorgfältig ein Hausaufgabenheft, in das du die Aufgaben für den Tag einträgst, an dem du sie brauchst.
Bevor du anfängst, mach einen Plan für das, was an diesem Tag zu machen ist.
Gehe dabei nach folgenden Regeln vor:

1. Teile den ganzen Hausaufgabenstoff in kleine Portionen (nicht mehr als 15 Minuten).
2. Wärme dich erst auf, also mach als Erstes etwas Einfaches.
3. Nimm dir dann die schwierigeren Dinge vor. Du erledigst sie besser, wenn du noch ausgeruht bist.
4. Wechsele Schriftliches und Mündliches ab.
5. Lerne nicht ähnliche Dinge hintereinander.
6. Sobald du dich nicht mehr konzentrieren kannst, träumst oder trödelst, mache sofort eine kurze Pause.
7. Plane Pausen vorher ein, sie gehören zur Arbeitszeit, und halte die Pausen ein (nicht lesen oder fernsehen).
8. Schiebe störende Gedanken energisch weg und vertröste sie auf die Pause.
9. Streiche Erledigtes im Hausaufgabenheft oder auf dem Arbeitsplan durch und lobe dich dafür, dass du es fertig hast und gut gemacht hast.
10. Arbeite, wenn irgend möglich immer am selben Arbeitsplatz und möglichst auch zur selben Tageszeit.
11. Plane immer auch Wiederholungen ein.
12. Schätze vor einer Aufgabe die Zeit, die du dafür brauchen wirst, und lass dich bei der Arbeit von einer Uhr (Küchenwecker) überwachen. Das hilft dir als Übung für die Arbeiten und hält dich vom Trödeln ab.
13. Kontrolliere und bewerte deine Hausaufgaben selbst direkt nach der Bearbeitung, dann erst zeige sie z. B. deiner Mutter.
14. Frage nie ohne eigene Anstrengung andere, sonst traut sich dein Gehirn bald nichts mehr zu.
15. Lobe und belohne dich nach jeder Leistung. Mach aus Ablenkungen und Zeitvertreiben (lesen, fernsehen, spielen, telefonieren, …) Belohnungen: Nichts statt zu lernen, sondern nach dem Lernen – und nicht mogeln!
16. Packe direkt nach Beendigung der Hausaufgaben deine Tasche! Jetzt weißt du noch, was du unbedingt einpacken solltest!

Klassenlehrerstunden/Gemeinschaftsstunden/Klassenrat

Klassenlehrerstunden werden vielfach benutzt, um Organisatorisches zu erledigen, evtl. noch um aktuelle Konflikte zu besprechen. Die Initiative liegt in der Regel beim Lehrer: Er bestimmt, was besprochen wird und in welcher Form. So verstanden wären Klassenlehrerstunden eher eine Zeit der „Verkündigung", durch die die Ungleichheit zwischen Lehrer und Schülern betont wird.
Klassenlehrerstunden können aber auch genutzt werden, um das gemeinsame Leben konstruktiv zu fördern. Sie können von Lehrern und Schülern gemeinsam gestaltet werden und können dem gemeinsamen Leben durch Vorlesen und Sprechen, Spiel und Spaß dienen. Das war wohl auch der Grund, warum am Franziskanergymnasium in Großkrotzenburg diese Stunde im neuesten Konzept nicht mehr Klassenlehrerstunde heißt, sondern Klassengemeinschaftsstunde genannt wird.

Die Klassengemeinschaftsstunde (GS)

Die wöchentliche Gemeinschaftsstunde ist fester Bestandteil der Stundenpläne der Klassen 5 und 6. Sie fällt in das Kontingent des Klassenlehrers. Zu empfehlen ist ihre Platzierung an den Wochenanfang oder das Wochenende.
Die GS soll als „angewandte Sozialkundestunde" oder als Gelegenheit zur „Einübung demokratischer Verhaltensweisen" verstanden werden. In ihr sollen gruppendynamische Prozesse und Selbsterfahrung der Schüler stärker als im Fachunterricht gefördert werden.

Folgende Feinziele werden angestrebt:
- Zuhören können,
- Rücksichtnahme einüben,
- Selbstdisziplin erlernen,
- Verantwortung übernehmen,
- gemeinsam entscheiden und demokratische Entscheidungen akzeptieren,
- Kritik sachlich und konstruktiv gestalten und ertragen können,
- Aufgabenverteilungen und Ämterwahlen als Einübung demokratischer Mitwirkung verstehen,
- mit Regelverstößen umgehen können.

Der ideale Verlauf einer GS kann wie folgt aussehen:
1. Sammeln der zu behandelnden Themen,
2. Ordnen der Themen nach ihrer Dringlichkeit in einer Tagesordnung,
3. Diskussion der einzelnen Themen; Festlegung und Protokollierung von Vereinbarungen und Verantwortlichkeiten,
4. Freiraum z. B. für Spiele oder andere Aktivitäten in der Klassengemeinschaft.

Eine dritte Nutzung der im Stundenplan für Lehrer und Schüler eingeplanten Klassenlehrerstunde könnte ein Klassenrat sein (vgl. auch Kiper: Selbst- und Mitbestimmung in der Schule. Das Beispiel Klassenrat).
In diesem Fall wird nach einer Einübungsphase die Verantwortung in die Hand der Schüler gelegt, die gemeinsam und unter Leitung einer Schülerin oder eines Schülers über die Tagesordnung entscheiden und im Rahmen der Tagesordnungspunkte diskutieren und entscheiden. Der Lehrer ist dann nur ein Mitglied wie jedes andere. Er muss sich zu Wort melden und für die von ihm gewünschten Entscheidungen um Mehrheiten werben.
Die Beschreibung der Klassengemeinschaftsstunde (s. unten) ist dem schon mehrfach zitierten KNIRPS-Konzept entnommen und dem Klassengemeinschaftskonzept mit Ansätzen für einen Klassenrat zuzuordnen.

Nach einer gewissen Anlaufzeit geht die Diskussionsleitung fest in die Hand der beiden Klassensprecher über, die von den Paten unterstützt werden können. Der Klassenlehrer, der nur als ‚Notbremse' eingreift, beteiligt sich an den Gesprächen wie jedes andere Mitglied der Klassengemeinschaft, d. h. er muss sich melden und warten bis ihm das Wort erteilt wird. Ein Protokollführer protokolliert und sammelt die Ergebnisse in einer Mappe. Eine positive Rückmeldung des Klassenlehrers zu Beginn der GS erhöht die Motivation der Schüler und ihre Bereitschaft, sich konstruktiv einzubringen.

Die Inhalte der GS sind äußerst vielfältig:
- der Kummerkasten (anonyme Problembriefe),
- Gestaltung des Klassenraumes,
- Vergabe der Ämter,
- Sitzplan,
- Klassenkasse,
- Klassenbibliothek,
- Störungen und Konflikte,
- Probleme mit Lehrern,
- Sportveranstaltungen,
- Aufstellung von Klassenregeln,
- sinnvolle Sanktionierung von Regelverletzungen,
- SV-Angelegenheiten, u. v. m.

Die Patinnen und Paten sollen nach Möglichkeit an den GS ihrer Patenklasse teilnehmen. Sie können die Klassensprecherinnen und Klassensprecher dabei unterstützen, die in der Klasse anstehenden Probleme und Fragen und ihre SV-Angelegenheiten vorzutragen und zu diskutieren.

(KNIRPS-Handout, S. 7ff.)

Die Klassenlehrerstunde, hier nicht als Zeit für Organisatorisches, sondern als Zeit für Gemeinsames verstanden, kann, so deutet sich hier an, der Ort für einen Klassenrat sein, in dem alle Schülerinnen und Schüler und der Lehrer gleichberechtigt nachdenken, diskutieren und entscheiden. Dies geschieht in der Regel unter Leitung eines der Kinder. Das wird umso eher funktionieren, je klarer die Grundeinstellung des Erwachsenen Respekt und Gleichheit gegenüber den Kindern zeigt.
Als Anregung für die Selbstreflexion und für Gespräche mit den Kindern, aber auch mit Paten oder mit Kolleginnen und Kollegen können auch die Materialien „Lehrerrechte – Schülerrechte" dienen (→ S. 142/143).

Literatur

Abschlussbericht zur Versuchsreihe Gemeinsame Orientierungsstufe Rheinland-Pfalz (Arbeitstitel), Landau 1977.

Bartnitzky, H.: *Übergänge nach der Grundschule.* In: Grundschulverband aktuell, Frankfurt am Main, Januar 1999, S. 3–14.

Baumert, J.: *Das allgemeine Schulwesen in der Bundesrepublik Deutschland.* In: Roth, L.: *Pädagogik.* München 1991.

Beck, G.: *Die pädagogische Arbeit im 4. Schuljahr: Abschluss und Übergang.* In: Die GRUNDSCHULZEITSCHRIFT, Heft 156/ 2002, S. 6/7.

Beck, G./Scholz, G.: *Soziales Lernen. Kinder in der Grundschule.* rororo, Reinbek bei Hamburg 1995.

Beck, G./Claussen, Cl.: *Grundschule als Durchlauferhitzer – nein, danke!* In: Portmann, R./Wiederhold, K./Mitzlaff, H.: a. a. O., S. 110–119.

Beldermann, B.: *Ein Stück des Weges mitgehen ... Zusammenarbeit und Beratung nicht erst im 4. Schuljahr.* In: Die GRUNDSCHULZEITSCHRIFT, Heft 59/1992, S. 12–15.

Beldermann, B.: *Schulwechsel-Gedichte.* In: Die GRUNDSCHULZEITSCHRIFT, Heft121/1999, S. 47.

Bender-Friedrich, G.: *Ein halbes Jahr danach. Eine Lehrerin erlebt die Übergangsnöte ihrer alten Klasse.* In: Portmann, R./Wiederhold, K./Mitzlafff, H.: a. a. O., S. 120–122.

Bergmann, H.: *Übergänge vorbereiten.* In: Portmann, R./Wiederhold, K./Mitzlaff, H.: a. a. O., S. 132–137.

Biskup, C.: *Was Kinder in Zusammenarbeit mit anderen lernen.* In: Grundschule, Heft 4/1994, S. 13–15.

Blank, A.: *Ein ganzes Jahr lang Abschied nehmen.* In: Die GRUNDSCHULZEITSCHRIFT, Heft 156/ 2002, S. 8–10.

Bobrowski, H.: *Lernen voneinander. Paten als Orientierungshelfer.* In: Disziplin. Friedrich Jahresheft 2002, Seelze, S. 73–75.

du Bois, R.: *Übergangsrituale und Jugendkultur.* In: Bucher, A./Seitz, R./Donnenberg, R. (Hrsg.): *Aufgang, Untergang, Übergang. Leben in der Zeitenwende.* Veröffentlichung der 48. Salzburger Internationalen Pädagogischen Worktagung 1999, Otto Müller Verlag Salzburg/Wien 1999, S. 67–85.

Büchner, P./Koch, K.: *Von der Grundschule in die Sekundarstufe. Bd. 1: Der Übergang aus Kinder- und Elternsicht.* Opladen 2001.

Deutscher Ausschuß für das Erziehungs- und Bildungswesen: *Rahmenplan zur Umgestaltung des allgemeinbildenden öffentlichen Schulwesens, Empfehlungen und Gutachten (Folge 3).* Stuttgart 1964.

Diederich, J./Tenorth, H.-E.: *Theorie der Schule. Ein Studienbuch zur Geschichte, Funktionen und Gestaltung.* Berlin 1997.

Die GRUNDSCHULZEITSCHRIFT: *Leistungen fördern und bewerten* (Heft 135). Seelze 2000.

Die GRUNDSCHULZEITSCHRIFT: *Vorlesen* (Heft 150). Seelze 2001.

Dörger, U.: *Fördern – historisch-systematische Einordnung eines pädagogischen Prinzips.* In: Hessisches Institut für Bildungsplanung und Schulentwicklung: a. a. O., 1.3.

Eckes, K.: *Das Problem der Übergänge. Die Übergangsproblematik zwischen Primarstufe und Sekundarstufe.* In: Mayer, W. G./Meis, R./Muth, J. (Hrsg.): *Die neue Grundschule* (Teilausgabe). Heinsberg 1982.

Fauser, P.: *Kontinuität als Anspruch. Schulpädagogische Überlegungen zum Über gang von der Grundschule in die Sekundarstufe I.* In: Hameyer, U./Lauterbach, R./Wiechmann, J. (Hrsg): a. a. O., S. 330–351.

Fend, H.: *Gesamtschulen im Vergleich – Bilanz der Ergebnisse des Gesamtschulversuchs.* Weinheim/Basel 1982.

Fend, H.: *Der Umgang mit der Schule in der Adoleszenz. Aufbau und Verlust von Motivation und Selbstachtung. Entwicklungspsychologie der Adoleszenz in der Moderne (Bd. 4).* Bern 1997.

Fölling-Albers, M.: *Kinder brauchen Kinder: Soziales Lernen in der Grundschule.* In: Grundschule, Heft 4/1994, S. 8–10.

von Foerster, H./Pörksen, B.: *Wahrheit ist die Erfindung eines Lügners. Gespräche für Skeptiker.* Heidelberg, 1999, 3. Aufl., S. 65–76.

Garlichs, A./Schmitt, F.: *Von der Grundschule zur Orientierungsstufe. Ein Projekt mit Schülern, Lehrern und Eltern.* In: Grundschule, Heft 1/1984, S. 8–11.

Geißler, E. E./Krenzer, R. Ph./Rang, A.: *Fördern und Auslesen. Eine Untersuchung an hessischen Schulen mit Förderstufe.* Frankfurt 1967.

Gerner, B.: *Selbstverständnis von Lehrern.* Darmstadt 1976.

Greiling, U./Ramseger, J.: *Wir üben „fünftes Schuljahr".* In: Die Grundschule, Heft 1/1984, S. 37–40.

Günther, M.: *Zur Frage des professionellen Selbstverständnisses von Grundschullehrern und Lehrern an weiterführenden Schulen – Überlegungen am Beispiel einer Fallstudie (Unveröffentlichte Examensarbeit).* Frankfurt 2001.

Hacker, H.: *Lerngeschichte und Lebensgeschichte.* In: Die Grundschule,Heft 4/ 1992, S. 10–12.

Hameyer, U./Lauterbach, R./Wiechmann, J. (Hrsg.): *Innovationsprozesse in der Grund schule.* Bad Heilbrunn 1992.

Hansen, R./Rösner, E./Weißbach, B.: *Der Übergang in die Sekundarstufe I.* In: Rolff, H.-J./ Klemm, K./Tilmann, K.-J. (Hrsg.): *Jahrbuch der Schulentwicklung* (Bd. 4). Weinheim/Basel 1986, S. 70–103.

Hansen, R./Rolff, H.-G.: *Abgeschwächte Auslese und verschärfter Wettbewerb - Neuere Entwicklungen in den Sekundarschulen.* In: Rolff, H.-J./Bauer, K.-O./Klemm, K./Pfeiffer, H. (Hrsg.): *Jahrbuch der Schulentwicklung* (Bd. 6). Weinheim/München 1990, S. 45–79.

Hartl, R./Klos, C.: *Der Übergang von der Grundschule zur weiterführenden Schule – Darstellung und Diskussion von Erkundungsergebnissen am Beispiel einer Grundschulklasse (Unveröffentlichte Examensarbeit).* Frankfurt/M. 1999.

Herrlitz, H.-G./Hopf, W./Titze, H.: *Deutsche Schulgeschichte von 1800 bis zur Gegenwart.* Weinheim/München, 1998, 2. Auflage.

Hessischen Institut für Bildungsplanung und Schulentwicklung (Hrsg.): *Arbeitshilfen für die Förderstufe.* Wiesbaden 1986.

Hessisches Kultusministerium (Hrsg.): *Rahmenplan Grundschule.* Wiesbaden 1995.

Hessisches Kultusministerium: *Bildungspolitik in Zahlen. Daten aus dem Schulbereich.* Wiesbaden 1999.

Hessisches Landesinstitut für Pädagogik (HELP)/Hessisches Kultusministerium (Hrsg.): *Der Übergang von der Grundschule ins Gymnasium – Kooperation zwischen abgebender und aufnehmender Schule – Anregungen zur Gestaltung der Praxis, Informationen und Hinweise (Heft 8).* Wiesbaden 1997.

Hessisches Institut für Bildungsplanung und Schulentwicklung/Hessisches Kultusministerium: *Empfehlungen für die Arbeit in der Förderstufe. 40 Jahre Förderstufe in Hessen. Hinweise und Informationen* (Heft 7). Wiesbaden 1995.

Heyer, P.: *70 Jahre Grundschule – Bilanz und Perspektiven.* In: Die GRUNDSCHULZEITSCHRIFT, Heft 21/1989, S. 4–12.

Hopf, D.: *Erinnerung an vergessene Befunde der empirischen Schulforschung zum Übergang auf die Sekundarstufe.* In: Drews, Ursula/Durdel, Anja: *Grundlegung von Bildung in der Grundschule von heute (Konferenzbeiträge).* Potsdam 1997, S. 245–249.

Hüttenberger, M.: *Grundschulalltag zwischen Integration und Selektion – Der Heterogenitätsanspruch und die Sehnsucht nach Homogenität.* In: Radtke, F.-O. (Hrsg.): *Die Organisation von Homogenität. Jahrgangsklassen in der Grundschule.* Frankfurter Beiträge zur Erziehungswissenschaft, Kolloquien 1, Fachbereich Erziehungswissenschaften der Johann Wolfgang Goethe-Universität, Frankfurt am Main 1999, S. 59–65.

Humane Schule: *Mitteilungen des Bundesverbandes der „Aktion Humane Schule".* Oktober 1995.

Hurrelmann, K.: *Zu viel Auslese und zu wenig Förderung. Notwendige Bemerkungen zum Übergang nach der Grundschule.* In: DLZ-Special: *Der Übergang: Nahtstelle oder Bruchstelle.* Deutsche Lehrerzeitung vom 15. März, Berlin 1997, S. 17.

Ingenkamp, K.: *Die Fragwürdigkeit der Zensurengebung.* Weinheim/Basel 1971.

Jaumann-Graumann, O./Köhnlein, W. (Hrsg.): *Lehrerprofessionalität – Lehrer- professionalisierung* (Jahrbuch Grundschulforschung Band 3). Bad Heilbrunn 2000.

Käpke, A.: *„Wir wollen wissen, woher die Schüler kommen." Mit der weiterführenden Schule kooperieren. Zwei Beispiele aus Hamburg.* In: DLZ-Special: *Der Übergang: Nahtstelle oder Bruchstelle.* Deutsche Lehrerzeitung vom 15. März 1997, S. 23.

Kilian, H.: *Ein Schreibprojekt zum Abschluß der 4. Klasse.* In: Die GRUNDSCHULZEITSCHRIFT, HEFT 121/1999, S. 48.

Kiper, H.: *Selbst- und Mitbestimmung in der Schule. Das Beispiel Klassenrat.* Hohengehren 1997.

Kirchner, G.: *„Doof gebor'n wird keines!" Kindern helfen, sich wert zu schätzen.* In: Die GRUNDSCHULZEITSCHRIFT, HEFT 59/1992, S. 24–26.

Klafki, W.: *Förderstufe/Orientierungsstufe – gemeinsam länger lernen.* In: Gesamtschul-Informationen. Heft 1/2/1985, S. 177–196

Auch in: Hessisches Landesinstitut für Bildungsplanung und Schulentwicklung (Hrsg.): a. a. O., 1.1.

Klaska, A.: *Entscheidungen.* In: Humane Schule, Oktober 1995, S. 11–12.

Kleber, E./Thomann, W.: *Die Schullaufbahnempfehlung – wie sie entsteht und wie sie wirkt.* In: Grundschule, Heft 1/1984, S. 16–19.

Koch, K.: *Von der Grundschule in die Sekundarstufe. Bd. 2: Der Übergang aus der Sicht der Lehrerinnen und Lehrer.* Opladen 2001.

Kröninger, K.: *Den Übergang gezielt vorbereiten.* In: Die GRUNDSCHULZEITSCHRIFT, Heft 156/2002, S. 26–29.

Kröll, H.: *Projekte für die Klassen 4–6.* In: Die GRUNDSCHULZEITSCHRIFT, Heft 121/1999, S. 46.

Kutscha, G.: *Übergangsforschung – Zu einem neuen Forschungsbereich.* In: Beck, K./Kell, A. (Hrsg.): *Bilanz der Bildungsforschung.* Weinheim 1991, S. 113–155.

Mitzlaff, H./Wiederhold, K. A.: *Gibt es überhaupt ‚Übergangsprobleme'? Erste Ergebnisse aus einem Forschungsprojekt.* In: Portmann, R./Mitzlaff, K./Wiederhold, H. (Hrsg.): a. a. O., S. 12–41.

Müller-Rolli, S.: *Lehrer.* In: Langewiesche, D./Tenorth, H.-E. (Hrsg.): *Handbuch der deutschen Bildungsgeschichte (Band V: 1918–1945):* München 1989.

Parsons, T.: *Die Schulklasse als soziales System: Einige Funktionen in der amerikanischen Gesellschaft (1959).* In: Plake, K. (Hrsg.): *Klassiker der Erziehungssoziologie.* Düsseldorf 1987, S. 102–124.

Petillon, H.: *„Grund- und Sekundarschulen müssen kooperieren".* In: DLZ-Special: *Der Übergang: Nahtstelle oder Bruchstelle.* Deutsche Lehrerzeitung vom 15. März, Berlin 1997, S. 22.

Pfeiffer, H./Rösner, E.: *Mehr oder weniger Integration? Entwicklungstendenzen der weiterführenden Schulen.* in: Rolff, H.-G./Bos, W./Klemm, K./Pfeiffer, H./Schulz-Zander, R. (Hrsg.): *Jahrbuch der Schulentwicklung (Band 11).* Weinheim/München 2001, S. 77–127.

PISA 2000 (hrsg. von Baumert, J. u. a.): *Basiskompetenzen von Schülerinnen und Schülern im internationalen Vergleich.* Opladen 2001.

Portmann, R.: *Die Sache mit der Eignung. Über die Vorhersagbarkeit von Schulerfolg.* In: Portmann, R./Wiederhold, K./Mitzlaff, H. (Hrsg.): a. a. O., S. 48–56.

Portmann, R.: Bürger, Bauer, Bettelmann ...: *Von der Schwierigkeit, die ‚Eignung' festzustellen.* In: Die GRUNDSCHULZEITSCHRIFT, HEFT 59/1992, S. 19–22.

Portmann, R.: *Entwicklungsbericht statt Übergangsgutachten schreiben.* In: Die GRUNDSCHULZEITSCHRIFT, Heft 59/1992, S. 19–22.

Portmann, R.: *Übergänge gemeinsam gestalten: Gemeinsame regionale Fortbildung macht's möglich.* In: Die GRUNDSCHULZEITSCHRIFT, Heft 59/1992, S. 31.

Portmann, R./Schneider, E.: *Brückenschläge. Von der Grundschule zu den weiterführenden Schulen.* Heinsberg 1988.

Portmann, R./Wiederhold, K. A./Mitzlaff, H. (Hrsg.): *Übergänge nach der Grundschule, Beiträge zur Reform der Grundschule (Band 77).* Arbeitskreis Grundschule, Frankfurt am Main 1989.

Preuss-Lausitz, U.: *Zwischen Individualismus und Separatismus.* In: Die GRUNDSCHULZEITSCHRIFT, Heft 71/1994, S. 12–15.

Radtke, F.-O.: *Fremdgeboren wird keiner, fremd wird man gemacht.* In: Die GRUNDSCHULZEITSCHRIFT, Heft 71/1994, S. 21–37.

Reichsministerium des Inneren: *Die Reichsschulkonferenz 1920.* Leipzig 1921.

Roediger, H.: *Stefan zwischen Hoffen und Bangen.* In: Grundschule, Heft 10/1985, S. 32–37.

Rödler, K.: *Leistung im Mathematikunterricht – Leistung des Mathematikunterrichts.* In: Die GRUNDSCHULZEITSCHRIFT, Heft 147/2001, S. 6.

Rödler, K.: *Abschied nehmen. Die letzten Wochen an der Grundschule.* In: Die GRUNDSCHULZEITSCHRIFT, Heft156/2002, S. 12–15.

Rödler, K.: *Die Schulwahl vorbereiten.* In: Die GRUNDSCHULZEITSCHRIFT, Heft156/2002, S. 16–19.

Röhner, C.: *Lernen in Projekten. Selbstbildungsprozesse unterstützen und begleiten.* In: Praxis 5–10, Heft 6/2001, S. 6–9.

Rolff, H.-G.: *Sozialisation und Auslese* (Überarbeitete Neuausgabe). Weinheim/München 1997.
Sandfuchs, U.: *Lehrer (hist.)-(Lehrerbildung).* In: Nicklis, Werner (Hrsg.): *Handwörterbuch der Schulpädagogik.* Bad Heilbrunn/Obb. 1973.
Schäffer, R.: *Grundschule vor 100 Jahren. Sachinformationen – Unterrichtsbericht – Arbeitsblätter mit Quellenmaterial* (Kopiervorlagen, 4.–6. Schuljahr). In: Die GRUNDSCHULZEITSCHRIFT, Heft 21/1989 und Sammelband Sachunterricht: Zeit und Geschichte, S. 120ff.
Scheffler, H.: *Christina kommt nicht mehr mit. Fallstudie zur Problematik des Übergangs von der Grundschule zum Gymnasium.* In: Pädagogische Welt, Heft 6/1984, S. 376–380.
Scheibe, W. (Hrsg.): *Zur Geschichte der Volksschule (Band II).* Bad Heilbrunn 1965.
Schmitt, R. (Hrsg.): *Grundlegende Bildung in und für Europa.* Grundschulverband – Arbeitskreis Grundschule e. V.. Frankfurt am Main 2001.
Schösser, J.: *Abschiedsbuch – Klassenbuch – Erinnerungsbuch.* In: Die GRUNDSCHULZEITSCHRIFT, Heft 121/1999, S. 46.
Schultze, W.: *Über den Voraussagewert der Auslesekriterien für den Schulerfolg am Gymnasium* (Forschungsbericht der Max-Traeger-Stiftung Nr. 1). Frankfurt am Main 1964.
Skischus, G./Thies, W.: *Die Reformschule Kassel – Ein Portrait.* In: Röhner, Ch./Skischus, G./Thies, W. (Hrsg.): *Was versuchen Versuchsschulen? Einblicke in die Reformschule Kassel.* Hohengehren 1998, S. 19–30.
Stahringer, R.: *Liebe Kolleginnen und Kollegen … Ein Brief an die Lehrerinnen und Lehrer des 5. Schuljahres.* In: Die GRUNDSCHULZEITSCHRIFT, Heft156/2002, S. 22–24.
Stecher, L.: *Entwicklung der Lern- und Schulfreude im Übergang von der Kindheit zur Jugend – Welche Rolle spielt die Familienstruktur und die Qualität der Eltern-Kind-Beziehung?* In: Zeitschrift für Soziologie der Erziehung, Heft 1/2000, S. 70–80.
Steffens, U.: *„Michaela" – Wie Schüler mit Lernproblemen ihre Gesamtschule erleben.* In: Hessisches Institut für Bildungsplanung und Schulentwicklung (Hrsg.): *Wissenschaftliche Begleitung von Förderkonzepten an Hessischen Gesamtschule.* Wiesbaden 1983, sowie in: Die Deutsche Schule, Heft 2/1984, S. 134–157.
Süselbeck, G.: *Der zweite Schulbeginn – so oder so?* In: Grundschule, Heft 10/1988, S. 27–29.
Tenorth, H.-E.: *Geschichte der Erziehung.* Weinheim/München 2000, 3. Auflage.
Terhat, E.: *Berufsbiographien von Lehrern und Lehrerinnen.* Frankfurt/Main 1994.
Titze, H.: *Zensuren in der modernen Gesellschaft. Zur Selbstbeurteilung und Fremdbeurteilung schulischer Leistungsdifferenzen.* In: Die Deutsche Schule, München 2000 (6. Beiheft: Differenzen).
Übergänge vom 4. zum 5. Schuljahr. Erfahrungen aus einem Praktikumsprojekt an der J. W. Goethe-Universität Frankfurt und der J. Liebig-Universität Gießen. Leitung: Beck, G. (Frankfurt)/Weitzel, C. (Gießen), Frankfurt am Main und Gießen, Sommersemester 2000.
Völker-Hill, B.: *Kontinuität in Erziehungs- und Unterrichtsfragen entwickeln. Gemeinsame Fortbildung von Lehrerinnen und Lehrern aus Grund- und Sekundarstufen.* In: Die GRUNDSCHULZEITSCHRIFT, Heft 59/1992, S. 30–31.
Winning, A.: *Was ist mit den Zeugnissen?* In: Die GRUNDSCHULZEITSCHRIFT, Heft 135/2000, S. 30–31.
Wittern, M.: *Was heißt hier Projekt? Erfahrungen und Beispiele aus der Stufe III.* In: Röhner, Ch./Skischus, G./Thies, W. (Hrsg.): a. a. O., S. 146–156.

Zu der Autorin

Gertrud Beck, geb. 1938, hat nach ihrer Tätigkeit als Volks- und Realschullehrerin und Promotion in Soziologie lange Jahre als Professorin für Grundschulpädagogik am Institut der Wolfgang Goethe-Universität Frankfurt am Main gearbeitet und sich vor allem mit Fragen des Sozialen Lernens befasst. Hierzu hat sie u.a. Unterrichtsmaterialien entwickelt, an Rahmenplänen mitgearbeitet und Lehr- und Forschungsprojekte durchgeführt. Eines dieser Projekte ist eine der Grundlagen für dieses Buch: Im Verlauf ihres ersten Praktikums hospitierten Studierende in einem 4. Schuljahr, anschließend begleiteten Sie ein Kind dieser Klasse ins 5. Schuljahr, um dort ein zweites Praktikum zu absolvieren.

Gertrud Beck ist Mitherausgeberin der GRUNDSCHULZEITSCHRIFT des Friedrich-Verlages. Weitere Veröffentlichungen von ihr liegen u.a. in den Bereichen Sachunterricht, Bildungspolitik und politisches Lernen, Entwicklung des sozialen Verstehens, Soziales Lernen und Beobachten im Schulalltag vor.